Jeanne Ruland · Sabrina Dengel · Diana Holzschuster

LECKER KOCHEN
mit den
NATURGEISTERN

Ideen und Rezepte rund ums Jahr

Schirner
Verlag

ISBN 978-3-8434-1221-6

Jeanne Ruland, Sabrina Dengel &
Diana Holzschuster:
Lecker kochen mit den Naturgeistern
Ideen und Rezepte rund ums Jahr
© 2007, 2016 Schirner Verlag, Darmstadt

Umschlag: Murat Karaçay, Schirner, unter Verwendung
von # 120368074 (© Oksancia), # 301143860
(© Shyshell), # 132782366 (© Artishok),
www.shutterstock.com, sowie von Bildern der Autoren
Layout: Anke Brunn, Schirner
Rezepte: Sabrina Dengel und Diana Holzschuster
Lektorat: Kerstin Noack & Janina Vogel, Schirner
Printed by: Ren Medien GmbH, Germany

www.schirner.com

6., überarbeitete Auflage März 2016

INHALT

DANKSAGUNGEN

Du bist ein Kind der Schöpfung,
nicht weniger, wie die Bäume und Sterne es sind.
Du hast ein Recht darauf, hier zu sein.
Und ob du es merkst oder nicht – ohne Zweifel entfaltet sich
die Schöpfung so, wie sie es soll.

Lebe in Frieden mit dem Göttlichen,
so, wie du es jetzt für dich begreifst.
Und was auch immer deine Mühen und Träume sind
in der lärmenden Verwirrung des Lebens –
halte Frieden mit deiner eigenen Seele.

Irischer Segen aus dem Jahre 1692

DANKSAGUNG JEANNE

Ich möchte allen Mitwirkenden von Herzen für ihren Einsatz und ihre Unterstützung danken. Zu nennen wären die Verleger Heidi und Markus Schirner – dir, Markus, vielen Dank für die vielen schönen Naturbildbeiträge –, die Köchinnen Diana und Sabrina aus Österreich und ihre Familien – danke für den spontanen, wunderbaren Einsatz, die guten Rezepte und die schönen Fotos. Dank meinem Mann Murat Karaçay für die Bilder, die Buchgestaltung und den Buchsatz, meinen Kindern Silva, Samy, Keanu, unseren Lektorinnen Janina Vogel und Kerstin Noack, sowie allen Menschen, die andere Menschen ermutigen, sich wieder der lebendigen Erde zuzuwenden, wie Wolf-Dieter Storl, Tanis Helliwell, Eva Aschenbrenner, Maria Treben, Ted Andrews, Flower A. Newhouse, Marko Pogacnik und vielen, vielen weiteren Menschen.

Ein besonderer Dank gilt Mutter Erde und all dem, was sie hervorbringt, um uns zu versorgen, zu nähren und zu tragen, den Naturgeistern für die Führung, Bereicherung, Öffnung, Heilung und Inspirationen, die ich seit Jahren von ihnen erhalte. Möge viel Segen in die Welt fließen, mögen alle Wesen glücklich sein. Mögen wir die lebendige Verbindung zwischen allem Leben wiederentdecken und achten.

Jeanne Ruland

DANKSAGUNG DIANA

Meiner geistigen Führung und den zahlreichen Naturwesen, ohne die dieses Buch nie entstanden wäre, von ganzem Herzen mein Dank an euch!

Besonders danken möchte ich Sabrina und ihrer Familie für die vielen Stunden, in denen wir gemeinsam gelacht, diskutiert, fotografiert und gekocht haben! Und Jeanne: Es hat mir Spaß gemacht, nach deinem Skript Rezepte in dieses Buch einfließen zu lassen – danke für dein Vertrauen und deine liebevolle Motivation! Ein großes Danke an Paul, meinen Ruhepol und Fels in der Brandung, für seine Liebe und sein Verständnis, an unsere Kinder Ramon und Noreen, die mich jederzeit sehr unterstützt haben. Einen weiteren Dank an Petra, Sandra und Reinhard für ihre kreative Hilfe. Danke, Mama und Papa, für das Geschenk des Lebens, es ist schön, mit euch zu sein.

Euch alle und alle, die ich hier persönlich nicht erwähnt habe, trage ich in meinem Herzen.
Diana Holzschuster

DANKSAGUNG SABRINA

Mein großer Dank geht an die geistigen Welten, welche mich seit Jahren führen und durchs Leben leiten: Danke für eure Unterstützung – auch für die Prüfungen, die ihr immer wieder für mich bereithaltet. Danke für die Ideen und Rezepte in diesem Buch.

Diana und ihrer Familie danke ich für die herzliche, ehrliche und tiefe Freundschaft, die uns verbindet: Danke dafür, dass ihr Freunde seid, die auch mal eine bittere Tasse Tee servieren; das ist es, was uns alle wachsen lässt. Jeanne, dir danke ich für dein Vertrauen und deinen Glauben an mich und für deine Hartnäckigkeit, welche diese Zusammenarbeit erst hat entstehen lassen! Für dich und deine Familie ist in unserem Haus immer ein Platz.

Ich danke den zahlreichen SeminarteilnehmerInnen, die – zum Teil ohne ihr Wissen – die Rezepte aus diesem Buch verkostet haben. Euer Lob und die Mengen, die ihr von unseren Speisen vertilgt habt, sind für uns die Bestätigung, dass das, was wir uns so einfallen lassen, schmeckt und unsere Rezepte funktionieren.

Meinem Mann Marcel danke ich für die vielen Jahre, die wir nun schon zusammen sind, in denen er stets zu mir gehalten, mich unterstützt und mich mit all meinen zum Teil verrückten Ideen ertragen hat. Meinen drei Söhnen Fabian, Martin und Jeramis möchte ich dafür danken, dass sie sich mich als Mutter ausgesucht haben und dass sie Tag für Tag wieder aufs Neue meine größten Lehrer im Leben sind.

Meiner Mutter und meinem Vater danke ich für die Möglichkeit, hier und heute in diesem Leben zu sein: Danke, dass ich durch euch in diese Welt kommen durfte! Meiner Schwester Tatjana möchte ich sagen: Ich hab dich lieb, auch wenn du's oft nicht glaubst! Meiner Tante Esther danke ich für die Jahre der Freundschaft und für ihre unerschütterliche Liebe zu mir: Du bist für mich ein Fels in der Brandung!

Ich danke auch all jenen, die ich jetzt hier nicht namentlich erwähnt habe: Ihr seid alle in meinen Gedanken.
Herzensgrüße, Sabrina Dengel

ÜBER JEANNE RULAND

Jeanne Ruland bereiste viele Jahre als Flugbegleiterin die Welt. In den besuchten Ländern erhielt sie vielfältige Einblicke in die verschiedensten Facetten der Schöpfung, wobei ihre Liebe dem tieferen Sinn des Lebens gilt. Sie erfuhr schon in frühen Jahren die Führung und Fügungen des unsichtbaren Reiches und damit die unglaubliche Fülle und Kraft, die das Leben für den Menschen in den unterschiedlichsten Lebenslagen bereithält. Dies möchte sie in ihren Büchern an die Menschen auf dem Weg weitergeben.

Weitere Informationen zur Autorin finden Sie unter: www.shantila.de

ÜBER SABRINA DENGEL

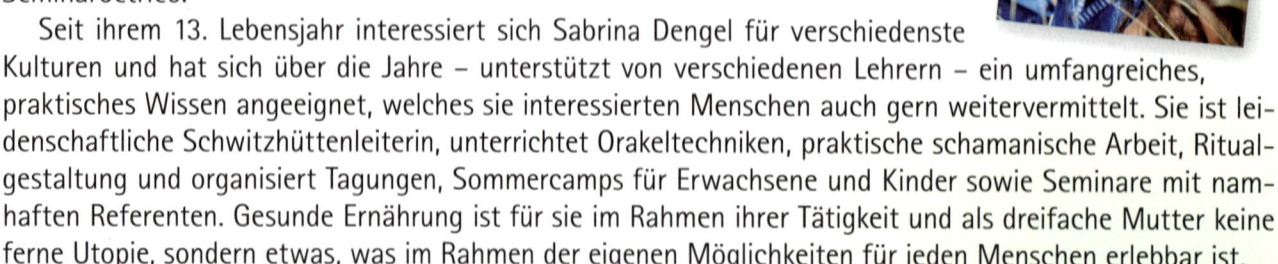

Sabrina Dengel leitet zusammen mit ihrem Mann Marcel (www.masiart.at) das Seminarhaus Trafo in Nüziders, Westösterreich. Als gelernte Köche verwöhnen sie die Teilnehmer an den Seminaren mit teilweise selbst kreierten Rezepten und Leckerbissen. Mit seiner künstlerischen Ader hat Marcel das in der faszinierenden Bergwelt des Voralpengebietes gelegene gemeinsame Haus fantasievoll und ungewöhnlich gestaltet. Dort kümmern sich die beiden um ihre drei Söhne und den Seminarbetrieb.

Seit ihrem 13. Lebensjahr interessiert sich Sabrina Dengel für verschiedenste Kulturen und hat sich über die Jahre – unterstützt von verschiedenen Lehrern – ein umfangreiches, praktisches Wissen angeeignet, welches sie interessierten Menschen auch gern weitervermittelt. Sie ist leidenschaftliche Schwitzhüttenleiterin, unterrichtet Orakeltechniken, praktische schamanische Arbeit, Ritualgestaltung und organisiert Tagungen, Sommercamps für Erwachsene und Kinder sowie Seminare mit namhaften Referenten. Gesunde Ernährung ist für sie im Rahmen ihrer Tätigkeit und als dreifache Mutter keine ferne Utopie, sondern etwas, was im Rahmen der eigenen Möglichkeiten für jeden Menschen erlebbar ist.

Weitere Informationen zur Autorin finden Sie unter: www.trafo.or.at

ÜBER DIANA HOLZSCHUSTER

Diana Holzschuster lebt mit ihrem Mann Paul und ihren Kindern Ramon und Noreen im äußersten Westen Österreichs, der eingebettet liegt in die wunderschöne Bergwelt Vorarlbergs. Schon als Kind fühlte sie sich den Naturreichen sowie deren Bewohnern sehr verbunden. Diese Liebe hat sie sich bis zum heutigen Tag bewahrt. Seit vielen Jahren beschäftigt sie sich mit spirituellen Themen wie Schamanismus, Traumarbeit, geistige Alchemie, den Zusammenhängen des Lebens u. v. a. m. Aus ganzem Herzen teilt sie ihre Erfahrungen mit den Menschen, welche sie ein Stück weit auf deren Weg begleitet. Kochen bedeutet für sie, die Fülle des Lebens zu genießen, respektvollen Umgang damit zu pflegen, zu lieben und anzunehmen, was Mutter Erde schenkt.

ÜBER DIESES BUCH

 *Gibt es nicht – gibt es nicht.*
(Spruch des Kleinen Volkes)

Dieses Buch ist entstanden aus der Zusammenarbeit eines ganzen Teams, das den Wesen der Natur und Mutter Erde von Herzen zugewandt ist und schon etliche Erfahrungen mit den Naturgeistern gemacht hat.

Die Naturgeister sind mit sehr unterschiedlichen Schwingungsebenen verbunden. Sie lieben alles, was die Erde so bietet, und sind immer bereit, Neues auszuprobieren. So gibt es Wesenheiten wie Elben und Feen, die sehr hoch schwingende Nahrung, also Bienenpollen, Honig, Mandeln, Nüsse, Körner, Rosenblüten – Blüten überhaupt –, in ihren Speisen verwenden. Elfen stellen aus Nahrung Medizin und allerlei Zaubermittel her, Zwerge und Trolle lieben und schätzen Wildschweinbraten, Rumtopf, Speck ... eben die deftige Küche. Freilich gibt es Naturgeisterrezepte, die für uns Menschen ungenießbar und giftig sind, wie Fliegenpilzmilch, Fingerhutdipps, Knollenblätterpilzragout usw. Diese Rezepte finden Sie hier selbstverständlich nicht.

In diesem Kochbuch führen wir Sie, liebe LeserInnen, in die Küche der Naturgeister. Diana und Sabrina, unsere Köchinnen aus Vorarlberg in Österreich, haben – dem Lauf des Jahres folgend – eine reichhaltige Auswahl an Rezepten aus den verschiedenen Naturgeisterreichen zusammengestellt, gekocht und fotografiert. Dabei erheben die Köchinnen nicht den Anspruch, alles vollständig erfasst zu haben, was zu einer Jahreszeit traditionell passend und möglich ist – das ist aufgrund der gebotenen Vielfalt gar nicht machbar. Allerdings bilden die Rezepte der Elemente Grundlagen für viele Gerichte.

Wir wollen mit diesem Buch Anregungen geben für neue Gedanken und Wege öffnen, um Sie, liebe Leser und Leserinnen, aufzufordern, auf eigene Faust Neues auszuprobieren. Kochen ist ein kreativer Prozess. Am Anfang erfordert es konkrete Vorstellungen, Anstöße und Rezepte sowie eine Tür, die den Weg in den inneren Garten und zu den inneren Schätzen weist. Doch dann sind die eigene Intuition, Kreativität und das Vertrauen in die individuelle Kraft gefragt. Öffnen Sie die Augen – für die Jahreszeit, den Monat –, und Sie werden eine Fülle an Zutaten in der Natur finden, die auf verschiedene Weise zusammengestellt und kombiniert werden können. Alles, was wir an Nährstoffen, Vitaminen und Medizin brauchen, wächst nicht umsonst zu einer bestimmten Jahreszeit in unserem Vorgarten und im Garten der Natur.

Sie finden in diesem Buch viele vegetarische Rezepte, aber auch einige mit Fleisch und Speck sowie Rum und Wein, Kuchen und Keksen als Zutaten ... Es sind einfache Rezepte für Jung und Alt im Kreis des Jahres, zum Feiern, Schmausen, Genießen – bunt gemischt, so, wie das Kleine Volk eben ist. Viel Spaß beim Entdecken der Naturgeisterküche und guten Appetit!

Möge das Essen in deinem Topf dich und andere satt machen.
Möge die Sonne über dem First deines Hauses scheinen.
Mögest du die Suppe deines Nachbarn nie mit dem Salz versalzen,
das du von ihm geborgt hast.
(Irischer Segensspruch)

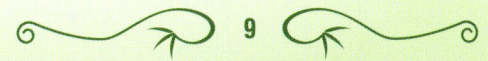

Praktische Tipps vorweg
von Sabrina und Diana

Als leidenschaftliche Köchinnen möchten wir jedem Leser, der sich nun mit diesem Buch in der Hand in die Küche begibt, ein Rezept für gutes Gelingen mit auf den Weg geben:

Such dir einen schönen Topf, gib hinein ein Teilchen Mut,
eines Fantasie und eines Lust, ein weiteres Kreativität
und ein ganz großes Teil Freude und Liebe zu dem, was du tust!
Mit diesen Zutaten im Herzen
wird jedes Gericht für sich selbst ein Gedicht!
(Sabrina und Diana)

Wir möchten Sie auffordern, bei den Gewürzen und Kräutern, den Beilagen und Zutaten zu unseren Rezepten Ihrem Geschmack zu folgen und eigene Ideen einzubauen. Lassen Sie sich durch die bunten, vielfältigen Geschmäcke der Natur verführen!

Beschäftigen Sie sich mit den Lebensmitteln, die Sie verwenden, und arbeiten Sie so wenig wie möglich mit Maschinen. Kosten Sie die Speisen, die Sie kochen, immer wieder, während Sie sie zubereiten, so werden Sie lernen, wie sich verschiedene Gewürze und Kräuter durch die Zubereitung entwickeln. Trauen Sie sich, etwas auszuprobieren, auch wenn es beim ersten Mal vielleicht danebengeht – das passiert uns noch heute, manchmal sogar mit Speisen, die wir schon x-mal gekocht haben.

Nun wünschen wir Ihnen genussvolles, sinnliches Kochen in der Küche der Naturgeister!

Sabrina Dengel & Diana Holzschuster

VORWORT

Wir sollten zur Essenz zurückkehren – die Natur ist die Essenz.
(Quelle unbekannt)

»In der Bibel steht: ›Am Anfang schuf Gott Himmel und Erde‹ (Gen 1,1 – 2,4a), ... und nicht: Himmel und Hölle!«
(Lieblingszitat von Jeanne bei Vorträgen)

Gott erschuf Himmel und Erde – heilige Orte der ewigen Essenz. Die Hölle, so wird es häufig beschrieben, wurde von den Menschen geschaffen. Sie verursachten, dass männlich und weiblich, Himmel und Erde aus dem Gleichgewicht fielen. Unter ihrer Führung wurde das Geistige, der Himmel, überbetont und das Materielle, Sichtbare, die Erde, verdammt. In alten Zeiten war die Materie, die Erde, der Tempel des Göttlichen in allem, das Gefäß des Geistes, der Kelch, der die Liebe empfing und sie in die Welt brachte – in Achtung vor allem Lebendigen. Sie, die Liebe, ist der Heilige Gral, nach dem der Mensch fortwährend sucht.

Das Weibliche, die Göttin, die Frau, die Erde, wurde über viele Zeitalter verteufelt. Im Weltbild vieler schmoren bis heute die meisten Wesen der Erde in der Hölle. Als Auswirkungen der aus dieser Einstellung geborenen »Lebensart« erfährt die Erde u. a. Ausbeutung, Missachtung und Verschmutzung.

Es wird Zeit, diese Kräfte wieder in Einklang zu bringen. Es gilt, die Liebe, den Bezug zwischen den verschiedenen Kräften, wiederherzustellen ebenso wie das Gleichgewicht in uns selbst. Nur dann können wir den Pfad des Friedens betreten und uns der Fülle, dem Zauber der Natur in uns und um uns herum wieder öffnen. Aus den scheinbaren Gegensätzen entsteht das schöpferische Prinzip.

Ich bin das Land.
Meine Augen sind der Himmel.
Meine Glieder sind die Bäume.
Ich bin der Fels, die Wassertiefe.
Ich bin nicht hier, um die Natur zu
beherrschen oder sie zu nutzen.
Ich bin selbst Natur.
(Spruch der Hopi-Indianer)

Da, wo Tag und Nacht aufeinandertreffen, entstehen die schönsten Sonnenaufgänge
und -untergänge in den leuchtendsten Farben.
Da, wo sich Licht und Dunkelheit begegnen, erfahren wir Bewusstsein und Erkenntnis.
Da, wo Mann und Frau zusammenkommen, öffnen sich Tore in die höchsten Ebenen,
sodass Seelen inkarnieren können.
Da, wo sich Innen und Außen berühren, manifestieren sich Wunder, werden sichtbar für alle.
Da, wo Links und Rechts sich treffen, werden neue Ideen in der Welt der Tat geboren.
Da, wo Herz und Verstand sich vereinen, werden die Taten der Liebe sichtbar.
Da, wo die Welten miteinander verschmelzen, entsteht Frieden.
Da, wo Himmel und Erde sich treffen, sind die Geschöpfe gesegnet –
denn sie kehren zurück ins Paradies. Eine neue Erde entsteht.
(Jeanne Ruland)

Die Erde ist heilig, sie ist Trägerin eines tiefen umfassenden Wissens, sie lehrt uns Verbundenheit mit allem Lebendigen, bedingungslose Liebe, die ewig wiederkehrenden Zyklen, das Wechselspiel von Tag und Nacht, Ebbe und Flut, Vergehen und Werden, Geben und Nehmen. Sie gibt uns Nahrung in Hülle und Fülle. Sie ernährt, trägt und versorgt uns. Ihre Quellen löschen unseren Durst.

Außerdem lehrt sie uns, dass alles eine Zeit hat, dass Dinge kommen und gehen und dass die Ewigkeit in uns verankert ist. Wer sich mit den Reichen der Natur verbindet, kann diese Heiligkeit, die Wunder und den Zauber, der in ihnen wohnt, den lebendigen Geist wieder erfahren. Indem wir uns mit den Naturwelten verbinden, auf die Botschaft der Erde hören und im Einklang mit den Zyklen leben, können wir wieder zurückkehren in das heilige Gefüge von Himmel und Erde. Wer gut geerdet ist, kann in den Himmel wachsen, fühlt sich wieder eingebunden in das »Große Ganze«. Wer mit den Zyklen geht, wird mit dem Strom der Zeit durch sein Leben getragen.

Erde ist mein Körper.
Wasser ist mein Blut.
Luft sei mein Atem,
und Feuer sei mein Spirit.
(Indianisches Lied)

Wir alle bestehen aus den fünf Elementen Erde, Wasser, Feuer, Luft und Äther. Wir tragen die Spurenelemente der Erde in uns, u.a. Eisen in unserem Blut. Es ist zuständig für die Bildung von roten Blutkörperchen. Wir sind ein Teil der Natur, kommen von ihr und können uns ihr nicht entziehen. Wir können uns stärken, indem wir das Wissen der Natur in die Bereiche des Lebens, z.B. in die Nahrungsaufnahme, mit einbeziehen. Wenn wir uns der Erde und ihrem Wissen öffnen, können wir viel über das Leben, über die Natur an sich und unsere wahre Natur erfahren. Verbundenheit schafft Liebe, Fülle, Trost, Hilfe.

Die Erde schenkt uns die Nährstoffe, die Vitamine, die Energie, die wir in bestimmten Zeiten brauchen. Jedes Land hat seine speziellen Speisen. Sie schmecken in dem Land, in der Region, aus der sie kommen, besonders gut und sind vor allem dort für Körper, Geist und Seele bekömmlich, weil sie mit der natürlichen Umgebung im Einklang stehen und aus dem, was die Erde dort bietet, geschaffen wurden.

So wächst auch in unserer Heimat zu jeder Jahreszeit das, was wir gerade brauchen, um gesund, vital und für diese Zeit gestärkt zu sein. Im Herbst, der Zeit der Wandlung, gibt es z.B. Kürbis: Er entwässert und stärkt die Nieren. Pilze wachsen ebenfalls in dieser Phase des Jahres, in der der Mensch sich von der Außenwelt in die Innenwelt hineinbewegt. Sie sind in der Natur für das Gleichgewicht der Kräfte zuständig. Sauerkraut essen wir oft in den kalten Jahreszeiten, wenn in der Natur nichts mehr wächst – in manchen ländlichen Gegenden ist es ein Silvesteressen, das Reichtum und Segen bringen soll. Sauerkraut enthält viel Vitamin C, das vor Erkältung und Schnupfen bewahrt. Im März beginnen die ersten Kräutlein zu sprießen. Sie enthalten viele Vital- und Bitterstoffe, die den Körper entschlacken, den Stoffwechsel anregen, den Energiehaushalt fördern und die Säfte reinigen, damit diese gut zirkulieren können – so erhalten wir Energie, die wir für die Frühjahrszeit, für Aufbruch und Tatkraft benötigen.

Je mehr wir uns mit dem natürlichen Rhythmus der Jahreszeiten und der Nahrung der jeweiligen Phase beschäftigen, desto mehr offenbaren sich uns Zusammenhänge und neue Erkenntnisse. Alles, was natürlich ist, wird uns unterstützen, fördern und uns wieder einschließen in den ewigen Kreislauf der Dinge.

In diesem Buch wollen wir die Herzenstüren für die Naturwelten öffnen, die Jahreszeiten und ihre Qualitäten beschreiben und Sie, liebe LeserInnen, mitnehmen auf eine geistige, kulinarische, informative Reise durch das Jahr. Jedes Jahr folgt den Stadien, die wir auch im Laufe unseres Lebens durchlaufen. Das Jahresrad hat acht Speichen. Das Rad mit den acht Speichen finden wir in vielen Kulturen – Acht ist die Zahl der Vollendung. Lassen Sie sich einführen in dieses alte Wissen, in die Kreise und Zyklen, die Sie selbst jeden Tag, jeden Monat und jedes Jahr durchlaufen. Willkommen in den verborgenen Reichen.

Wir wünschen Ihnen viele neue Erkenntnisse, viel Spaß und Freude. Möge sich die Tür zu Ihrer Kindheit wieder öffnen!

Jeanne Ruland & Sabrina Dengel & Diana Holzschuster

Alle Dinge, die uns materiell entgegentreten,
sind nur die äußere Hülle von geistigen Wesenheiten.
(Rudolf Steiner)

Was sind Naturgeister?

Welche geheimnisvolle Kraft ist es, die einen Samen erblühen und reifen lässt zu einem Baum, einer Blume, einem Busch ... Es ist die Kraft des lebendigen Geistes. Naturgeister sind feinstoffliche Wesen, die die Natur beleben und beseelen. Es gibt viele Arten von Naturgeistern mit den unterschiedlichsten Aufgaben. Sie alle stammen aus einer nichtmenschlichen Welt, die wir Zwischenwelt, Andersreich oder Zauberreich nennen. Nur weil einige Menschen sie nicht wahrnehmen können, heißt das nicht, dass sie nicht existiert.

Die Naturgeister finden wir in Märchen, Fabeln, Mythen und alten Überlieferungen. Allerdings machen seit einiger Zeit auch wieder viele Menschen beglückende Erfahrungen mit ihnen. Zaubergärten wie Findhorn (Schottland) zeugen von ihrer lebendigen Kraft.

Bevor man das Wissen um die Wesen der Natur anficht, ist es gut, sich der Natur zu öffnen und bereit zu sein, einige Zeit in und mit ihr zu verbringen, ihre Zyklen zu durchlaufen und sich wirklich für »den Garten der Mutter Erde und ihrer Kinder« Zeit zu nehmen. Die Natur verwandelt uns, und wenn unser Herz offen ist und wir bereit sind, beginnt sie, uns einzuweihen in all die Königreiche, die neben unserer Alltagswelt existieren. Wir können die erstaunlichsten, wundersamsten und bezauberndsten Erfahrungen machen, wenn es uns gestattet wird, in den Garten von Andersreich zu blicken. Zuvor jedoch werden wir auf Herz und Nieren geprüft. Wer ein gutes Herz hat, die Natur achtet und ehrt, ihr etwas zurückgibt für das,

was er bekommt, liebevoll mit ihr umgeht und ein offenes Ohr für sie hat, dem wird dieser Einblick gewährt. Anderen bleibt er wiederum verwehrt ... Ein weites Herz und die Liebe zu den Wesen der Zauberreiche sind der Schlüssel zu dieser geheimnisvollen Tür.

Wozu ist es gut, mit den Naturwesen in Kontakt zu kommen?

- Naturwesen öffnen für uns das Buch der vitalen, lebendigen Natur.
- Wir können von ihnen viel über Pflanzen, Kräuter, Obst und Gemüse lernen.
- Sie helfen uns, unseren Garten zum Blühen zu bringen.
- Sie können uns völlig neue Qualitäten und Eigenschaften schenken.
- Sie sind gute Lehrer in allen Belangen der Natur.
- Wir können mit ihnen zusammen die Erde heilen.
- Sie können uns Reichtum, Glück, Gesundheit, Liebe und Kraft, umgekehrt aber auch Krankheit, Unheil und Tod bringen – gemäß: Jedem so, wie er's verdient.
- Durch sie können wir wundersame Erkenntnisse erlangen und den Zauber der Natur im eigenen Leben erfahren. Wir lernen wieder zu staunen.
- Sie helfen uns, unser Herz zu öffnen.
- Sie lehren uns die kosmischen Gesetzmäßigkeiten.
- Sie lehren uns viel über Nahrung und Nahrungszubereitung, größere und kleinere Zusammenhänge des Lebens sowie über die Nahrung als Medizin.
- Nicht selten sind Naturwesen Pflanzenhelfer, mächtige Verbündete und Schutzgeister, die uns heilen, helfen und uns führen. Wir können ganz neue Freundschaften schließen.

Der geheime Garten
Ein Garten öffnet
seine geheimen Türen,
um das Licht in unsern Herzen
zu berühren.
In einer wunderbaren Welt,
in der jedes Blatt, jeder Grashalm,
jede Blüte zählt,
zu einem Abenteuer wird
und zu einem Lebensflirt,
tanzen die Elfen, drücken 'nen
Kuss auf die Nas' eines Wichts,
wippen auf Rispen
die Kinder des Lichts,
und spielen die Zwerge im Reigen
zwischen den Obstbaumzweigen.
Glockenhelles Lachen,
eine Welt aus Zaubersachen.
Wer still ist und lauscht,
mit Sternenaugen sieht,
erlebt das Geheimnis
und das Lebenslied.

In diesem Buch werden Sie einiges über diese wunderbaren Geschöpfe erfahren. Nicht zuletzt durch unsere Arbeit an diesem Werk haben wir Autorinnen viel von den Geistern der Natur gelernt. Tausend Dank.

EINLEITUNG

VOM VERGESSEN
UND WIEDERERINNERN

Einst lebten die Menschen im Einklang mit der Natur und deren Wesen – den Trollen, Zwergen, Gnomen, Elfen, Elben, Nixen, Feen ... Die Menschen lernten von ihnen, was essbar ist, was nicht, wie man Speisen am feinsten zubereiten kann, welches Kräutlein zu welchem Gemüse passt, welches Wurzelwerk und welches Kräutlein die beste Medizin ist, wenn ein Menschenkind krank wird, und vieles andere mehr. Die Naturgeister kamen zu Heilungszeremonien, um den Menschen zu unterstützen. Sie reinigten, säuberten und flickten die Seelenkleider ihrer Lieben. In der Natur waren sie die Wegweiser der Menschen, lenkten ihre Schritte und führten ihre Hände. Sie ließen die Gärten der Menschen erblühen und schenkten ihnen den sogenannten »grünen Daumen«. Sie lehrten sie, Tinkturen zuzubereiten, die übersinnliche Fähigkeiten aktivierten, wie Flugpulver, Aphrodisiaka, Mittel zur Verständigung zwischen Menschen, Tieren, Pflanzen und Naturgeistern, und halfen ihnen, unlösbar scheinende Aufgaben zu lösen ...

Alte Märchen, Mythen und Geschichten zeugen von den Abenteuern und der einstigen Verbundenheit zwischen Mensch und Naturwesen, wie z. B. »Die kleine Meerjungfrau«, »Schneewittchen«, »Aschenputtel«, »Dornröschen«.

Mutter Erde,
wir danken dir,
deine Wesen versorgen uns hier,
führen uns auf den feinen Wegen,
bringen uns Nahrung,
Kraft und Segen.

Zu manchen Zeiten standen die Tore zwischen den Welten besonders weit offen. Da feierten der Mensch und die Wesen der Erde gemeinsam das Dasein mit seiner gesamten Fülle. Man segnete die Häuser, Gärten, Wälder, Felder und ihre Geschöpfe, tanzte den heiligen Reigen der Gezeiten, hielt heilige Rituale ab, um Visionen für die Zukunft zu empfangen, und lauschte den Geschichten aus jenen Reichen, die gleich neben unsrer Welt existierten und von einem großen Wissen erfüllt waren. So erteilte man sich gegenseitig so einige Lektionen, die dem Wachstum und dem Gleichgewicht der Kräfte dienten.

Die Menschen stellten früher Milch, Met, Schnaps, Brot, Marmelade und Körner für die Tiere und die Wesen der Natur vor die Tür. Im Gegenzug wachten diese über Haus und Hof und passten auf die Menschen auf. Einige alte Bräuche, die auf den uralten Kontakt mit den Naturwelten zurückgehen, haben wir bis heute bewahrt, z. B. das Erntedank- oder Faschingsfest, den Weihnachtsbaum, das Orakel zu Silvester usw.

Das war auch die Zeit, in der die Feen über glasklaren Seen sangen und den Menschen Visionen und Bilder schickten. Der Mensch träumte sich in diese Reiche hinein und kehrte mit neuem Wissen und erfülltem Herzen zurück. Es kam damals nicht selten vor, dass Mensch und Naturwesen sich einander in Liebe zuwandten, Kinder miteinander bekamen und ihr Leben miteinander teilten – so unvorstellbar groß war die Liebe zwischen den Reichen. Aus diesem Grund haben heute noch einige Menschen Anteile von Naturgeisterkräften in sich, die man erkennen kann. Wer mit einer solchen Kraft gesegnet ist, ist besonders naturverbunden und strahlt auf seine Mitmenschen einen ganz eigenen Zauber aus. Solche Menschen wirken feen- oder elfenhaft oder sehen aus wie ein Gnom, ein Kobold, eine Nixe ... Häufig fühlen sie sich zu bestimmten Elementen besonders hingezogen. Sie haben oft Naturwesen – Elfenhelfer, Feenschwestern, Zwergenmeister, Nixen – als geistige Beschützer um sich herum und sind von einem intuitiven Wissen erfüllt, das sie sich selbst nicht erklären können. Kaum zu glauben, doch Menschen mit solchen Anteilen sind manchmal sogar menschenscheu und halten sich lieber in der Natur, in bestimmten Elementen, Pflanzen und/oder Tieren auf!

Ja, das Leben war einst ganz erfüllt, voller Lebenskraft, reich und kunterbunt.

Eines Tages nahmen die Trolle den Menschen zum ersten Mal mit in das Innere der Erde und zeigten ihm das Gold, die Edelsteine und die Schätze der Erde, die sie hüteten. Die Kleinodien strahlten wie das Licht der Sonne, und der Mensch wurde vom Reichtum geblendet.

Ein »goldener Fluch« legte sich um so manches Menschenherz und machte es eng und starr. Der Mensch wurde gierig, geizig, neidisch, missgünstig, eifersüchtig ... und tat alles dafür, diese Schätze zu bergen und zu horten. Kein Preis war ihm zu hoch. Er verlor mehr und mehr den Bezug zu der Natur, von der er doch ein Teil ist, und handelte im Namen des Goldes statt des Herzens. Durch das Anhäufen der Schätze wurde der Fluss von Geben und Nehmen gestört.

So geschah es, dass der Bezug zwischen Mensch und Natur immer mehr aus dem Gleichgewicht geriet. Viele Naturgeister zogen sich aus der Welt der Menschen zurück, einige von ihnen aber ahmten den Menschen in seinen dunklen Eigenschaften nach, andere wiederum wurden böse, weil der Mensch Zerstörung in ihre Reiche brachte.

Dazu kam noch, dass das alte Wissen um Kreisläufe und Zyklen sowie der Kontakt mit der Natur,

Mögest du dir die Zeit nehmen, die stillen Wunder zu feiern, die in der lauten Welt keine Bewunderer haben.
(Irischer Segenswunsch)

den viele Kinder und Frauen und auch einige Männer in ihrem Herzen bewahrten, durch die Religion verteufelt, ja verboten wurde. Es durfte nur noch Gott Vater im Himmel gepriesen werden, nicht mehr jedoch Mutter Erde und ihre Kinder. Allmählich verloren die Menschen endgültig den Bezug zur lebendigen Erde, erlebten viel Leid und hofften nur noch auf ein schönes Leben nach dem Tod, statt das Leben zu genießen und das zu feiern, was ihnen hier und heute geschenkt wurde.

Doch nun scheint es, dass die Zeit des »goldenen Fluches« abgelaufen ist. Das Bewusstsein von uns Menschen wächst, und wir verstehen langsam, dass wir auf einem wunderreichen Planeten leben. Für ihn lohnt es, sich einzusetzen. Die große Mutter, die weibliche Kraft, kehrt an ihren Platz neben Gott Vater zurück. (Eigentlich war sie nicht weg – sie wurde nur verhüllt.)

Viele Kinder, die ein offenes Herz und einen weiten Blick haben, sowie Erwachsene, die den Kontakt mit der Natur suchen, machen heute wieder bereichernde Erfahrungen mit den Naturwesen. Diese kommen, wenn sie spüren, dass jemand ein gutes Herz hat und die Natur sehr liebt, liebend gern aus ihren Verstecken, um das alte Wissen der Erde mit ihm zu teilen. So geschieht die Heilung der Trennung zwischen den Welten. Die alten Bündnisse und Verbindungen beginnen, sich wieder zu beleben, und die Selbstheilungskräfte werden erweckt. Die Natur gewinnt ihre ursprüngliche Heiligkeit zurück. Wir finden viele Naturheiligtümer, wenn wir mit offenen Augen durch die Welt gehen. Der Weg in die Welten der Natur ist der Glaube. Wer an die Feen glaubt, wird sie sehen. Jeder von uns hat eine Geburtsfee, die unsere Schicksalsfäden wirkt. Sie ist immer bei uns, und wenn wir wollen, können wir wieder mit ihr in Kontakt treten.

Die göttliche Quelle liebt jedes Geschöpf, denn ausnahmslos ein jedes ist aus ihr hervorgegangen, wird von ihr durchdrungen und kehrt letztlich zu ihr zurück. Viele wollen erlöst und geheilt werden – helfen wir ihnen, erlösen und heilen wir uns selbst! Der Weg im Einklang mit der Natur ist der Weg der neuen Zeit.

Jeder von uns kann den Kontakt mit den Naturwelten aufnehmen. Die Tore sind offen, doch hindurchgehen müssen wir selbst. Wir können in der Natur, in unseren Träumen und Meditationen erneut dem alten Wissen dieser Geschöpfe und unserer Erde lauschen.

DAS GOLD DER NATURGEISTER

Wenn wir an Gold denken, denken wir an Geld und Reichtum. Doch Geld und Reichtum können auf ganz und gar ungewöhnlichen Wegen zu uns kommen. Oft sind es nämlich die Naturreiche, die uns unsere Schätze, unsere Talente verraten und uns zeigen, wie wir sie heben können. Sie belohnen uns auch üppig für unsere Liebesdienste an der Erde und an ihnen.

Zwergen-, Elfen- und Feengeschenke mögen auf den ersten Blick nicht viel hergeben: Zwerge schenken uns Kohle, Blätter, Steinchen, Schafskötel, Stroh, Scherben oder auch magische Gegenstände wie Gürtel, Schmuck ... Von Feen bekommen wir Stöcke, Nüsse, Federn ... Elfen segnen uns mit Kräutlein, Blüten, Beeren ... Diese Gaben wirken auf uns häufig nicht sehr attraktiv, wir werfen sie achtlos weg – ohne ihren wahren Wert zu erkennen. Doch wer derlei Geschenke in Ehren hält, kann wahre Wunder im Leben erfahren. Diese Geschenke sind

Geburtsfee – tanz in meinem Sein!
Ich lad dich herzlich zu mir ein.
Sende mir ein Zeichen aus deinen Reichen,
sodass ich weiß, du wirst nicht mehr weichen.
Ich möchte dich gern wiedersehen,
du Schöne aus dem Land der Feen.
Bring mir den Zauber des Lebens zurück
und damit auch das innere Glück.
Lehre mich, die Fäden selbst zu knüpfen
und mich erneut mit dem Leben zu verknüpfen.
Zum Segen von allem, zum Segen von mir,
danke ich von Herzen dir.

meist mit einer besonderen Zauberkraft ausgestattet, die wir auf den ersten Blick nicht erkennen können, die uns aber in bestimmten, in naher Zukunft liegenden Angelegenheiten sehr guttut und uns zu Reichtum und Glück führt. Hier nun einige kleine Episoden dazu.

Eines Tages half ein Mädchen einem Zwerg und bekam zur Entlohnung abgeknickte Strohhalme. Sie warf alle weg bis auf einen. Als sie ihn aus ihrer Tasche zog, war er zu purem Gold geworden.

Ein anderes Mädchen, das sein Brot mit der alten Frau am Wegesrand teilte, bekam von dieser einen Stein geschenkt. Dieser Stein half ihr letztlich, eine schwierige Aufgabe zu lösen und damit zu Glück, Ehre und Reichtum zu gelangen.

Ein anderes Mädchen leistete den Zwergen gute Dienste. Sie durfte darauf zu einer Zeit, in der die Tore zu den Zwischenreichen offen standen, in die Naturgeisterküche schauen. Ihr wurde gezeigt, wie sie den besten aller Apfelkuchen backen

Trolle, Wichtel, Zwerge
leben in und auf dem Berge.
Lasst mich das Kräutlein finden
und die Krankheit binden.
Ich lausche eurem Wissen
und möchte euch nie vermissen.

konnte. Das Mädchen buk diesen Kuchen nach Zwergenart, und bald breitete sich die Kunde über das ganze Land aus. Das Mädchen wurde reich, bekannt und ward gesegnet.

Gold kann also ganz anders aussehen. Es entsteht aus Mitgefühl, Hilfsbereitschaft, Achtsamkeit und Achtung allem Leben gegenüber. Es führt uns zur Heilung und zu unverhofftem Glück. Schauen Sie mit Ihrem Herzen.

DIE KÜCHE DER NATURGEISTER

Willkommen in der Küche der Trolle, Zwerge, Gnome, Elfen und Feen. Sie kennen die Natur, sie führen uns, leiten uns an und schenken uns so manche besonderen Zutaten und Rezepte.

Das Mädchen aber tat, wie die Haulemännchen gesagt hatten,
kehrte mit dem Besen den Schnee hinter dem kleinen Haus weg,
und was glaubt ihr wohl, das es gefunden hat?
Lauter reife Erdbeeren, die ganz dunkelrot aus dem Schnee hervorkamen.
(Gebrüder Grimm)

Die Meister der Küche, der Nahrungszubereitung und des alten Wissens sind die Erdgeister. Feen und Elfen helfen meist, die Speisen geschmacklich zu verfeinern, indem sie z. B. Blütenstaub und besondere Düfte, Kräutlein und Gewürze dazugeben. Sie haben eine sehr feine Küche. Die Feuergeister tanzen unter den Töpfen und in den Öfen, damit das Essen sich warm entfalten kann, wohlschmeckend und genießbar wird. Die Feuergeister lieben es, wenn es knackt, brutzelt und schmort.

Die Wassergeister brauen und brodeln. Sie helfen uns, Essenzen zu erstellen und so zuzubereiten, dass sie von unserem Energiesystem aufgenommen werden können. Die Luftgeister sagen uns durch Duft und Geruch, wann das Essen fertig ist, und tragen die Kunde vom garen Essen durch das ganze Haus in die Umgebung, sodass jeder kommen kann, der hungrig ist.

Engel und Lichtwesen segnen die Nahrung und reichern sie mit Licht, Prana und Energie an, sodass sie auch unser feinstoffliches Energiesystem versorgt. Wenn wir die Nahrung segnen und uns für unser Essen bedanken, dann erhöht sich die Energie automatisch. Wenn wir das ehren, was wir bekommen, geben wir damit den geistigen Welten etwas zurück. So binden wir uns wieder ein in den Kreislauf von Geben und Nehmen.

Trolle sind die Wesen der Wälder. Besonders im hohen Norden, in Schweden, Norwegen und Finnland, sind sie noch häufig anzutreffen. Zwerge, Wichtel und Gnome findet man aber auch sehr oft in unseren Breitengraden. Sie sind da, zeigen sich aber selten – wenn überhaupt, den Kindern, da diese noch den weiten Blick des offenen Herzens besitzen.

Erdgeister sind die Beschützer und Hüter der Wälder und Tiere und werden dafür von diesen mit allen Dingen versorgt, die sie zum Leben brauchen. Wichtel, Trolle und Zwerge lieben eine reichliche, wohlschmeckende und liebevoll zubereitete Mahlzeit. Sie sind wahre Meister der Küche.

Erde, die uns dies gebracht,
Sonne, die es reif gemacht –
liebe Sonne, liebe Erde,
euer nie vergessen werde.
(Tischgebet)

Wer auch immer das Buch der Natur verstehen will,
muss dessen Seiten mit eigenen Füßen durchwandern.
(Paracelsus)

Wir wollen nun einmal in die Töpfe der Naturgeisterküche schauen. Wie wird sich wohl unsere Kochweise von der ihrigen unterscheidet?

- Naturgeister sind – wie wir alle – Kinder von Mutter Erde und verbunden mit allem, was im Augenblick ist.
- Sie beobachten die Natur und wachen über den Garten der Natur.
- Sie verwerten das, was sie zu der jeweiligen Jahreszeit an dem Ort finden, an dem sie leben, oder irgendwo stibitzen können.
- Sie ernten, wenn Obst, Kraut, Gemüse usw. reif sind.
- Sie sind Meister der optimalen Essensverwertung. Sie schaffen aus einem Obst 1000 verschiedene Kreationen, so z.B. aus Äpfeln getrocknete Apfelringe, Apfelmus, Bratäpfel, Apfelpfannkuchen, Apfelkekse, Apfelauflauf, Apfelkompott, Apfelsaft, Apfelwein, Apfelschnaps, Apfel im Schlafrock, gedeckten Apfelkuchen, Apfelstrudel, Apfelknödel …
- Sie beachten die Jahreszeiten und den richtigen Zeitpunkt.
- Sie passen bei der Ernte auf, dass die Mutterpflanze stehen bleibt und die Natur sich immer wieder erneuern kann.
- Sie geben das, was übrig bleibt, z.B. das Kerngehäuse vom Apfel, wieder zurück an die Natur, sodass neue Bäume wachsen können.
- Sie haben viel Spaß daran, zu ernten, Speisen zuzubereiten, zu essen und gemeinsam aufzuräumen. So vollziehen sie einen kompletten Handlungsbogen.
- Sie haben andere Maßstäbe als der genormte Mensch; bei ihnen wird mit Handgröße, Wurzellöffeln, Prisen gemessen.
- Sie experimentieren und probieren gern Neues aus.
- Sie gehen sehr respektvoll und liebevoll mit der Natur und deren Geschöpfen um. Es lohnt sich, sie als Partner und Lehrer zu haben.

LEPRECHAUN

E in Leprechaun ist ein Zwerg oder Kobold aus Irland. Er wird oft als kleiner, alter Mann dargestellt, der jeden, der ihn fängt, zu einem Goldschatz führt.
Porridge wird in Irland und Großbritannien als Frühstücksmahlzeit verzehrt. Ursprünglich stammt dieses Gericht aus Schottland. Damit Sie Elementarwesen von der Art der Leprechauns bewirten können, hier das Rezept für Porridge:

PORRIDGE
(BEI UNS AUCH HAFERBREI, HAFERSUPPE ODER HAFERSCHLEIM GENANNT)
FÜR 1 PERSON

- ein Schälchen Haferflocken oder Hafermehl
- Wasser und/oder Milch
- eine Prise Zucker
- etwas Sahne
- eine Prise Salz
- Obst, Nüsse, Samen nach Geschmack und Bedarf

Haferflocken oder Hafermehl sowie Wasser und/oder Milch (Menge nach Gefühl) miteinander vermischen, kurz aufkochen und aufquellen lassen. Mit Zucker und Sahne oder aber auch mit Salz verfeinern. Es ist besonders bekömmlich, wenn man es warm isst. Wer mag, kann noch Trockenobst, frisches Obst, Nüsse, Mandeln, Rosinen, Leinsamen, Sonnenblumenkerne ... darüberstreuen.
Es werden inzwischen viele Fertigmischungen in der Art von Porridge angeboten. Dabei gibt es verschiedene Geschmacksrichtungen, z. B. mit Obst, Rosinen, Nüssen, Zimt ...
Dazu zwei Toasts mit Butter und tropfenden Honig servieren, auch Milch oder Honigwein (Met) – fertig ist das Essen für die Leprechauns. Naturgeister mögen oft sehr gern das landesübliche Essen der einfachen Leute.

WISSENSWERT: Porridge ist besonders magenschonend und nervenberuhigend, außerdem bildet er, am Morgen verspeist, eine gute Grundlage für den Tag. Er eignet sich hervorragend als Diät bei Darmerkrankungen wie Durchfall, denn der hohe Flüssigkeitsgehalt dieses Gerichts ist gut geeignet, den hierbei auftretenden Verlust auszugleichen. Mit Wasser zubereitet hilft er, den Cholesterinspiegel zu senken, zudem reguliert er hohen Blutdruck und wirkt gegen Arterienverkalkung. Hafer enthält einen hohen Anteil Ballaststoffe, Kieselsäure und Mineralstoffe.

Ein tiefer Blick in die Töpfe der Naturgeister

In der Naturgeisterküche geht es kunterbunt zu. Es gibt Troll- und Zwergenarten, die auch Fisch und Fleisch essen und das, was sie finden können.

Zwerge & Gnome

Die Zwerge kommen meist vor Sonnenaufgang nach Hause. Sie frühstücken gut, essen nur einmal pro Tag. Früher haben sie das zu sich genommen, was der Mensch für sie bereitgestellt hat – Suppe, Milch, Apfelstücke ... Sie sind die Kenner und Meister der Pilze und Pilzgerichte, entsprechend sind sie es, die uns beim Pilze- und Beerensuchen führen. Deswegen ist es ratsam, bei solchen Vorhaben ein kleines Geschenk für sie in den Wald mitzunehmen, z.B. Tabak für ihr Pfeifchen, Met, Schnaps, Obstler, Mehl- oder Milchspeisen, also all das, was sie lieben.

Da trippelt ein die kleine Schar,
sie hält nicht gern sich Paar und Paar;
im moosigen Kleid mit Lämplein hell
bewegt sich's durcheinander schnell.
Wo jedes für sich selber schafft,
wie Leuchtameisen wimmelhaft,
und wuselt emsig hin und her,
beschäftigt in die Kreuz und Quer.

(Johann Wolfgang von Goethe)

Zu einer Zwergenmahlzeit gehören: Pilze, Bucheckern, Haselnüsse, Eicheln, Walnüsse, Erbsen, Kartoffeln, Äpfel, Beeren – Johannisbeeren, Blaubeeren, Himbeeren, Heidelbeeren, Stachelbeeren, Wacholderbeeren, Weißdorn –, Mispeln, Quitten ... Außerdem finden wir auf der Speisekarte der Zwerge heimische Kräuter, einige Blütenpflanzen und Gewürze. Weiterhin lieben sie Ameiseneier, Brot und Breie, zudem naschen sie gern Honig und Marmelade. Darüber hinaus sind Milch, Butter und Brei für sie sehr wichtige Speisen. Zu ihren Lieblingsgetränken zählen Met (Honigwein), Tee (Pfefferminze, Kamille, Hagebutte, Lindenblüten), gegorene Himbeeren, Kräuterlikör, Obstler – je nach Lebensraum.

Zwerge lieben Hausmannskost, die Gewohnheit, das Immerwiederkehrende und das Althergebrachte. Mit ausländischen Gewürzen und Speisen kann man sie verärgern und vertreiben. Viele einheimische Speiserezepte haben wir den kleinen Leuten zu verdanken, so den Streuselkuchen, den Käsekuchen, den Kirschjockel, den Kerscheplotzer (Kirschenmichel), überdies verschiedene Brotsorten usw. – alte Sagen und Geschichten berichten davon.

ZWERGEN-KRÄUTERKÜCHLEIN
CA. 15 STÜCK

- 200 g Dinkelvollkorn
- 200 g Dinkelmehl
- 180 g Butter (klein geschnitten)
- 1 Eidotter
- 1 TL Salz
- 1–2 EL Milch

Blaue Texte müssen am Ende noch mal auf Richtigkeit geprüft werden.

Aus den Zutaten einen Mürbeteig herstellen (siehe Grundrezept Seite 211).

- 1 Zwiebel
- 1 Stange Lauch
- 250 g Pilze der Saison (Champignons, Steinpilze, Pfifferlinge ...)
- 1–2 Handvoll gemischte Kräuter wie Rosmarin, Basilikum, Liebstöckel, Thymian, Petersilie ...

- 1 Becher Sauerrahm (Schmand)
- 1 Ei
- 1 EL Butter
- Salz, Pfeffer

Zwiebel fein hacken, Pilze trocken sauber putzen, in feine Scheiben schneiden, ebenso den gewaschenen Lauch. In einem Topf Butter erwärmen, Zwiebel darin goldbraun anrösten, Pilze und Lauch dazugeben, mit Salz und Pfeffer würzen und ca. 3 Min. mitbraten, auskühlen lassen. Kräuter hacken, 2–3 EL beiseitelegen, Rest mit Sauerrahm und Ei verquirlen, mit Salz und Pfeffer würzen. Die gut ausgekühlte Pilz-Lauch-Mischung mit der Sauerrahmmasse vermischen. Den zuvor hergestellten Mürbeteig ½ cm dick auswalzen, kleine Kreise (Durchmesser ca. 10 cm) ausstechen. Die Kreise auf ein mit Backpapier ausgelegtes Backblech legen. Mit der fertigen Pilz-Lauch-Masse belegen und im vorgeheizten Backofen bei 200 °C ca. 15 Min. backen. Die gebackenen Zwergenküchlein mit den restlichen Kräutern bestreuen.

Weitere Zwergen- und Wichtelrezepte sind Bucheckerngrütze, Weizenbrot, Pilzgerichte, Eichelsuppe, Beerenpudding, Erdbeerquark, Himbeergrütze ... Ein Teil der Zwergenrezepte finden Sie in diesem Buch, zur jeweiligen Jahreszeit passend, aufgeführt.

WICHTEL, HEINZELMÄNNCHEN, BUTZEN ...

Schenke groß oder klein,
aber immer gediegen.
Wenn die Bedachten die Gaben wiegen,
sei dein Gewissen rein.
Schenke herzlich und frei.
Schenke dabei, was in dir wohnt
an Meinung, Geschenk und Humor,
so dass die eigene Freude zuvor
dich reichlich belohnt.
Schenke mit Geist, ohne List.
Sei eingedenk, dass dein Geschenk
du selber bist.

(Joachim Ringelnatz: Wichtelgedicht)

Wichtel leben gern in Menschennähe. Sie haben ihren Speiseplan an den der Menschen angepasst und essen ab und zu auch einmal ein Stückchen Schwein, Rind, Lamm, Geflügel und Fisch, Fast Food und alles, was es in Menschenküchen eben so gibt. Wenn plötzlich etwas auf Ihrem Teller fehlt, so hat sich bestimmt ein Wichtel ein Stück stibitzt!

Die Wichtelküche ist abwechslungsreich und vielfältig, wofür Sie nachfolgend ein Beispiel finden.

Wie war zu Cölln es doch vordem,
mit Heinzelmännchen so bequem!
Denn, war man faul: ... man legte sich
hin auf die Bank und pflegte sich:
Da kamen bei Nacht,
ehe man's gedacht,
die Männlein und schwärmten
und klappten und lärmten
und rupften und zupften
und hüpften und trabten
und putzten und schabten ...
Und eh ein Faulpelz noch erwacht,
war all sein Tagewerk bereits gemacht!

(August Kopisch)

DER WICHTELTELLER

Wichteln ist ein Spiel, bei dem wir anderen unerkannt etwas von Herzen schenken. Auf dem Wichtelteller findet jeder unerwartete Überraschungen. Für das Spiel stellt man einen Teller für die Wichtel auf den Tisch, und jeder legt etwas darauf, was er von Herzen geben möchte und was er selbst gern mag. Die Speisen, die darauf gelandet sind, nennen sich Wichtelspeisen.

WICHTEL-SCHAFSKÄSE MIT KRÄUTERMARINADE

- 250 g Schafskäse am Stück
- 1 Handvoll Kräuter (Thymian, Basilikum, Oregano, Petersilie …)
- 2–3 Knoblauchzehen
- 3 EL Olivenöl
- 2 EL Weißweinessig
- Salz, Pfeffer
- Rucola oder ein anderer Blattsalat

Den Schafskäse in Scheiben schneiden, auf Rucola (bzw. den anderen Blattsalaten) anrichten. Knoblauch und Kräuter fein hacken, mit Essig, Öl und ein wenig Wasser zu einer Marinade verrühren. Mit Salz und Pfeffer abschmecken. Über dem Schafskäse verteilen, kurz ziehen lassen.

Sabrina erzählt aus der Naturgeisterküche:

Die Wichtel werden bei uns in Vorarlberg auch Butze genannt. Es gibt verschiedene Butze, die alle eines gemeinsam haben: Sie halten sich gern in der Nähe von menschlichen Behausungen auf und verwenden zum Kochen mit Vergnügen Zutaten aus den Speisekammern der Menschen. Im Gegenzug helfen sie dafür schon mal kräftig im Haus und auf dem Hof mit.

Grob eingeteilt, gibt es drei Arten von Butzen: Die Alpbutzen helfen beim Hüten der Tiere, beim Sennen und bei allerlei Arbeit auf der Alp. Die Hausbutzen sind diejenigen, die wohl am ehesten den Heinzelmännchen nahekommen – sie hüten das Haus und helfen mal hier mal da. Die Waldbutzen helfen den Jägern und Förstern bei der Arbeit und können auch schon einmal ein Wild vor der Flinte eines Jägers weglocken, wenn sie das Gefühl haben, dieser Jäger ist nicht redlich in seinen Absichten.

Das zuvor beschriebene Wichtelrezept ist entstanden durch die Zusammenarbeit aller drei Butzevölker: Der Alpbutz hat den Käse gesennt, der Waldbutz hat die Kräuter gebracht, der Hausbutz Essig und Öl aus der Vorratskammer beigesteuert.

Haus- und Hofwichtel mögen übrigens auch gern Erbsengerichte in allen Variationen. Was sie gar nicht schätzen, sind neugierige Menschen. Die guten Hausgeister lieben Milch, Grütze, Pfannkuchen, Eier, Weißbrot, Hefezopf, Kuchen, Rahm, Quark, Käse und Butter. Bevorzugte Leibspeisen, wie Grütze mit einem Stückchen Butter, sollten zur gewohnten Zeit, am gewöhnlichen Platz, auf bekannte Weise hergerichtet, bereitgestellt werden. Wer Gewürze wie Anis oder Kümmel in die Speisen mischt, der vertreibt die Butze auf Nimmerwiedersehen – und damit oft den Segen, der über einem Haus liegt.

TROLLE

Trolle hüten den Wald, die Tiere, die Felder und ihre Umgebung sowie die Schätze der Erde. Sie sind die Gourmets unter den Naturgeistern und verzehren neben Wurzelgemüse auch Elchfleisch, Lachs, Bärenspeck, Schnecken, Würmer, Frösche und andere Fleischarten. Ebenso lieben sie Käse, Ziegenkäse, Schafskäse, Kuhmilch etc. Sie haben facettenreiche, wunderbare Rezepte.

Trolle verspeisen einfach alles, und manche lieben die Nähe von Menschen und essen fleißig an deren Tisch mit. Allerdings können wir Menschen viel von der Trollküche lernen. Sie schmecken ihre Gerichte delikat mit Kräutern und Gewürzen ab und bevorzugen üppige Menüs mit leckeren Nachspeisen. Einige Trollfamilien sind bekannt dafür, dass sie die besten Gerichte auf der ganzen Welt kochen. Es folgt ein Beispiel aus der Trollküche:

(FALSCHER) WILDSCHWEINBRATEN MIT APFELROTKRAUT
FÜR EINE 4-KÖPFIGE TROLLFAMILIE

Falscher Wildschweinbraten heißt es, weil ich hier bei uns kein Wildschwein bekomme. Allerdings wurde mir in der Trollküche das Rezept für einen Wildschweinbraten ans Herz gelegt. Nach langen Diskussionen und einigen Rumtopfbeeren waren die Trolle damit einverstanden, dass ich für das Rezept, das sie mir anvertraut haben, ein normales Hausschwein verwenden darf. Natürlich nehme ich kein ganzes Schwein und auch kein Ferkel, sondern nur so viel Fleisch, wie ich für 4 Personen benötige.

- 1 kg Schweinefleisch vom Hals (mager) oder vom Bauch mit Schwarte (fett)
- 4 große Karotten
- ½ Sellerie
- 2 große Zwiebeln (oder 4 kleine)
- 3–4 Knoblauchzehen
- 1 Rosmarinzweig
- 2–3 Thymianzweige
- 1 Handvoll Salbeiblätter
- 4–5 Lorbeerblätter
- 10 Wacholderbeeren
- 10–15 Pfefferkörner
- Kümmel
- 1 EL Senf
- Salz
- einige Streifen Speck
- 8 mittelgroße Kartoffeln
- ¼ l Rotwein
- ¼ l Wasser
- Schweineschmalz (oder Öl)
- für die Garnitur: ½ Birne pro Person, Preiselbeermarmelade

Die Hälfte von Rosmarin, Thymian und Salbei fein hacken, mit Kümmel und Senf zu einer Paste vermischen. Fleisch mit der Paste gut einreiben und ca. 20 Min. ziehen lassen. Das Gemüse, die Zwiebeln und den Knoblauch in grobe Würfel schneiden und mit den restlichen Kräutern, Wacholderbeeren und Pfefferkörnern vermischen. In einer Pfanne etwas Öl erhitzen, die Gemüse-Kräuter-Mischung hineingeben und anrösten. Mit der Hälfte des Wassers ablöschen, kurz aufkochen lassen und in eine feuerfeste Form füllen.

In der Pfanne noch einmal etwas Öl erhitzen, diesmal stark, und das Fleisch rasch auf allen Seiten scharf anbraten. Das Angebratene zum Gemüse legen, den Bratensatz in der Pfanne mit der Hälfte des Rotweins ablöschen und kurz aufkochen lassen, über den Braten gießen. Das restliche Wasser mit dem Wein mischen, leicht salzen und beiseitestellen. Im Backofen bei 200 °C ca. 30 Min. schmoren, dabei immer wieder mit der Wasser-Wein-Mischung übergießen. Nach 30 Min. den Braten wenden und weitere 30 Min. bei 200 °C schmoren lassen. Regelmäßig begießen. Dann den Ofen zurückschalten auf 160 °C, die geschälten Kartoffeln zum Braten geben und alles zusammen ca. eine weitere Stunde schmoren, das Fleisch dabei weiter übergießen sowie nach Bedarf wenden. Nun kann der Braten serviert werden, das Gemüse ist als Beilage geeignet.

TROLLIGES APFELROTKRAUT
BEILAGE FÜR DEN BRATEN

- ½ mittelgroßer Kopf Rotkraut
- 1 großer, süßer Apfel
- 1 EL Butter
- 75 ml süßen Rotwein
- 75 ml Gemüsebrühe
- Salz, Pfeffer
- 1 Lorbeerblatt, evtl. 1–2 Blätter Liebstöckel
- 1 EL Preiselbeermarmelade

Das Rotkraut in feine Streifen schneiden, den Apfel entkernen, schälen und in Stücke zerteilen. In einem Topf die Butter erwärmen, die Apfelstücke dazugeben und andünsten. Rotkraut, Preiselbeeren, Lorbeer und Liebstöckel hinzufügen und alles ca. 5 Min. unter häufigerem Rühren mitdünsten. Mit Rotwein ablöschen, mit Gemüsebrühe aufgießen, mit Salz und Pfeffer abschmecken und maximal bissfest auf kleiner Flamme kochen.

Sabrina erzählt aus der Naturgeisterküche:

Die Trolle – Gesundheitspolizei im Wald

Die Trolle können manchmal schon zum Fürchten sein, das ist aber eher zu ihrem eigenen Schutz gedacht. Es gibt nur ganz wenige wirklich böse Trolle, auch wenn sie alle recht mürrisch sein können. Die Trolle haben mir erklärt, dass sie hören können, wenn ein Waldtier stirbt. In Windeseile flitzen sie dann an die Stelle, die das Tierwesen sich zum Sterben gesucht hat, und helfen ihm zu gehen. Als Dank dafür bleibt ihnen der Leib des Tieres, den sie mit sich nehmen und zu Gerichten verarbeiten. Schinken, Speck, Braten und allerlei feine Sachen bereiten sie dann aus den Tieren, die durch die Zauberkräfte der Trolle zart und fein sind wie ein junges Lämmchen. Niemals jedoch würden sie ein Tier von sich aus töten – sie nehmen nur, was die Natur ihnen zuteilt.

KOBOLDE UND ANDERE ERDGEISTER

Es gibt sehr verschiedene Wald-, Wiesen- und Hofwichtel sowie auch Zwergenarten. Wir möchten an dieser Stelle vor allem noch die Wald- und Moosweiblein, die Wild- und Holzfräulein erwähnen. Sie zeigen sich als alte, kleine, bucklige Frauen, die manchmal sehr wild aussehen, sich aber auch in schöne Jungfrauen verwandeln können. Die Waldweiblein wohnen im Allgemeinen nicht in unmittelbarer Nähe der Menschen, doch halten sie sich auch nicht fern. Sie kümmern sich um das Vieh, kennen

Hirschkäferkeule hat's gegeben,
gebraten am Fichtennadelspieß.
Doch blieb ich hungrig, bei meinem Leben!
Trotz Würmchenragout und Rosengemüs.
(Richard Zoozmann:
Gedicht über den Zwerg Rotzelbutzel)

sich wunderbar mit Tieren aus und helfen zuweilen den Menschen in Küche, Haus, Stall und Hof, wenn sie dafür Anteile an Küchlein und anderen Speisen bekommen. Sie sind unschlagbar in Sachen Heilkunde, und mit den Pflanzenwesen stehen sie auf Du und Du. Sie retteten schon manch einem Sterblichen das Leben. Sie alle lieben Wurzelgemüse, Wald- und Wiesenfrüchte sowie Beerensorten und zudem Leckereien, die uns Menschen nicht zuträglich sind.

Kobolde zum Beispiel haben oft eine Vorliebe für Pfeffer, Niespulver, Juckpulver, Knallerbsen, Kichererbsen, Pfefferschoten, Chilipulver und dergleichen. Diese Leidenschaft teilen sie nicht selten mit den Elfenwelten. Sie nutzen die Reizwirkung zur Verteidigung ihrer Reiche und um eingefahrene Verhaltensmuster der Menschen zu sprengen.

KOBOLD-KICHERTOPF

- 300 g gekochte Kichererbsen
- 150 g Erbsen (tiefgekühlt)
- 1 rote Paprika
- 1 kl. Kohlrabi
- 1 mittelgr. Zwiebel
- 2–3 Knoblauchzehen
- ca. 2 cm Ingwerwurzel
- 2 TL Curry
- nach Geschmack je 1 TL Koriandersamen, Paprikapulver, Kreuzkümmelsamen, Kardamomsamen, Kurkuma
- ½ TL Chilipulver
- 2 EL Öl (oder Butterschmalz)
- Salz
- ¼ l Wasser
- ¼ l Kokosmilch

Knoblauch und Ingwer fein hacken und mit allen Gewürzen im Mörser zerstossen. Paprika und Kohlrabi in ca. 2 cm große Würfel schneiden, die Zwiebel fein hacken, Öl (oder Butterschmalz) in einem Topf erhitzen und die gehackte Zwiebel goldbraun rösten. Die Gewürzpaste ca. 1 Min. mitbraten. Kichererbsen und das gewürfelte Gemüse dazugeben, mit Wasser und Kokosmilch aufgießen, mit Salz abschmecken. Das Ganze zugedeckt etwa 10 Min. kochen lassen. Zum Schluss die Erbsen dazugeben und nochmals weitere 5 Min. garen lassen. Dieser Eintopf kann z. B. mit Reis und Salat serviert werden.

Ein Kobold bin ich, gut bekannt,
in dieser Stadt und weit im Land;
meines Handwerks ich ein Schuster war
gewiss vor siebenhundert Jahr'.
Das Hutzelbrot hab' ich erdacht,
auch viel seltsame Streiche gemacht.
(Eduard Mörike)

SABRINAS RUMTOPF FÜR ERWACHSENE UND NATURGEISTER

Lasst die Becher kreisen – kling, klang, kling.
Lasst die Stund uns preisen – ting, tang, ting.
Was des Tages Scheinen trennt – klang, kling –,
muss die Nacht vereinen, trinkt – tang, ting.
(Quelle unbekannt)

Dieses Rezept wollte ich zusätzlich einbauen, weil ich weiß, dass die Wichtel, Zwerge, Trolle und Kobolde den Rumtopf lieben, ebenso wie sie als Gabe von den Menschen ganz gern klare Obstbrände annehmen. Sie bevorzugen allerdings die einzelnen Beeren aus dem Topf, daran naschen sie hin und wieder mit Leidenschaft.

Für diesen Beerenrumtopf brauchen Sie eine Flasche guten Rum mit mindestens 60 % Alkoholgehalt und ein großes Einweckglas. Sobald die ersten Beeren im Jahr reif sind – das sind meist die Erdbeeren –, pflücken Sie ein bis zwei Handvoll davon, geben sie zusammen mit einem Esslöffel Zucker in das Einweckglas und schütten den Rum dazu. Verschließen Sie das Glas gut, und bewahren Sie es an einem kühlen Ort auf.

Fortan sammeln Sie immer wieder, wenn Sie weitere reife Beeren finden, ein bis zwei Handvoll davon, und fügen Sie sie mit ein bisschen Zucker dem Inhalt im Glas hinzu. Bis zum August ergänzen Sie nun Himbeeren, Brombeeren, Stachelbeeren, rote und schwarze Johannisbeeren sowie Kirschen. Nach den letzten Beeren bleibt der Topf noch ca. 10 Tage verschlossen und wird kühl gelagert. Anschließend kann der Rumtopf als Zugabe zu Eisbechern, Quarkstrudel, Grießbrei, Kaiserschmarren u. v. a. m. verwendet werden. Weiterhin eignet er sich auch als Gabe für die Naturgeister; sie freuen sich sehr darüber.

ELFEN

Im Elfenhügel gibt es köstliche Speisen, die Elfen sind sehr gute Köche und Köchinnen. Wenig verwunderlich, denn sie lieben Kräuter, »Unkräuter«, Blüten, Pflanzen, Beeren, Nüsse, Honig, Nektar, Samen aller Art, wie Mohnsamen, Sonnenblumenkerne …

In China gilt der Pfirsichbaum als »Baum der Elfen«, dessen Früchte unsterblich machen. Weißdornhecken sind ein beliebter Versammlungsort der Elfen. Schlüsselblumen und Waldtrauben zeigen, laut einer englischen Überlieferung, den Weg zu Elfenschätzen. Es heißt, dass man zu Beginn der Mittsommernacht unter einem blühenden Holunderstrauch das Elfenvolk sehen kann und von ihm Botschaften für die nächste Zeit erhält.

Wenn das Elfenvolk kocht, wirkt und backt, dann meist auf sehr zauberhafte Weise. Sie bereiten Schneebälle, Gewittertorte, Mondschnittchen, Sonnenblumenkernbrote, Potzblitzsuppen, Brennnesselsalate, Waldmeistergrütze, Waldmeisterbowle, Holunderschnitten, Löwenzahnmilch (für Menschenkinder giftig), Fliegenpilzröllchen (für uns ebenfalls giftig), Sternenaugen, Blumenkuchen, Honigblumenkräuterwaffeln usw.

Die Elfen sind die wahren Kenner der Natur und deren Kräfte. Sie sind besonders mit den Kräuter-, Heil- und Gewürzpflanzen verbunden. Sie verleihen den Pflanzen ihre Kräfte, ihre Medizin, von daher sind sie sehr frei in der Zusammenstellung ihrer Nahrung: Sie geben das, was gerade gut ist, und bringen das, was gerade richtig ist – im Guten oder im Bösen. So stellen sie z. B. Liebes- und Verwünschungstränke, Flugsalben und -pulver sowie viele weitere Zaubertränke her. Böse gibt es für sie nicht – nur Gerecht. Frei nach dem Motto: Für jeden das, was er verdient.

Der giftige Fingerhut wird auch Elfenkraut genannt. Die kleinen Pünktchen auf seinen Blütenblättern sind Fingerabdrücke der Elfen. In Britannien wird der Fingerhut »Foxglove« genannt, was sich von »Little Folk's Glove« ableitet; dies bedeutet »Handschuhe des Kleinen Volks«. Wenn viele Hyazinthen und Haselglöckchen auf einer Waldwiese stehen, so handelt es sich um einen verwunschenen Ort. Elfen lieben es, im Heidekraut Verstecken zu spielen. Wenn Sie Ihre Augen für die Elfenreiche öffnen, werden Sie sie augenblicklich erkennen.

BLITZ- UND DONNERKUCHEN DER ELFEN
ERGIBT EINE GANZE TORTE

- 100 g Butter
- 100 g Rohrzucker (oder anderer Zucker)
- 4 Eier
- 150 g Mohn, gemahlen
- 80 g Nüsse, gerieben

Eier trennen, aus dem Eiklar Schnee schlagen. Butter, Zucker und Eidotter schaumig schlagen, Mohn und Nüsse dazumischen. Den Schnee vorsichtig darunterheben. Die Masse in eine gefettete und mit Mehl bestäubte (oder mit Semmelbröseln ausgeschwenkte) Springform (ca. 26 cm Durchmesser) füllen. Bei 180 °C 30 Min. backen. Auskühlen lassen.

- 250 g Quark
- 80 g Puderzucker
- 2 Pck. Vanillezucker
- 500 g Schlagrahm (Sahne)
- 1 gehäufter Löffel Agar-Agar (oder 5 Blatt Gelatine)

Den Quark mit Zucker und Vanillezucker glatt rühren. 80 g Sahne beiseite stellen, den Rest steif schlagen. Die flüssige Sahne mit Agar-Agar (Gelatine) aufkochen, kurz auskühlen lassen und in den Quark einrühren. Die geschlagene Sahne unterheben und auf dem gebackenen Kuchenboden glatt streichen.

- 300 g Himbeeren
- 2–3 EL Rohrzucker
- 1 TL Agar-Agar (oder 3 Blatt Gelatine)

Die Beeren mit dem Zucker köcheln lassen, bis sie weich sind, anschließend durch ein Sieb passieren. Den aufgefangenen Saft mit Agar-Agar (Gelatine) aufkochen und abkühlen lassen. Wenn das Gelee anfängt, fester zu werden, vorsichtig und gleichmäßig auf der Quarkmasse verteilen und ganz fest werden lassen. Den Kuchen vor dem Servieren kühl stellen.

ELBEN

Die Elben gehören zu den Erstgeborenen unserer Welt. Sie sind schöngestaltige Wesen von hohem Wuchs, schlank und bezaubernd. Sie tragen zauberhafte, lange Gewänder und wehende, wallende Umhänge. Ihre Gesichtszüge sind ebenmäßig, fein, die Haut makellos und von schimmerndem Glanz.

Männliche Elben tragen keinen Bart, weshalb ein Mensch die Geschlechter oft nicht unterscheiden kann. Sie bewegen sich anmutig, leichtfüßig, gewandt, schnell, und ihre Füße hinterlassen keine Spuren.

Elben leben frei und vollkommen ungebunden. Sie sind mit einer überirdischen Liebe zu allem Leben erfüllt. Sie verteidigen die lebendige Natur – wenn es sein muss, mit ihrem Leben. Der Klang ihrer Stimme weckt die Seele auf und harmonisiert die Energien. Sie sind hellfühlig, hellsichtig, entsprechend sind ihre Sinne weit geöffnet und ausgedehnt. Ihre Augen leuchten. Umgebungen, in denen Elben leben, sind häufig harmonisch, bezaubernd, erhaben und atemberaubend schön, sie verströmen einen traumhaften Glanz.

Es gibt ganz verschiedene Elbenarten. Einige lieben Pfeil und Bogen, sind Jäger, Künstler (in der Schnitz-, Schmiede- und Baukunst), Heiler und Heilerinnen und Former. Viele können Pflanzen nach ihren Vorstellungen gedeihen lassen und Tiere durch ihre Vorstellung lenken. Kleidung, Schmuck, Schwerter und Symbole aus ihren Reichen haben magische Kräfte.

Elben bevorzugen flüssige Nahrung. Einige Arten ernähren sich ausschließlich von Suppen und Säften aus Beeren, stärkenden Kräutern und Früchten. Sie sind die Meister der leichten Nahrung, die die Sinne schärft, das Sternenauge öffnet und den Körper stärkt.

Alae, galwen nîn =
Hallo, meine Schöne
(Elbengruß)

Elbengruß:
Elen feana or govas nis =
ein Stern leuchtet über
unserer Begegnung

ELBEN-MINZGELEE
2-3 MARMELADENGLÄSER

- 2 Handvoll Minzeblätter
- ⅛ l kochendes Wasser
- ¾ l Apfelsaft
- 700 g Rohrzucker

Minze – ätherisch, lichtvoll, kühl –,
hilft, wenn's uns wird zu schwül,
bringt die Energie zum Fließen.
Goldenes Licht kann sich ergießen,
lädt auf, lädt ein.
Gesund sei dein Sein!

TIPP:
Gelierprobe
1 EL Flüssigkeit auf
einen Teller geben und
erkalten lassen, so wird
festgestellt, wie fest
das Gelee ist.

Minzeblätter mit dem kochenden Wasser übergießen, 1 Std. ziehen lassen. Die Minzeessenz absieben, den Saft in einem Topf auffangen. Die Flüssigkeit mit dem Apfelsaft und dem Zucker vermischen, langsam erwärmen und ca. 10 Min. leicht köcheln lassen.

Ist die gewünschte Festigkeit erreicht, Topf von der Flamme nehmen und das Gelee – noch heiß – in saubere, angewärmte Gläser abfüllen und sofort verschließen. Ist das Gelee noch zu flüssig, weiterkochen und nochmals prüfen, bis es die gewünschte Festigkeit erreicht hat. Es sieht sehr schön aus, wenn in die Gläser ein Minzeblatt eingelegt wird.

Das Gelee kann als süßer Aufstrich auf Brot, Brötchen wie auch als Chutney zu pikanten Speisen gereicht werden.

ELBENTRANK
CA. 4 LITER

- 2 l Wasser
- 2 kg Zucker
- ca. 1 Handvoll Melissenblätter
- ca. 1 Handvoll Pfefferminzblätter (nach Geschmack)
- 5 große Holunderblütendolden
- 40 g Zitronensäure

Lin galu =
Viel Glück – der
Segen sei mit dir.
Elbengruß

Der Melissengeist –
er tanzt durchs Sein,
macht's Energiefeld klar und rein.
(Quelle unbekannt)

Blätter, Blüten und Zucker in ein großes Gefäß geben und mit noch heißem, abgekochtem Wasser übergießen. Die Zitronensäure hinzufügen, 48 Std. an einem schattigen Ort ziehen lassen, durch ein sauberes Tuch (Stoffwindel) absieben, in Flaschen abfüllen und gut verschließen. Kühl lagern. Wird mit Wasser verdünnt als Erfrischungsgetränk serviert oder zum Süßen von Desserts verwendet.

FEEN

Feenspeisen sind köstlich, duftend und unvergleichlich wunderbar. In vielen Geschichten können wir von ihren festlich gedeckten Tischen, lecker riechenden und vortrefflich schmeckenden Speisen lesen. In ihrer Küche findet sich alles, was aus dem Land stammt, in dem Milch und Honig fließen: Samtige Suppen, schmackhaft zusammengestellte Menüs, delikate Süßspeisen, Kuchen und Gebäck gehören zu ihrem Festschmausplan.

Glaube an Feen, sie machen Träume wahr.
Glaube an Wunder, den Mond und die Sterne klar.
Glaube an den Zauber der Feen der Lüfte.
Sie tanzen auf und nieder und singen Liebeslieder.
Und wenn du nur glaubst und in der Wahrheit bleibst,
hörst du die Feen lachen, die über dich wachen.

(Quelle unbekannt)

Feen lieben Blütennektar, Butter, Honig, Milch, Mandeln, Zimt, Vanille, Jasmin, Rosenblüten, Lavendelblüten, Wildrosen, Sandelholz, Pfirsiche, Pflaumen, Äpfel, Mirabellen, Himbeeren, Erdbeeren, Kirschen, Sonnenblumenkerne, Getreide aller Art ... All dies und mehr sind die Zutaten für Feenköstlichkeiten. Feen können zudem mit ihrer Magie jede Speise und jedes Getränk verzaubern, auffrischen, würzen – aber auch verderben, wenn es sein muss (Feen prüfen des Menschen Herz).

Primeln öffnen den Zugang zum Feenreich. Dazu muss man mit der richtigen Anzahl Blüten den Feenhügel berühren. Wer im Frühjahr dreizehn oder mehr Primeln sieht, hat das ganze Jahr über Glück. Sind es weniger, ist Vorsicht geboten – Unglück kann aber abgewendet werden, wenn Veilchen in einen Strauß Primeln eingebunden werden. Ein Primelstrauß auf der Türschwelle kann die Feen herbeirufen – sie segnen dann Haus, Hof und Menschen. Und nun ein Beispiel aus der Feenküche:

The Earth Laughs in Flowers

FEENKEKSE,
z. B. zum Valentinstag
ca. 20 Stück

- 250 g Mehl
- 3 Dotter
- 1 Pck. Vanillezucker
- 1 Prise Salz
- 140 g Butter
- 70 g Staubzucker
- 3 EL Milch
- Lavendelblüten und Rosenblüten, frisch oder getrocknet

Aus den Zutaten einen Mürbeteig zubereiten (siehe Grundrezept S. 211). Den Teig auf einer bemehlten Fläche 2–3 mm dick ausrollen, Herzen oder Blüten ausstechen, auf ein mit Backpapier ausgelegtes Backblech legen, im vorgeheizten Backofen bei 180 °C ca. 10–12 Min. backen.

Glasur für die Kekse:
- 50 g Puderzucker
- 1 EL Zitronensaft
- 1 EL Wasser

Die Zutaten zu einer Glasur glatt verrühren.
Die ausgekühlten Kekse damit bestreichen, mit den Lavendel- und Rosenblüten verzieren.

Feen setzen übrigens gern Rosenwasser zur Verfeinerung von Speisen ein. Feenspezialitäten sind z. B. Orakelkekse und Zauberkuchen (Kuchen mit einer Glücksmünze darin). Weitere Rezepte der Feenküche finden Sie in diesem Buch.

Feenbaum mit Bitten und Wünschen

Feen-Wunsch-Quelle

BAUMGEISTER

Bäume sind oft mächtige und heilige Orte, die von Gottheiten durchdrungen, von Engeln umgeben und von Naturgeistern bevölkert sind. In frühen Zeiten waren sie die religiösen und heiligen Stätten der Menschen, der Ort, an dem sie Zwiesprache mit der göttlichen Quelle hielten.

Der Baum spielt in vielen Märchen, Mythen, Sagen und Geschichten eine zentrale Rolle: die heiligen Haine der Druiden, der Weltenbaum Yggdrasil, an dem Odin seine Erkenntnisse gewann, der Baum der Erkenntnis im Garten Eden, der Baum, unter dem Buddha Erleuchtung fand, usw.

Naturgeister wohnen und leben in den Bäumen und um sie herum. Baumgeister, Faune, sind mächtige Hüter. Neben seinem Faun ist ein Baum noch von Nymphen, Dryaden und Nereiden, Devas, Feen, Elfen, Blatt- und Blütengeistern, Wichteln, Zwergen, Trollen und Erdgeistern beseelt. Jedes dieser Naturwesen erfüllt andere Aufgaben: Sie lassen einen Baum wachsen, blühen, erstrahlen und auch Früchte tragen, zudem geben sie ihm seine ganz persönliche, individuelle Note.

Bäume sind Gedichte,
die die Erde in den Himmel schreibt.
(Khalil Gibran)

Jeder Baum ist ein lebendiger Organismus und ein großer Energielieferant auf allen Ebenen. Er hat direkten Kontakt zu Mutter Erde und den kosmischen Kräften des Himmels. Die Kräfte des Baumes, der von der universellen Lebenskraft durchströmt wird, bestärken den Menschen darin, ebenfalls diese Verbindung mit oben und unten zu suchen und für sich zu stehen. So können sich Energieblockaden lösen und fehlerhafte Glaubenssätze gelöscht werden. Die Energie kann fließen, man kommt zu sich selbst und kann das Gleichgewicht zwischen Körper, Geist und Seele wiederfinden. Ein Tipp: Suchen Sie öfter schöne Bäume auf, und spüren Sie die Kraft, Verbindung, Stärke und Harmonie, die sie ausstrahlen.

Bäume spenden uns Sauerstoff, Schatten, Blüten, Nahrung und Rohstoffe, wie z.B. das Holz, aus dem wir unsere Häuser und Möbel bauen, mit dem wir wärmende Feuer nähren. Viele Räucherstoffe werden aus Baumbestandteilen hergestellt, also aus Harzen, Blüten, Blättern, Früchten (z.B. Weihrauch, Bernstein, Fichte, Birkenrinde, Zeder, Storax).

Die Nahrung, die Bäume uns schenken, sind Blätter, Wurzeln und die Früchte, die sie tragen: Birnen, Äpfel, Kirschen, Aprikosen, Bucheckern, Kastanien, Mandeln, Orangen, Zitronen, Mispeln, Bananen, Kokosnüsse, Oliven, Feigen ... Aus ihnen lassen sich Marmelade, Kompott, Gemüse, Fleischbeilagen, Salate und vieles mehr herstellen. Tees und Medizin werden aus den Blättern, der Rinde, dem Saft, den Wurzeln, Blüten und Früchten erzeugt. Bestimmte Öle werden aus Baumfrüchten angefertigt, z.B. Olivenöl.

Die spirituellen Eigenschaften von Bäumen sind je nach Baumart sehr unterschiedlich. So steht der Lorbeer für Sieg, der Olivenbaum für Kraft und Stärke, die Fichte für Geborgenheit und Wärme, der Feigenbaum für Erleuchtung, usw. Bernstein, das kristalline Harz, ist das Gold der Bäume. Er wird zum Heilen, Räuchern, Schmücken und zur geistigen Entwicklung getragen.

Runen sind die Zeichen und Schriften der Bäume. Bäume sind oft große Weisheitslehrer. Kein Wunder also, dass sie in früheren Zeiten heilig waren. Der Baum hat viel zu geben, er verteilt gerecht.

Die Küche der Baumgeister ist vielfältig, dazu ein Beispiel:

BAUMSCHNECKEN

- 1 Hefeteig (siehe Grundrezept im Anhang, Seite 212)
- 80 g Rohrzucker
- 2 g Zimt
- 100 g Nüsse, gemahlen oder gehackt
- für die Glasur:
- 100 g Puderzucker
- 1 EL Zitronensaft
- ein wenig Wasser

TIPP: Die noch warmen Schnecken ohne Glasur einfrieren, bei Bedarf die gefrorenen Schnecken kurz im Ofen aufbacken ...

mhhhhh!

Hefeteig auf ca. 50 x 50 cm ausrollen. Zucker, Nüsse und Zimt vermengen. Das Nussgemisch auf den Teig streuen und mit dem Nudelholz gut festdrücken.

Den Teig einrollen. Die Rolle mit einem scharfen Messer in ca. 25 gleiche Scheiben schneiden.

Auf ein gefettetes Blech setzen. Die Baumschnecken mit einem Tuch bedeckt nochmals gehen lassen, bei 200 °C ca. 12 Min. backen. Puderzucker und Zitronensaft mit etwas Wasser verrühren, die noch heißen Schnecken damit bestreichen, abkühlen lassen und – genießen!

WASSERWESEN, NIXEN, NEREIDEN, WASSERKOBOLDE

Der Ritter ist klug, es fällt ihm nicht ein, die Augen öffnen zu müssen;
er lässt sich ruhig im Mondenschein von schönen Nixen küssen.

(aus Heinrich Heine: Die Nixen)

Wasserwesen nehmen all das zu sich, was das Wasser so bietet: Seetangsuppe, Muscheln, Fische, Krebse – eben Meeresfrüchte aller Art –, außerdem gute Weine. Eine besondere Köstlichkeit ist Seerosentau, dieser schmeckt süß und lecker.

Wassermänner sind gute Schnapsbrenner, Brauer und Winzer. Sie lieben es, Feuerwasser herzustellen. Wasserfrauen aller Arten beherrschen die Liebes- und Verführungskünste mit allem, was dazugehört. In diesem Bereich sind sie auch gute Ratgeberinnen. Der weiße Lotus wird von den Nymphen gehütet. Er hebt den Zauber und die Wirkung einer Liebesbeschwörung und eines Liebestrankes auf, wenn die Frau ihn berührt.

Es folgt ein Wasserkoboldrezept.

SUSHI KAPPA-MAKI
REISBÄLLCHEN MIT SEETANG UND GURKEN

Kappa-Maki ist ein kleiner, zierlicher Wasserkobold aus der japanischen Mythologie. Seine Leibspeise sind Gurken. Kappa-Makis leben normalerweise im Wasser. Eine konische, mit Wasser gefüllte Vertiefung im Kopf erlaubt es ihnen jedoch, auch an Land ihr Unwesen zu treiben, solange das Wasser in der Höhlung nicht verdunstet ist.

Wenn wir uns vor einem angreifenden Kappa schützen wollen, so haben wir zwei Möglichkeiten: Wir füttern ihn mit seiner Leibspeise, Gurken, und/oder mit Reis und Algen, oder wir verneigen uns vor ihm. Vielleicht wird er sich ebenfalls verneigen und dadurch das Wasser aus seiner Kopfvertiefung schütten ...

- 8 halbe Blätter Seetang (Nori)
- 2 Portionen Sushi-Reis
- 1 Gurke
- Wasabi-Paste
- Salz

Die Seetangblätter auf einer Seite kurz anrösten. Die Gurke schälen, entkernen und in Streifen schneiden, mit Salz bestreuen und einige Minuten liegen lassen; dann abspülen, um die überschüssige Flüssigkeit herauszuziehen. Nun mit den Gurkenstreifen vier Maki-Rollen herstellen, indem der Reis und die geschnittenen Gurkenstreifen mit etwas Wasabi-Paste in die Seetangblätter gerollt werden.

DIE FÜNF ELEMENTE
FEUER, WASSER, ERDE, LUFT UND DER FEINE HIMMELSDUFT (ÄTHER)

Die Geister der Elemente gehören zu den mächtigsten und kraftvollsten Naturwesen. Ohne die Elemente gäbe es unsere Erde und das Leben, so wie wir es auf ihr vorfinden, nicht.

Die Luftgeister folgen der Vernunft, die Feuergeister dem Verstand, die Wassergeister der Einbildungskraft und dem Gefühl, die Erdgeister folgen und begünstigen die Natur. Die Naturgeister sind überall um uns herum. Ohne sie könnten wir kaum existieren.

(Thomas von Aquin)

Rätsel der Elemente
Erst zu begegnen dem Tier,
braucht ich den Spruch der Vier.
Salamander sollen glühen, Undinen sich winden,
Sylphen verschwinden, Kobolde sich mühen.
Wer sie nicht kennte, die Elemente,
ihre Kraft und Eigenschaft,
wäre kein Meister über die Geister.

(Johann Wolfgang von Goethe: Faust)

Elementargeister sind, wie der Name schon sagt, die Wesen, die die Elemente bewohnen. Sie haben die verschiedensten Aufgaben: Es gibt sie von den kleinsten Formbauern bis zu den großen und mächtigen Hütern, in uns leben z. B. Körperelementargeister.

Unsere Erde und unser Köper sind aus den fünf Grundelementen aufgebaut, aus Feuer, Wasser, Erde, Luft und Äther. In uns und auf unserem Planeten findet ein Zusammenspiel zwischen den ihnen eigenen Kräften statt. Jedes Elementarwesen baut bestimmte Energiemuster und Eigenschaften auf, die seinem Element eigen sind: Devas – Äther; Sylphen – Luft, Undinen – Wasser, Gnome – Erde; Salamander – Feuer.

Die Elementargeister unterstützen unsere Entwicklung und unser Wachstum und können Disharmonien ausgleichen, die sonst zu Krankheit führen könnten.

Wir können in der Meditation mit den Wesen der Elemente Kontakt aufnehmen und schauen, wie es um die Elemente in uns bestellt ist. Wir können sie in uns ins Gleichgewicht bringen und so eine andere Lebensqualität und Harmonie in uns und um uns herum erschaffen. Gleichen wir Disharmonien in uns aus, unterstützen wir damit unseren Selbstheilungsprozess. Die Nahrung, die den fünf Elementen zugeordnet ist, kann dazu beitragen, dass wir uns noch intensiver mit einem Element verbinden.

Der Mensch soll nicht nur erkennen, dass die Elemente belebt sind, sondern auch, dass er, wie die Geistwesen, ewig und sterblich zugleich ist.

(Quelle unbekannt)

In diesem Kapitel geht es nun um die Elementarwesen, die fünf Elemente und darum, wie wir diese über Körper, Geist und Seele in uns aufnehmen und uns an ihnen ausrichten können. Es ist gut, sich Zeit zu nehmen für die Elemente und sie in der Natur und in sich zu erfahren. Sich mit den Elementen zu verbinden bedeutet sich mit dem Ursprung zu verbinden.

ANMERKUNG:

Die Elemente, wie wir sie in diesem Buch beschreiben, entsprechen ausschließlich dem, wie wir sie im europäischen Raum vorfinden. Es gibt auch eine asiatische Elementelehre, die auf die fünf Elemente Metall, Holz, Wasser, Feuer und Luft aufgebaut ist. Diese kann nur bedingt mit der europäischen Elementelehre in Verbindung gebracht werden.

ELEMENT WASSER

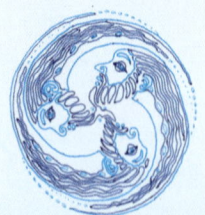

Liebes Element Wasser, ihr Undinen und Wasserwesen,
mit der Kraft des universellen Wassers
wasche aus meine Aura
und löse auf alle negativen Energien und Ängste,
die mein Heute belasten.
Schenkt mir Freude, Vertrauen und spielerische Leichtigkeit.
Danke, ihr lieben Wesenheiten. Danke, Element Wasser.

(Quelle unbekannt)

Wasser wird von den Mondrhythmen beeinflusst. Unser Planet und unser Körper bestehen zu 75 % aus Wasser. Das Wasser hilft uns, unsere intuitive, fühlende, träumende, nach innen gerichtete Natur besser wahrzunehmen. Die Wesen der Wasser bringen uns Klarheit, Reinigung, Heilung, Heiligung, Segen, ein klares Gefühl in bestimmten Angelegenheiten und begleiten uns in den Übergangsphasen des Lebens.

WOZU ES GUT IST, MIT DEN WESEN DES WASSERS KONTAKT AUFZUNEHMEN

Die Wassergeister – Nixen, Nereiden, Undinen, Wassermänner und -frauen – bewohnen Quellen, Brunnen, Flüsse, Bäche, Tümpel, Teiche, unterirdische Wasserläufe, Wassergrotten und -fälle, Seen, Meere, ja, jeden Regentropfen. Sie schenken uns Freude, Spaß und Spiel, Sanftheit, Vertrauen, Urvertrauen, stärken unsere Intuition, reinigen uns, klären unseren Blick, öffnen unser Herz, helfen uns, nach innen zu schauen, uns selbst besser wahrzunehmen. Sie senden uns Eingebungen und Träume, geboren aus einer tiefen Quelle in uns, die uns weiterhelfen.

Es ist gut für uns, mit den Wassergeistern in Kontakt zu treten, wenn ...

* wir das Gefühl haben, nicht mit dem Fluss des Lebens zu fließen,
* wir in alten Gefühlen feststecken, wie Trauer, Melancholie, Trübheit,
* wir uns zu sehr im Außen verloren haben und nicht mehr wissen, was wir wollen und fühlen und was in einer Situation richtig für uns ist,
* wir nicht mehr wissen, was und wem wir vertrauen können,
* wir Nieren- und Blasenprobleme haben,
* wir Fragen zu Beziehungsangelegenheiten jeder Art haben (Beziehung zu uns selbst, Liebesbeziehungen, Eltern-Kind-Beziehungen, Freundschaften, Konfliktsituationen, Liebesangelegenheiten ...),
* wir Unterstützung in Entscheidungsphasen und Selbstfindungsphasen benötigen,
* wir zu uns selbst kommen, nach innen schauen und Erkenntnisse über vergangene, gegenwärtige und zukünftige Ereignisse gewinnen wollen.

KLEINE MEDITATION:
KONTAKT MIT DEM WASSER IN UNS

In unserer Vorstellung können wir die Wasserelementarwesen bitten, uns zu helfen. Nehmen Sie sich dazu etwas Zeit, und finden Sie Ruhe. Sie können einen Platz am Wasser aufsuchen – an einer Quelle, einem Bach, einem Fluss, einem See, am Meer –, aber auch eine Landschaft im Nebel durchwandern, einen Spaziergang im Regen machen, den Garten im Morgentau besuchen. Wenn es warm genug ist, können Sie direkt Kontakt zum Wasser aufnehmen, indem Sie die Füße darin eintauchen oder schwimmen gehen. Die Badewanne ist übrigens auch ein guter Ort. Sie können sich aber auch eine CD mit Wassergeräuschen anhören und eine Schale Wasser aufstellen. Trinken Sie zudem bewusst einen Schluck Wasser, bevor Sie beginnen.

Machen Sie zuerst eine geistige Bestandsaufnahme, indem Sie sich mit dem Wasser in Ihnen verbinden. Wo überall fließt es in Ihnen? Welche Organe sind mit dem Wasser verbunden? Wo überall finden Sie Körperflüssigkeiten?

Stellen Sie sich Ihr inneres Wasser vor. Was kommt Ihnen in den Sinn? Ein See, das Meer, ein Fluss, Tümpel, Wasserfall, eine Quelle ... Welche Qualität hat Ihr Wasser? Ist es fließend, stehend, hell, dunkel, schwarz, grün ...? Wenn Sie eine deutliche Vorstellung vom Gewässer in Ihnen haben, können Sie nun gegebenenfalls die Wasserwesen bitten, es zu heilen, zum Fließen zu bringen, klar werden zu lassen etc.

Stellen Sie sich nun vor, wie die Wasserwesen – Undinen, Nixen, Nereiden ... – aktiv werden, Ihre innere Quelle freilegen, sie zum Sprudeln und Fließen bringen. Alles Alte, Schwarze, Dunkle fließt ab, neues klares, sauberes Wasser fließt nach.

Erst wenn das Wasser wieder klar und rein fließt, aus unterirdischen Quellen versorgt wird, kraftvoll ist und so aussieht, sich anfühlt, wie Sie es sich wünschen, sollten Sie diese kleine Meditation beenden. Sie können Ihr Wasserwesen fragen, ob es noch eine Botschaft für Sie hat. Bedanken Sie sich schließlich für die Unterstützung der geistigen Reiche, und kehren Sie zurück in den Alltag.

Erfahrungsgemäß beginnt sich anschließend auch in Ihrem Leben alles zu klären, rein zu werden, zu fließen und sich neu zu verbinden. Sie erhalten neue Eingebungen und Inspirationen. Sie werden merken, wie sich durch die innere Ausrichtung die äußere Wahrnehmung und Erfahrung verändert. Achten Sie in den nächsten Tagen auf Ihre Gefühle und Träume.

Danke, Element Wasser.

GESUNDHEITSINDIKATOR:

Wie in der Natur ist es ein Indikator für Stress, ungesunde Ernährung und Giftstoffe in unserem Körper, wenn unser Körperwasser dunkel ist und stark riecht. Wir sollten ihn dann gut durchspülen, uns sportlich betätigen und ihn dabei unterstützen, die Gifte auszuscheiden. Ist unser Wasser hingegen rein, klar und hinterlässt es keinen starken Geruch, so ist dies ein Zeichen für Gesundheit und Wohlbefinden.

PRAKTISCHE TIPPS ZUM WASSER

* Da wir zu 75% aus Wasser bestehen, ist es wichtig, dass wir auf einen ausgeglichenen Wasserhaushalt achten. Wir sollten jeden Tag 2–3 Liter Flüssigkeit zu uns nehmen. Stellen Sie sich eine Kanne Tee oder eine Flasche Wasser an Ihren Arbeitsplatz. Achten Sie darauf, dass Sie sich ausreichend mit Flüssigkeit versorgen.
* Jeder Mensch hat übrigens seinen individuellen Wasserbedarf, er berechnet sich mit 0,03 l pro kg Körpergewicht.
* Beginnen Sie den Tag mit einem Glas lauwarmem Wasser.
* Trinken Sie vor dem Essen etwas Wasser, das füllt den Magen und spült ihn durch.
* Legen Sie immer mal wieder einen Flüssigkeitstag ein, entweder 1 x pro Woche, um Ihren Körper zu unterstützen und Ihre Selbstheilungskräfte anzuregen, oder in bestimmten Mondphasen: Bei abnehmendem Mond und Neumond hilft solch ein Tag beim Entgiften, Ausleiten, Reinigen. Bei zunehmendem Mond oder auch kurz vor Vollmond speichert der Körper mehr Wasser, man wiegt auch mehr; bei abnehmendem Mond nimmt der Wassergehalt wieder ab, man »schwemmt aus«.
* Wenn wir negative Energien aufgenommen haben und uns schmutzig fühlen, ist es hilfreich, den Wasserhahn aufzudrehen und fließendes, kühles Wasser über die Pulsadern an den Handgelenken fließen zu lassen. Stellen Sie sich dabei vor, wie alle Negativität aus Ihrem Energiefeld einfach fortgespült wird und neue Energie nachfließt. Sie werden sofort einen Unterschied merken.
* Ein Meeressalzbad reinigt Ihr ganzes Energiefeld und lädt es auf.
* Wenn Sie frieren, lassen Sie ca. 30 Sekunden lang eiskaltes Wasser über Ihre Fingerkuppen fließen. Danach werden Sie fühlen, wie sich im ganzen Körper wieder Wärme ausbreitet.
* Mit zunehmendem Alter nimmt das Durstgefühl ab, der Flüssigkeitsbedarf allerdings nicht. Nun ist oft ein »Training« notwendig, damit man das Trinken nicht vergisst. Gerade im Alter führt zu wenig zu trinken zu Verwirrtheit.

WASSERREZEPT

Undinen – Wesen des Wassers
Reinigend, fließend und nährend
tanzen wir in deinem Sein.
Bewegen wir uns schnell und schneller,
bleibt dein Energiefeld rein.

Auch über die Nahrung können wir uns mit dem Element Wasser verbinden. Unser Körperwasser wird durch die Nahrung angeregt und gestärkt durch alle Arten von Flüssigkeiten wie Quellwasser, Tees, Suppen, Säfte, Soßen, Kokosnussmilch sowie durch sehr wässriges Obst und wasserreiche Gemüsesorten wie Gurken, Spargel, Tomaten, Pfirsiche, Algen, außerdem Fisch, Brei, Reis ... Dem Wasser sind Blatt und Stängel sowie Blattgemüse (Fenchel, Spargel, Porree ...) zugeordnet. Wasserrezepte sind mild, flüssig, fließend, rein. Die Farben vorwiegend klar, hell, zart. Entwässernd sind Salze, Apfelessig, Reis, Spargel.

GEMÜSEBRÜHE
ERGIBT ENTWEDER EINE BEILAGE FÜR CA. 4–6 PERSONEN ODER 3 L SUPPE

- 2–3 große Karotten
- 1 mittelgr. Sellerie
- 1 mittelgr. Kohlrabi
- 1 Stange Lauch
- etwas Butter
- eine Prise Zucker
- Salz, Pfeffer, Muskat, Petersilie, Liebstöckel
- 2 l Wasser

Gemüse sauber putzen und in Stücke schneiden (Größe variiert nach Verwendung als Beilage oder Suppe). Butter in einem Topf zergehen lassen und das Gemüse mit dem Zucker darin anschwitzen. Gewürze und gehackte Kräuter dazugeben und kurz mitdünsten. Mit Wasser aufgießen und ca. 15 Minuten leicht köcheln lassen.

Je nachdem, wie das Gemüse geschnitten wurde, kann es als Beilage serviert werden, oder es werden noch andere Gemüsesorten dazugegeben (Erbsen, Blumenkohl, Brokkoli ...), und eine feine klare Gemüsesuppe kommt auf den Tisch. Die Brühe selbst kann in einen Eiswürfelbehälter abgefüllt und eingefroren werden – so sind immer Gemüsebrühwürfel vorrätig!

ELEMENT FEUER

Liebes Element Feuer. Liebe Feuersalamander.
Mit der Kraft des universellen Feuers
reinigt und wandelt um
alle falschen Programmierungen meiner selbst,
die heute nach Umwandlung und Reinigung rufen.
Transformiert, erlöst, lasst mich neu entstehen
wie den Phönix aus der Asche
Danke, liebes Element Feuer. Danke, liebe Feuersalamander.
(Quelle unbekannt)

Das Innere unserer Erde besteht aus Feuer, die Sonne ist ein Feuerball, das Herdfeuer, die Blitze und auch die Elektrizität sind dem Feuer zugeordnet. Feuer ist Lebenselixier, Wärme, Licht, Lebens- und Schöpferkraft. Wir Menschen sind ebenfalls Träger und Trägerinnen des Feuers. Die Feuergeister bringen uns Ausstrahlung, Leidenschaft, Inspiration, Begeisterung, Tatkraft und vitale Lebensenergie.

WOZU ES GUT IST, MIT DEN WESEN DES FEUERS KONTAKT AUFZUNEHMEN

Die Feuergeister – Salamander, Alben, Elfen, Feuerdevas – bewohnen das Feuer in all seinen Erscheinungen, von wild lodernd bis hell scheinend und ruhig lohend. Sie heizen uns an und heizen uns ein, sie schenken uns Mut, Tatkraft, Handlungsfähigkeit, Begeisterung, Kreativität, Lebensfreude, Lust, Sexualität, Schöpfungskraft, Ausdrucksfähigkeit, Antrieb und Visionen. Orte, an denen wir Feuergeister finden, sind Öfen, Herde, Kamine, Vulkankrater, Wüstenlandschaften, Lagerfeuer – offenes Feuer im Allgemeinen –, Qualm und Rauch.

Es ist gut für uns, mit den Feuergeistern in Kontakt zu treten, wenn ...

- wir an Energiemangel leiden,
- wir zu wenig Selbstvertrauen oder ein zu geringes Selbstwertgefühl haben,
- wir uns mutlos, ohnmächtig oder handlungsunfähig fühlen,
- es uns an Tatkraft und Handlungsfähigkeit mangelt,
- uns Lebensfreude, Lebenslust und Begeisterung fehlen,
- unser sexuelles Feuer, das Feuer der Leidenschaft, erloschen oder zu einer kleinen Flamme verkümmert ist,
- uns Depressionen und Lustlosigkeit peinigen,
- wir unter Appetitlosigkeit oder Verdauungsproblemen, Schwäche und Krankheitsanfälligkeit, Kälte im Körper und zu niedrigem Blutdruck leiden,
- unsere Aura und unser Energiefeld Reinigung benötigen,
- wir alte Verstrickungen und Probleme lösen wollen, die viel Kraft verschlingen,
- unser Immunsystem gestärkt werden muss.

KLEINE MEDITATION:
KONTAKT MIT DEM FEUER IN UNS

Wenn du ein Leben lang immer deinem Herzen folgst,
dann tust du mehr, als von dir verlangt wird.
(Quelle unbekannt)

Um in Kontakt mit den Feuergeistern zu kommen, ist es ratsam, einen Ort aufzusuchen, an dem Sie sich wohlfühlen: Lagerfeuer, Vulkangebiete, Schwitzhütten oder ein warmes Plätzchen in der Sonne sind gut dafür geeignet. Jedoch kann man auch eine CD mit Geräuschen zum Element Feuer laufen lassen und Kerzen entzünden.

Machen Sie zuerst eine geistige Bestandsaufnahme, indem Sie sich mit dem Element Feuer verbinden. Wo empfinden Sie eine angenehme Wärme in Ihrem Körper? Wo Hitze? Wo ist es eher kalt, wo fehlt Energie in Ihrem Körper? Fühlen Sie in sich hinein.

Stellen Sie sich nun das Element Feuer vor. Was kommt Ihnen in den Sinn? Eine Vulkanlandschaft, ein wärmendes Lagerfeuer, ein strahlend helles Licht, eine flackernde Lichtsäule, glühende Asche, fließende Lava, die Sonne ... Wenn Sie eine deutliche Vorstellung von Ihrem inneren Feuer haben, betrachten Sie es.

Bitten Sie nun die Feuergeister, das Feuer in Ihnen überall in die rechte Balance zu bringen: Wir haben mehrere Lichtzentren in unserem Körper, die Chakren. Fangen Sie im Schoß an. Wie ist das Licht/Feuer dort? Empfinden Sie Leidenschaft, Versorgung, Stabilität, Verbundenheit mit der Erde ...? Wie sieht es aus in Ihrem Bauchraum, dem Ort Ihrer Beziehungsfähigkeit? Wie sieht es in Ihrem Solarplexus aus, dem Zentrum Ihrer Kraft? Wie in Ihrem Herzen, ist es offen und weit? Wie sieht es in Ihrem Hals aus? Wie steht es dort mit Ihrer Kommunikations- und Ausdrucksfähigkeit? Wie ist die Lage in Ihrem Dritten Auge? Was nehmen Sie wahr, womit fühlen Sie sich verbunden? Was empfangen Sie? Wie sieht es mit Ihrem Scheitel aus, Ort der Verbindung zum Göttlichen, zum Feinstofflichen, zu höheren Dimensionen?

Bitten Sie die Kräfte des Feuers, etwaige Blockaden in diesen sieben Lichtzentren aufzulösen. Stellen Sie sich vor, wie die sieben Flammen dieser Chakren ruhig und warm in Ihnen brennen und leuchten.

Wenn Sie dies erreicht haben, können Sie sich mit Ihrer geistigen Führung, Ihrem Schutzengel, innerlich an ein Lagerfeuer setzen und dorthinein alles geben, was Sie loslassen möchten. Lassen Sie das Feuer der Reinigung durch Ihren Körper, durch jede Zelle und jedes Atom lodern, und stellen Sie sich dabei vor, wie Ihr Seelenkleid immer heller, strahlender und reiner wird.

Wenn Sie das Gefühl haben, alle negative Substanz in Ihnen hat sich aufgelöst, beenden Sie Ihre Meditation. Bedanken Sie sich bei den Feuergeistern, und kehren Sie in Ihren Alltag zurück. Sie werden merken, dass Sie sich nun kraftvoller, vitaler und klarer fühlen.

GESUNDHEITSINDIKATOR

Eine gleichmäßige Körpertemperatur, beständige Wärme und ein stabiler Blutdruck auf mittlerem Niveau sind Ausdruck einer gesunden Feuerenergie. Niedriger oder hoher Blutdruck, Kälte oder übermäßige Hitze an bestimmten Stellen im Körper zeugen von einem Ungleichgewicht. Starke Schweißbildung ist ein Hinweis auf übermäßigen Stress und auf einen hohen Energieverbrauch des Körpers.

PRAKTISCHE TIPPS ZUM FEUER

* Einmal am Tag schwitzen. Bewegen Sie sich, vollziehen Sie jeden Tag körperliche Übungen, um den Körper ins Schwitzen zu bringen. Damit entfachen Sie das körperliche Feuer und unterstützen den Entgiftungsprozess Ihres Körpers. Außerdem stärken Sie Ihr Energiefeld und Ihr Immunsystem und beugen so Krankheiten oder Anfälligkeit vor.
* Bestimmte Hatha-Yoga-Übungen (z. B. der Sonnengruß) entfachen das innere Feuer und helfen, die Energiebahnen und den Körper zu reinigen und zu stärken. Sie fördern Ausdauer und Stabilität.
* Wenn wir uns sportlich betätigen, schüttet der Körper Glückshormone aus, wir fühlen uns vitaler, gesunder und kraftvoller.
* Während des Essens und bis eine Stunde danach ist es empfehlenswert, nichts zu trinken, da sonst die Magensäfte verdünnt werden, das Verdauungsfeuer gelöscht und die Nahrung nicht optimal verarbeitet wird.
* Finden Sie das richtige Maß für Ruhe und Bewegung. Damit der Körper seine eigenen Reinigungs- und Entgiftungsprozesse durchführen kann, braucht er neben Bewegung und Nachschub auch Ruhe und Schlaf.
* Wenn Sie Segnung, Wärme oder Kraft brauchen, entzünden Sie eine Kerze, und schauen Sie fünf Minuten lang in das Licht.
* Gehen Sie ab und zu in die Sauna.
* Reinigen Sie Ihr Energiefeld mit dem geistigen Feuer, indem Sie sich vorstellen, wie reinigende Flammen aus Ihren Händen lodern. Fahren Sie mit den Händen über Ihren Körper, und stellen Sie sich dabei vor, wie all die verbrauchte, negative Energie aufgelöst und transformiert wird.
* Entzünden Sie ab und zu ein Lagerfeuer, suchen Sie das Gespräch mit sich und anderen auf der inneren Ebene. Geben Sie ab, was Sie nicht brauchen, indem Sie es auf einen Zettel schreiben und diesen ins Feuer werfen. Bitten Sie darum, dass diese Angelegenheit jetzt aus Ihrem Leben gehen darf.
* Öffnen Sie sich für kreative Impulse, indem Sie den spontanen Regungen Ihres Körpers folgen.

FEUERREZEPT

Über die Nahrung können wir das Element Feuer in uns stärken. Unser inneres Feuer kann durch das, was wir zu uns nehmen, reguliert werden. Haben wir zu viel Hitze, empfehlen sich kühlende Speisen (z. B. Salate). Fehlt es uns hingegen an Wärme, so können wir deren Produktion mit bestimmten Nahrungsmitteln anregen: Das Feuer stärkende Gerichte sind heiß, wärmend, scharf. Dem Feuer sind bestimmte Früchte und Gemüse zugeordnet, sie haben meist die Farben Rot und Orange, außerdem sind sie feurig, wie z. B. Pfeffer, Chili, Paprika, Hagebutten, Curry, Ingwer, Meerrettich.

FEUERSUGO

Feuer, lodere – brenne hell, öffne mein Herz – lass es leuchten und funkeln
und mir den Weg weisen – auch im Dunkeln.

- 50 g Sojagranulat
- 3 EL Olivenöl
- 1 mittelgroße Zwiebel
- 2–3 Knoblauchzehen
- 2 Karotten
- 1 St. Sellerie (ca. 100 g)
- 2 EL Tomatenmark
- 500 g geschälte und in Stücke geschnittene Tomaten
- 1 Paprika
- Chili, Salz, Pfeffer, Oregano, Thymian, Basilikum
- ¼ l Gemüsebrühe

Gemüsebrühe aufkochen, vom Herd nehmen und das Sojagranulat hineinschütten, ca. 15 Min. ziehen lassen. Karotten und Sellerie in Würfel schneiden, Zwiebeln und Knoblauch fein hacken. Olivenöl in einer Pfanne erhitzen, Zwiebeln darin glasig werden lassen. Karotten und Sellerie dazugeben und unter mehrmaligem Rühren leicht anbraten. Eingeweichtes Sojagranulat, Knoblauch, Tomatenmark und gehackte Tomaten hinzufügen, gut durchrühren und ca. 10 Min. köcheln lassen. Paprika in Würfel schneiden, dazugeben und nochmals 5–10 Min. köcheln lassen. Alles mit Gewürzen und Kräutern feurig abschmecken und zu Nudeln, als Lasagnefüllung, in Palatschinken oder als Soße über gebackenem Gemüse reichen.

ELEMENT ERDE

Die Erde ist Trägerin und Tempel der geistigen Energie. Diese zeigt sich in ihrer dichtesten Erscheinungsform durch unseren Planeten. Die Erde gibt uns Halt, schenkt uns Konzentrationsfähigkeit, Ruhe und Kraft. Die Erdgeister helfen uns, unsere Wurzeln zu pflegen, Kontakt zu den Ahnenreichen zu bekommen, uns zu versorgen und zu nähren.

WOZU ES GUT IST, MIT DEN WESEN DER ERDE KONTAKT AUFZUNEHMEN

Erdgeister wie Gnome, Wichtel, Zwerge, Riesen, Kräuterweiblein, Pflanzendevas, Felsen- und Steinwesen bewohnen die Wälder, Felder, Wiesen, Berge und Felsen. Sie geben uns Kraft, Hoffnung, Stille, Stabilität, Ausrichtung, Stärke, Ausdauer und Durchhaltevermögen. Sie versorgen uns und führen uns zu den Schätzen und Talenten, die in uns liegen. Wir erfahren durch sie die Heiligkeit der Natur. Plätze der Erdgeister sind Waldlichtungen, Moosteppiche, Komposthaufen, Erdhügel, Steinkreise, Höhlen, Burgruinen, alte Bäume, Gärten, Edelsteine ...

Es ist gut für uns, mit den Erdgeistern in Kontakt zu treten, wenn ...

- wir zu wenig geerdet sind und unsere Basis Stärkung benötigt,
- unsere Ideen einfach keine Form annehmen wollen,
- uns das Gefühl der Geborgenheit abhanden gekommen ist, wir uns nicht getragen und beschützt fühlen,
- wir im Mangeldenken feststecken und nicht glauben können, dass für uns gesorgt wird,
- in unserem Leben ein Ungleichgewicht zwischen Geben und Nehmen besteht,
- wir uns mit der Fülle und den Schätzen, die das Leben bietet, verbinden wollen,
- wir eigene Fähigkeiten und Talente zu erkennen wünschen,
- wir Struktur, Rhythmus und Ordnung in unserem Leben brauchen,
- wir auf der Suche nach Kraft und Stabilität sind,
- wir für bestimmte Angelegenheiten Ausdauer und Durchhaltevermögen benötigen,
- wir unser Körperbewusstsein stärken wollen,
- wir danach streben, unsere Heilungs- und Regenerationskräfte anzuregen,
- wir beabsichtigen, Blockaden zu lösen und Hindernisse zu überwinden,
- wir Probleme mit Gelenken, Knochen, Zähnen haben,
- wir uns mit Wurzel- und Ahnenthemen auseinandersetzen,
- wir Ruhe, Stille, innere Stärke und Frieden finden wollen.

Liebes Element Erde.
Mit der Kraft der universellen
Energie der Atome
verwirkliche meine Form
als würdigen Tempel
für das große Ich-Bin.
Liebe Gnome, Wesen der Erde,
helft mir, die Schätze und
Fähigkeiten, die in mir liegen,
zu entdecken und zu leben
und die Welt so zu formen,
dass es in mir friedlich,
still und weit werden kann.
Lass mich die Materie
durchlichten.
Danke, liebes Element Erde.

(Quelle unbekannt)

48

KLEINE MEDITATION
KONTAKT MIT DEM ELEMENT ERDE IN UNS

Wir können uns mit den Erdelementarwesen in uns verbinden und sie bitten, dort Harmonie und Ausgleich zu schaffen. Nehmen Sie sich etwas Zeit, und kommen Sie zur Ruhe. Suchen Sie einen Platz auf, an dem Sie sich besonders mit der Erde verbunden fühlen – einen Kraftplatz. Das kann Ihr Garten sein, ein Fels, ein Berg, ein Stein, eine Höhle, ein Baum ... Es ist gut, bei dieser Meditation die Erde unmittelbar zu berühren, z. B. sich flach auf die Erde zu legen oder Kontakt über die Handflächen und die blanken Fußsohlen aufzunehmen. Legen Sie sich auf die Erde, und spüren Sie eine Zeit lang einfach, wie sie Sie trägt. Fühlen Sie den Herzschlag der Erde, wie ihr Geist durch alles strömt und mit Ihnen verbunden ist. Sie können aber auch eine CD zum Thema »Element Erde« einlegen und einen Kristall, Stein oder Edelstein in die Hand nehmen.

Die Erde wirft niemanden ab, sie urteilt und wertet nicht – sie trägt alles. Fühlen Sie die Stille und Ruhe, die Fülle und den Reichtum der Erde. Fühlen Sie all die Früchte, die Nahrung, das Wasser, die Schätze, die die Erde in sich und auf sich birgt.

Verbinden Sie sich mit der Erde in Ihnen. Fühlen Sie Ihren Körper, Ihre Knochen, Ihre Substanz, Ihre Basis, Ihre Stabilität und Ruhe. Stellen Sie sich die Erde vor. Was kommt Ihnen in den Sinn? Ein Berg, eine Höhle, eine Grube, ein Tal, ein Garten ... Wenn Sie ein deutliches Bild von Ihrer inneren Erde haben, schauen Sie, ob diese Heilung benötigt. Bitten Sie die Erdgeister, die Hüter der Erde – die Wichtel, Gnome und Zwerge –, Ihnen zu helfen, die Erde zu heilen und die Selbsterneuerung, die Sie in der Natur immer wieder beobachten können, anzuregen. Aktivieren Sie Ihre eigenen Selbstheilungskräfte. Stellen Sie sich vor, wie bestimmte Stellen in Ihrem Körper eingehüllt werden in grünes Licht und wie Sie erneuert werden, heilen, wieder vollkommen hergestellt werden. Mutter Erde trägt Sie auf ihren Armen. Stellen Sie sich vor, wie die liebende Kraft der Erde durch Ihren Körper pulsiert.

Fühlen Sie Ihren Stand, Ihre Stabilität, Ihre Kraft. Stellen Sie sich so bildhaft wie möglich vor, dass alles, was der Heilung bedarf, sich jetzt regenerieren kann.

Wenn Sie sich wieder verbunden, stabil und kraftvoll fühlen, können Sie Ihren Erdgeist – das kann ein Gnom, ein Zwerg, ein Riese ... sein – fragen, ob eine Pflanze oder ein Verhalten Ihre Selbstheilungskräfte unterstützen kann. Lassen Sie sich von den Erdgeistern zeigen, was für Sie und Ihren Körper jetzt gut ist. Sie können sich von den Erdwesen auch zu Ihren inneren Schätzen geleiten lassen.

Befolgen Sie den Rat, den Sie erhalten. Bedanken Sie sich für alles, und kehren Sie zurück in die Alltagswirklichkeit. Sie werden nach dieser Meditation mehr Kraft, Stabilität und Verbundenheit mit dem Leben fühlen.

GESUNDHEITSINDIKATOR

Der Gesundheitsindikator der Erde ist der Schmerz. Je größer die Verspannung, der Schmerz und die Schmerzvermeidung, desto mehr sollten wir unserem Körper Zeit und Raum geben. Nur so können wir herausfinden, was er braucht und wie wir ihn unterstützen können, sodass er heilen kann. Sind wir entspannt und schmerzfrei, so sind wir gesund.

PRAKTISCHE TIPPS ZUR ERDE

- Achten Sie auf Ihren Körper, denn er ist der Tempel Ihrer Seele. Übergehen Sie nicht die Signale, die Ihr Körper Ihnen sendet. Er will Ihnen damit zeigen, wo etwas nicht in Ordnung ist.
- Suchen Sie immer wieder den Kontakt zur Erde. Spüren Sie Ihre Verbindung zu ihr, indem Sie Gartenarbeit machen, in die Natur gehen und dort wahrnehmen, wie diese sich immer wieder selbst erneuert.
- Achten Sie auf Regelmäßigkeit und Rhythmus in Ihrem Leben.
- Schön mit Schlamm und Erde: Äußerlich angewandt, hat Heilerde eine positive Wirkung auf die Haut, weil sie schädliche Substanzen aufsaugt; dazu Heilerde mit Wasser zu einer streichfähigen Paste verrühren und so lange auf der Haut lassen, bis sie leicht angetrocknet ist, dann abspülen. Innerlich eingesetzt, entschlackt und entgiftet sie den Darm; dazu 2 TL Heilerde in ein Glas Wasser geben, verrühren und schluckweise trinken.
- Entschleunigen: Wenn Sie merken, dass Sie in Hektik und Stress verfallen, ist es hilfreich, in den Zeitlupenmodus zu wechseln und alles zu entschleunigen. Bewegen Sie sich langsam. Lassen Sie sich für wichtige Entscheidungen mindestens 3 Tage Zeit. Überschlafen Sie Angelegenheiten, bevor Sie Stellung beziehen. So finden Sie wieder Ruhe, und die Hektik weicht. Die Erde dreht sich auch ohne Sie weiter.
- Nehmen Sie sich Zeit für sich selbst: Gehen Sie in die Natur, lehnen Sie sich an einen Baum, legen Sie sich auf die Erde. Fühlen Sie, wie Sie getragen und versorgt werden.
- Schaffen Sie Ordnung, und entrümpeln Sie. Wer in seiner Umgebung klar schiff macht, räumt auch innerlich auf.
- Gehen Sie barfuß, und spüren Sie den Kontakt zur Erde. Sie können die Kraft der Erde durch Ihre Füße in den Körper atmen. Alles, was Sie belastet, können Sie in die Erde atmen.

ERDREZEPT

Mutter Erde nährt uns –
alles, was wir brauchen, wächst in unserem Umfeld.

Nahrungsmittel, die das Element Erde in uns stärken, wachsen oft unter der Erde oder sehr dicht über ihr, also Wurzelgemüse, Knollen, Pilze etc. Sie schenken uns Kraft, Ruhe und Substanz, nähren und sättigen uns. So können wir die Erde in uns nähren über Lebensmittel wie Kartoffeln, Karotten, Rote Bete, Wurzeln, Äpfel, Kohl, Käse, Fleisch, Wurst ... Erdnahrungsmittel sind schwer, in Farbe und Energie kräftig und dicht.

KARTOFFELNEST

- 3 mittelgroße Kartoffeln pro Person (am besten am Vortag gekocht)
- etwas Salz, nach Geschmack Kräuter, evtl. Pfeffer
- 1 EL Butter pro Portion

Butter in einer Pfanne zergehen lassen und die geschälten Kartoffeln direkt in die heiße Pfanne reiben. Wichtig ist es, die Rösti keinesfalls anzudrücken. Ca. 5 Min. braten lassen. Auf die Oberseite können nun das Salz und die restlichen Gewürze gestreut werden.

Einen flachen Teller, etwas kleiner als die Pfanne, vorsichtig auf die Rösti legen und die Pfanne mit den Rösti auf den Teller kippen.

Rösti vorsichtig wieder in die Pfanne gleiten lassen und auf der zweiten Seite fertig braten.

Rösti kann als Hauptspeise wie auch als Beilage zu verschiedenen Gerichten serviert werden.

ELEMENT LUFT

Liebes Element Luft,
Kraft des universellen Geistes stärke und nähre ich mein Selbst
mit der ewig pulsierenden Lebensenergie.
Durchströme meinen ganzen Körper, jede Zelle;
bewirke, dass alle Zellen, die heute sich erneuern,
meiner Vollkommenheit entsprechen; verhindere,
dass falsche Programme kopiert werden.
Ihr Sylphen, umgebt mich mit dem Hauch der Neuen Zeit,
der ewigen Freiheit, Einheit und Brüderlichkeit.
Danke, liebes Element Luft.

(Quelle unbekannt)

Unsere Erde ist von einer Atmosphäre umgeben, die aus verschiedenen Schichten aufgebaut ist. Wir können ca. 21 Tage ohne Essen, ca. 3 Tage ohne Wasser, aber nur ca. drei Minuten ohne Atemluft sein. Die Luft hilft uns, das Leben im stofflichen Körper zu aktivieren. Wir atmen aus und atmen ein, tauschen Energie aus. Die Wesen der Lüfte bringen uns Neues, Bewegung, Inspiration, Leichtigkeit, Freiheit, Verbundenheit, Grenzenlosigkeit, Austausch, Kontakt und neue Lebenskraft.

WOZU ES GUT IST, MIT DEN WESEN DER LUFT KONTAKT AUFZUNEHMEN

Luftgeister wie Sylphen, Luftfeen, die Reiter auf den vier Winden, Windsbräute, Engel bewohnen den Himmel, die Winde, die Lüfte. Luftgeister findet man an windigen Plätzen am Meer, auf Berggipfeln, in aufgewirbelter Luft, auf offenen Feldern, in Düften, in einem Blütenregen, im Blättersegen ...

Es ist gut für uns, mit den Luftgeistern in Kontakt zu treten, wenn ...

* wir Anregung und Inspiration brauchen,
* wir uns nicht trauen, unsere Stimme zu gebrauchen, uns auszudrücken,
* wir uns in unserem Leben eingeengt fühlen,
* uns Leichtigkeit und Freude fehlen,
* wir danach streben, neue Gedankenmuster und Formen zu manifestieren,
* wir Probleme mit der Atmung, den Atemwegen und den Lungen haben,
* wir die Energie in und um uns in Bewegung bringen wollen,
* wir beabsichtigen, Altes gehen und Neues kommen zu lassen,
* wir uns abgetrennt und unverbunden fühlen,
* wir den Kontakt zu den geistigen Reichen suchen,
* wir unsere Kreativität zu entfachen wünschen,
* wir nach Klarheit in einer Angelegenheit suchen,
* wir mit Sprachbarrieren und Ausdrucksschwierigkeiten zu kämpfen haben.

KLEINE MEDITATION
KONTAKT MIT DEM ELEMENT LUFT IN UNS

Nehmen Sie sich etwas Zeit, und finden Sie die Ruhe, mit den feinen, zarten, schwebenden Luftgeistern in Verbindung zu treten. Sie können für Ihre Meditation einen Ort wählen, an dem die Luft sauber, energiegeladen und rein ist, wo der Wind immer etwas weht, sodass Sie die Luft deutlich fühlen. Waldlichtungen mit weitem Blick, ein offenes Feld, Bergeshöhen und das Meeresufer sind gute Plätze für Luftgeister – eben Orte, an denen man Raum und Weite empfindet. Luftgeister sind nicht nur in ihrem Element unterwegs, sondern auch sehr häufig in der blühenden Pflanzenwelt zu finden. Sie helfen u. a., die Blüten zu bestäuben, den Duft weiterzutragen, um die Bienen anzulocken. So sind blühende Gärten und natürliche Wiesen auch gut dafür geeignet, mit den Luftgeistern Kontakt aufzunehmen.

Lauschen Sie eine ganze Zeit lang der Luft, dem Rauschen des Windes, und beachten Sie die Zeichen, wie Federn, Blüten, Blätter etc. Sie können aber auch eine »luftige« Musik – z. B. mit vielen Flöten – anhören und eine Duftkerze, ein Räucherstäbchen oder Räucherwerk entzünden. Im Rauch tanzen die Luftgeister, tragen die Botschaften in den Himmel.

Konzentrieren Sie sich auf Ihre Atmung. Atmen Sie bewusst frische Luft ein, vielleicht mit Qualitäten angereichert, die Sie jetzt gut gebrauchen können, also Mut, Liebe, Weite, Freiheit, Reinigung ... Atmen Sie verbrauchte Luft bewusst aus – vielleicht mit Dingen angereichert, die Sie loslassen möchten, also Anspannung, Ärger, Stress, Erschöpfung ...

Machen Sie diese Übung so lange, bis Sie sich ruhig und bei sich selbst angekommen fühlen. Sprechen Sie mit den Feen der Lüfte. Auch wenn Sie sie nicht sehen, erzählen Sie ihnen, was Sie auf dem Herzen haben, und bitten Sie sie, Ihnen eine neue Inspiration, eine neue Richtung, eine Botschaft zu senden. Bitten Sie die Feen um ein deutliches Zeichen.

Lassen Sie Ihren Blick schweifen, öffnen Sie sich. Es kann sein, dass Botschaften auf ungewöhnlichen, aber für Feen typischen Wegen kommen. Möglicherweise verändert sich Ihr Gefühl grundlegend, sodass Sie Farben sehen und wahrnehmen, die in Ihr Energiefeld geleitet werden. Vielleicht haben Sie plötzlich ganz neue Gedanken, wenn Sie draußen in der Natur sind, entdecken Zeichen in den Wolken oder auf Ihrem Weg ...

Die Feen antworten immer, wenn man Sie befragt. Melden Sie sich nicht sofort, dann doch innerhalb von drei Tagen, nachdem Sie um ein Zeichen gebeten haben. Oft melden sie sich als unvermittelter Lufthauch, Streicheln, Nasekitzeln oder Haareziepen. Die Antwort kann sich auch auf einer Plakatwand befinden, durch einen Menschen überbracht werden oder sich im Traum offenbaren. Bleiben Sie aufmerksam gegenüber dem Gewöhnlichen und offen für Ungewöhnliches.

Wenn Sie Ihre Meditation beenden, bedanken Sie sich zunächst bei den Luftgeistern, und kehren Sie dann in den Alltag zurück. Nach dem Kontakt mit den Luftgeistern werden Sie sich leicht, beschwingt, optimistisch und wieder offen für Neues fühlen.

GESUNDHEITSINDIKATOR

Der Gesundheitsindikator für die Luft ist der Duft. Wie riecht die Atemluft, ja wie riechen wir überhaupt? Riechen wir stark, oder aus manchen Körperöffnungen unangenehm, so ist dies ein Zeichen dafür, dass etwas mit uns nicht stimmt. Je leichter und heller unser Körpergeruch, desto gesünder sind wir.

PRAKTISCHE TIPPS ZUR LUFT

* Atmen Sie jeden Tag fünf Minuten tief ein und aus. Probieren Sie's aus, es kann Ihr Leben verändern!
* Atmen Sie gezielt an die Stellen in Ihrem Körper, die verspannt sind und Energie brauchen. Damit unterstützen Sie die Selbstheilungskräfte Ihres Körpers.
* Achten Sie darauf, dass Sie sich in jeder Situation gestatten, tief durchzuatmen.
* Wenn es hektisch oder stressig zugeht, halten Sie inne, und konzentrieren Sie sich 2 Minuten nur auf Ihre Atmung. Sie werden merken, wie Sie zur Ruhe und zu einer besonnenen Handlungsweise zurückfinden.
* Lüften Sie jeden Tag mindestens einmal Ihre Wohnung, Ihr Haus komplett durch, und schütteln Sie die Betten kräftig aus. So lassen Sie alte Energie ziehen und laden neue Kräfte ein.
* Wenn Sie ein Anliegen haben, entzünden Sie ein Räucherstäbchen, und sprechen Sie ein Gebet mit den Worten Ihres Herzens.
* Räuchern Sie ab und zu Ihre Wohnung/Ihr Haus mit Salbei oder Kampfer aus, damit alte Energien gehen können. Besonders nach schweren Lebensphasen, Krankheiten oder Konflikten ist dies zu empfehlen. Auf diese Weise reinigen Sie Ihren Wohnort und schaffen Raum für neue belebende Kräfte.
* Lassen Sie in Ihrer Wohnung wohlriechende Düfte tanzen. Durch Duftlampen, Raumsprays und Räucherwerk können Sie Akzente in Ihrem Heim oder an Ihrem Arbeitsplatz setzen. Dadurch vitalisieren Sie Ihren Lebensraum und erhalten neue Impulse und Inspiration.
* Durch Düfte können Sie auch Energien ausgleichen. Manche beruhigen, andere regen an, wieder andere reinigen; Fliederduft z. B. vertreibt böse Träume und Gedanken.
* Verbringen Sie jeden Tag einige Zeit mit sich selbst. Hören Sie sich selbst zu, meditieren Sie, und verbinden Sie sich mit der Quelle in Ihnen.
* Beschäftigen Sie sich jeden Tag einige Zeit mit geistigen Inhalten, mit Weisheitslehren, Schriften, die Sie immer mehr der eigenen Freiheit öffnen.
* Tauschen Sie sich mit anderen aus.
* Probieren Sie Neues aus, und verlassen Sie ab und zu die eingefahrenen Trampelpfade des Lebens, suchen Sie z. B. einmal einen Ort auf, den Sie noch nicht kennen.

LUFTREZEPT

Wir können uns von Luft und Liebe ernähren.

Auch über Speisen können wir uns mit der Luft verbinden. Es gibt Nahrungsmittel, die Winde und Lüfte erzeugen, die uns helfen, uns von innen zu reinigen. Dazu gehören Hülsenfrüchte wie Bohnen und Erbsen, außerdem Knoblauch, gepufferter Reis, Popcorn, Amarant, Hirse, Dill, Pfefferminze, Melisse, Sprossen, Zitronen, Orangen, Kampfer und Efeu. Der Luft sind weiterhin die Blüten und Blütengemüse zugeordnet, also Blumen, Kräuter, Erdbeeren etc.

Luftige Nahrungsmittel sind kühlend, hell, leicht, wirken reinigend und entschlackend. Essbare Luftpflanzen sind schnell wachsend, nach oben schießend.

LUFTIKUS
BISKUIT

Luftig – locker – leicht er auf der Zunge zergeht,
ein süßer Wind, der durchs Energiefeld weht.

- 6 mittelgroße Eier
- 180 g Dinkelmehl
- 180 g Rohrzucker
- 2 TL Backpulver
- etwas Butter, 1 Handvoll Semmelbrösel

Eier trennen und das Eiklar zu Schnee schlagen. Zucker unter ständigem Rühren dem Eischnee langsam einstreuen. Die Dotter hinzugeben und ca. 1 Min. weiterrühren. Mehl mit Backpulver mischen und auf die Eimasse sieben, anschließend vorsichtig mit einem Gummimax unter die Eimasse heben.

Eine Kuchenform (ca. 26 cm Durchmesser) mit Butter einfetten und mit Bröseln ausstreuen (oder Backfolie/Backpapier verwenden). Die Masse in die Form streichen und bei 180 °C ca. 20–25 Min. backen. Für Biskuitrollen, Obstkuchenboden u. a. kann diese Masse auch auf ein Blech gestrichen und gebacken werden, dazu Biskuit auf einem mit Backpapier ausgelegten Blech backen. Direkt nach dem Backen wird der Biskuit mit dem Backpapier auf ein sauberes Geschirrtuch gestürzt. Ein zweites kalt-feuchtes Geschirrtuch auf das Papier auflegen, und das Geschirrtuch mit dem Papier vom Biskuit abziehen.

ELEMENT ÄTHER

Liebes Element Äther,
du universelle, alles
durchdringende Kraft, lass mich fühlen,
lass mich denken, lass mich handeln,
lass mich das Ich-Bin verwirklichen.
Leite du mein Fühlen, Denken, Handeln
in allem auf den liebenden,
den göttlichen Weg.
Mögen mir die Engel und die
geistigen Helfer heute beistehen.
Danke, liebes Element Äther.

(Quelle unbekannt)

Gott, Atman, Prana, lebendige Energie ... ist überall und durchdringt alles. Es ist die Schöpferkraft, aus der alles geschaffen ist, das Mysterium des Lebens.

Die Wesen des Äthers bringen uns Freiheit, Grenzenlosigkeit, Leichtigkeit, Verbundenheit, Liebe, Mitgefühl, ein offenes Herz, neue Energie, Farben, Klang, Buntheit, Reinheit, Verwandlung, Wärme, Weite ... Sie verbinden uns mit unserer geistigen, ewigen Heimat und den guten Kräften, die immer für uns da sind, da waren und da sein werden, egal, was das Leben uns bringt.

WOZU ES GUT IST, MIT DEN WESEN DES ÄTHERS KONTAKT AUFZUNEHMEN

Engel, Devas, Naturgeister aller Art, Krafttiere, Fabelwesen ... sind Geschöpfe des Elements Äther. Wir sind immer von guten Kräften umgeben. Jedoch achten diese unseren freien Willen und greifen nur ein, wenn wir sie darum bitten oder unser Leben in Gefahr und unsere Zeit noch nicht gekommen ist. Wir können sie aber immer einladen, z. B. durch ein Gebet, eine Anrufung, eine Bitte, einen stillen Ruf aus unserem Herzen. Wenn wir die geistigen Gefilde, die immer für uns offenstehen, bitten, in unserem Leben zu wirken, haben wir ein Vielfaches an Potenzial zur Verfügung.

Es ist gut für uns, die Wesen des Äthers anzurufen, wenn ...

- wir Hilfe brauchen,
- wir Unterstützung benötigen in allen Belangen des menschlichen Lebens,
- wir nicht mehr weiterwissen,
- es uns schwer ums Herz ist,
- unser Herz verschlossen ist,
- wir Angst haben,
- wir einen neuen Weg suchen – einen, an den wir vielleicht überhaupt noch nicht gedacht haben,
- wir uns überfordert fühlen,
- wir uns nicht mehr mit Gott und der Welt verbunden fühlen.

KLEINE MEDITATION
KONTAKT MIT DEM ELEMENT ÄTHER IN UNS

Höre auf dein Herz, und wenn es dir einmal nicht antwortet, so konzentriere dich auf die Rose/die Blume in deinem Herzen. Schaue, was du brauchst, damit du dich von Herzen wieder öffnen kannst, und wie es einfach für dich ist. Wenn dein Herz sich öffnet, wirst du die Antworten darin finden. Denn alles ist bereits in uns.

Um Verbindung mit dem Element Äther aufzunehmen, müssen Sie keinen speziellen Ort aufsuchen, Sie können sich ihm überall öffnen. Achten Sie dabei allerdings auf die Farben, die Klänge und Geräusche, die Düfte, die feinstofflichen Energien, die Sie umgeben, und auf Ihre Gefühle – damit beginnen Sie, sich für die feiner schwingenden Ebenen zu öffnen. Werden Sie ruhig, öffnen Sie sich, und nehmen Sie einfach wahr, was kommt.

Das Wichtigste ist, dass wir unser Herz offen halten. Ein offenes Herz verbindet uns mit allem. Wir können nur mit offenem Herzen kommunizieren. Deswegen ist die erste Verpflichtung, die wir haben, auf unser Herz zu achten. Haben wir es verschlossen, weil wir verletzt, angegriffen, beleidigt o. Ä. wurden, so ist es unsere Aufgabe, es wieder zu öffnen und damit neue Erfahrungen zuzulassen. Deshalb an dieser Stelle nun eine Herzöffnungsmeditation.

In Ihrem Herzen erblüht eine Rose (bzw. eine Blume). Die Blüte im Herzen steht für die Herzenskraft selbst. Konzentrieren Sie sich auf Ihr Herz, und stellen Sie sich vor, wie eine Rosenblüte in Ihrem Herzen erblüht. Schauen Sie sich diese Rose an. Welche Farbe hat sie? Wie sieht sie aus? Ist sie offen oder geschlossen? Gibt es noch mehr Blüten? Wo steht sie (in welcher Landschaft) ? Wie sind ihr Blattwerk, ihre Wurzeln, ihr Wuchs etc.?

Anhand der Bilder, die vor Ihrem inneren Auge aufsteigen, können Sie erkennen, wie es um Ihre Herzenskraft steht. Die Farbe der Blüte sagt Ihnen, was Ihr Herz jetzt braucht, damit es sich öffnen kann, oder in welcher Energie/Kraft es schwingt. Wenn die Blume geöffnet ist, so ist der Blütenkelch bereit, die Botschaften im Herzen zu empfangen.

Diese Meditation können Sie vor jeder Übung durchführen, denn: Man sieht nur mit dem Herzen gut. Wenn Sie sie über einen längeren Zeitraum praktizieren, fühlen Sie, wie neue Kraft in Sie einströmt und die Energie in Ihnen ins Fließen kommt.

GESUNDHEITSINDIKATOR

Fühlen wir uns verbunden, weit, offen, lichtvoll, rein, nehmen wir unsere Umgebung wahr und all die Geschenke, die wir täglich erhalten, so ist unsere »Ätherenergie« hoch und unsere Leuchtkraft stark. Sind wir dagegen verhärmt, ängstlich, misstrauisch, verschlossen, in unserem Inneren dunkel, trüb und drehen uns nur um uns selbst, dann ist unsere Energie niedrig, und wir sollten dringend etwas tun, um unser Energiefeld zu reinigen und wieder zum Leuchten zu bringen. Das ist die beste Medizin.

PRAKTISCHE TIPPS ZUM ELEMENT ÄTHER

* Öffnen Sie Ihr Herz immer und immer wieder. Wobei geht Ihr Herz auf? Lassen Sie Altes gehen, damit Neues kommen kann. Das Leben ist Veränderung, eine ewig fließende Bewegung.
* Suchen Sie Ihre Kraftplätze auf, verweilen Sie dort, und tanken Sie auf.
* Umgeben Sie sich mit Ihren Lieblingsfarben. Streichen Sie die Räume, in denen Sie leben, in Farben, die Ihre Seele streicheln, Sie unterstützen und Ihnen das schenken, was Sie brauchen.
* Geräusche haben Auswirkungen auf unser Sein. Erkennen Sie, welche Klänge und Geräusche Ihnen guttun und welche nicht. Beschäftigen Sie sich mit Tönen. Hören Sie zu, hören Sie hin. Lassen Sie schöne Musik laufen, die Sie inspiriert, Ihnen Harmonie und Heilung schenkt. Wenn Sie fließendes Wasser mögen, stellen Sie einen Zimmerbrunnen auf. Schauen Sie, was Ihnen innerlich Kraft und Harmonie schenkt.
* Düfte sind Zeichen der feinstofflichen Reiche. Sie umwehen uns, umgeben uns und zeigen uns an, wie es um unsere Energie bestellt ist. Lüften Sie, verwenden Sie Düfte in Form von Räucherstäbchen, Duftlampen, Raumsprays. Sie können Sie fördern und Sie bei dem unterstützen, was in Ihrem Leben gerade ansteht. Achten Sie eine Zeit lang auf die Gerüche in Ihrer Umgebung.
* Umgeben Sie sich mit lebendigen Kräften. Schaffen Sie Oasen der Kraft in Ihrer Umgebung. Pflanzen, Steine, Edelsteine können dazu beitragen, die Energie in einem Raum zu erhöhen. Sie können sich einen Altar bauen – das ist wie ein inneres Feuer, das Sie entzünden. Ein solcher Platz der Kraft verbindet Sie mit dem, was Ihnen lieb ist, und erinnert Sie an das, was Ihnen guttut.
* Licht ist Nahrung für die Seele. Umgeben Sie sich mit Licht. Zünden Sie ab und zu eine Kerze an. Sie können auch mit buntem Licht arbeiten, das Sie unterstützen kann, je nachdem, was ansteht.
* Stellen oder hängen Sie Bilder auf, die Ihnen Kraft und Energie schenken – von Ihren Liebsten, schönen Erinnerungen, heilsamen Plätzen, Meistern, Engeln ...

ÄTHERREZEPT

Dem Element Äther ist das Licht zugeordnet. Dazu zählt die sogenannte Sonnenkost, also sonnengereifte Nahrung, Obst und Gemüse in den Farben des Regenbogens, Kräuter und Gewürze, die die Nahrung bunt, reich und schmackhafter machen, usw. Alle Nahrungsmittel, die uns stärken, aber nicht belasten, uns Kraft geben und unsere Sinne öffnen, wie Nüsse aller Art, außerdem Körner, Amaranth, Hirse, Dinkel, weiterhin Soja, Sprossen, Keimlinge ...

SEELENFUTTER
MÜSLI

Sonnenkost lässt Sonne hinein
und entflammt den inneren Schein.

- 200 g grobe Haferflocken
- 200 g feine Dinkelflocken
- 6 EL Rosinen
- 6 EL grob gehackte Nüsse (Haselnüsse, Walnüsse, Mandeln ...)
- 4 EL Sonnenblumenkerne
- 4 EL Honig
- 2 EL Butter
- nach Geschmack getrocknete, klein geschnittene Früchte wie Datteln, Feigen, Moosbeeren, Kokosflocken, Beeren ...

Butter mit Honig in einer Pfanne schmelzen lassen, Getreideflocken dazugeben und alles rösten. Alle anderen Zutaten dazugeben und zusammen nochmals gut durchrösten. Müsli abkühlen lassen und in Gläser abfüllen. Lichtgeschützt und kühl gelagert ist dieses Müsli mehrere Wochen haltbar. Es kann als gesunder Snack jederzeit mit Milch, jeder Art von Joghurt oder Fruchtsaft verzehrt werden.

SONNENLICHT-NASCHEREI
CA. 25 STÜCK

- 250 g Müsli
- 50 g Butter
- 1 Ei
- 1 Dotter
- 70 g Rohrzucker
- 1 TL Backpulver
- 35 g geriebene Nüsse (z. B. Walnüsse oder Haselnüsse)

Butter in einem Topf schmelzen lassen und danach Müsli einrühren. Gesamte Masse auskühlen lassen und danach mit restlichen Zutaten gut vermischen. Anschließend ein Backblech mit Backpapier auslegen. Einen beliebigen Ausstecher (ca. 5 cm Durchmesser) auf das Backpapier legen, einen gehäuften TL Müslimasse hineinfüllen und gleichmäßig gut andrücken. Ausstechform abheben, danach die restliche Masse auf die gleiche Weise verarbeiten. Anschließend im vorgeheizten Backofen bei 180 °C ca. 10 Min. backen.

Mögen meine Hände die Dinge achten,
die du gemacht hast.
Mögen meine Ohren deine Stimme hören.
Gib mir die Weisheit, damit ich verstehe,
was du mein Volk gelehrt hast
und was du in jedem Blatt
und in jedem Stein verborgen hast.
(indianisches Gebet)

Wie man mit den Natur- und Pflanzengeistern Kontakt aufnimmt

Pflanzen haben eine »sinnliche«
und eine »übersinnliche« Dimension.
(Johann Wolfgang von Goethe)

Naturgeister, Pflanzenwesen, Bäume ... können ebenso wenig sprechen, wie wir mit unserem physischen Körper fliegen können. Doch alles kann mit allem in Verbindung treten und kommunizieren. Und Kommunikation beinhaltet einiges mehr als miteinander sprechen. Sie findet auf allen Ebenen auf unterschiedliche Weise statt.

Auf der geistigen Ebene ist alles möglich. Der Geist durchdringt und formt die Substanz. Der gleiche Geist, der uns durchdringt, durchdringt alles Lebendige. Da alles vom gleichen Geist durchdrungen ist, können wir uns von Geist zu Geist mit allen lebendigen Wesen, ob nah oder fern, verbinden. Wir können mit allem kommunizieren.

Es gibt viele Wege, Verbindung aufzunehmen. Das können wir alle:

- Uns hinsetzen, still werden, unser Herz und unsere Sinne öffnen, zuhören und lauschen,
- fühlen, betasten, die Energien wahrnehmen (Farbe, Form, Geschmack, Gefühl, Geruch ...),
- den Gedanken und Gefühlen lauschen, die uns durch Kopf und Geist schießen,
- innere Bilder entstehen lassen, die uns manche Orte eingeben,
- uns für plötzliche Eingebungen öffnen,
- empfangen und senden,
- Pflanzen begreifen, sie sinnlich erfahren, sie anschauen, fühlen, riechen und schmecken (wenn man sie kennt),
- Pflanzen selbst anbauen und sie so kennenlernen,
- Mythen, Legenden, Geschichten über Pflanzen studieren, uns ihrem Wesen öffnen.

Wir können die Anderswelt über Techniken wie Meditation, schamanisches Reisen, inneres Sehen oder Träumen erfahren. Wir können uns mit dem lebendigen, vitalen Wesen eines Baumes, einer Pflanze, eines Tieres, eines Steines verbinden und schauen, was wir erleben. Die Kommunikation geht meist telepathisch vonstatten. Ungläubige Geister brauchen meist ein Zeichen, damit sie Gedanken wie »Das habe ich mir jetzt eingebildet/zusammenfantasiert/zurechtgeschustert« überwinden können.

Wenn eine Verbindung zustande kommt, kann man immer um ein Zeichen in der realen Welt bitten; innerhalb von drei Tagen wird man ein deutliches Zeichen erhalten. Lassen Sie die Wunder zwischen Himmel und Erde einfach zu.

Vielleicht beginnen Sie einfach damit, in die Natur zu gehen und sich einen Platz zu suchen, der Ihnen besonders gefällt. Suchen Sie diesen Platz immer wieder auf, um mit ihm und seinen Kräften vertraut zu werden. Halten Sie sich länger dort auf, entspannen Sie sich, und öffnen Sie sich einfach für die Natur.

Gibt es eventuell eine Pflanze, die Ihnen ganz besonders auffällt, so beschäftigen Sie sich mit ihr. Welche Farben zeigt sie? Welche Formen weist sie auf? Wo in Ihrem Körper spricht Sie diese Pflanze an? Wo fühlen Sie die Farbe der Pflanze?

Nehmen Sie Kontakt mit dem Geist der Pflanze auf, indem Sie sie als ein lebendiges Wesen erkennen. Konzentrieren Sie sich auf ihre lebendige Energie. Betrachten Sie sie, als wäre sie ein Freund: Was würde dieser Ihnen jetzt sagen wollen?

Sammeln Sie Informationen über diese Pflanze – Heilwirkungen, Blüten, Früchte, Fortpflanzung, Standorte, Besonderheiten ... So kommen Sie dem Geist der Pflanze langsam näher. Vielleicht zeigt sie Ihnen ihr Wesen – doch das hängt davon ab, ob Sie sich füreinander öffnen können.

Wenn Sie abends ins Bett gehen, können Sie die Pflanzen, die Ihnen begegnet sind, noch einmal abrufen und deren Bilder mit in den Traum nehmen. Vielleicht senden sie Ihnen eine Botschaft. Führen Sie ein Pflanzen- und Kräutererfahrungsbuch.

KLEINE SIGNATURENLEHRE DER PFLANZEN

Alles, was die Natur gebiert, das formt sie nach dem Wesen seiner Tugend,
und nichts ist, was die Natur nicht gezeichnet habe,
und durch die Zeichen kann man erkennen, was im Gezeichneten verborgen ist.

(Paracelsus)

Gleiches zieht Gleiches an. In der nach dem Ähnlichkeitsprinzip funktionierenden Signaturenlehre gibt es verschiedene Erkennungsmerkmale. Ein Meister dieser Lehre war Paracelsus, der sein Wissen von Pflanzenkundigen bezog.

Pflanzen tragen oft bestimmte Namen oder weisen bestimmte Eigenschaften, Formen und Fähigkeiten auf. Diese lassen sich nach dem Ähnlichkeitsprinzip übertragen. Man beobachtet die Pflanze, ihre Gewohnheiten und Charaktereigenschaften, und diese verweisen auf ihre Kräfte. Die Heilkundigen suchten z. B. behaarte Pflanzen gegen Haarausfall, bittere Kräuter zur Unterstützung der Verdauung und der Galle; rötliche Gewächse setzte man gegen Blutungen ein, Disteln bei stechenden Schmerzen im Körper; der Stängel des Ackerschachtelhalms, der aussieht wie die Wirbelsäule, fand seinen Einsatz bei schmerzenden Wirbeln, der knollige oder knotige Braunwurz bei allen Knoten im und am Leib – usw.

Gegen jede Krankheit ist ein Kräutlein gewachsen.
(Sebastian Kneipp, Priester und Hydrotherapeut, 1821–1897)

1. Nomen est omen; Pflanzen tragen nicht umsonst bestimmte Namen. Sie erhielten diese, weil man mit ihnen gewisse Erfahrungen machte. Namen wie Lungenkraut, Leberblümchen, Augentrost, Magenwurz, Frauenmantel ... sagen etwas über die Heilwirkung einer Pflanze aus.
2. Organsignaturen. Wie verhalten sich Pflanzen? Welche Fähigkeiten haben sie? Ein paar Beispiele: Der Kürbis hat die Fähigkeit, Flüssigkeit zu speichern. Er erinnert durch seine Form an Nieren und Harnblase. Seine orange Farbe steht in Verbindung mit dem Beziehungschakra, dem Wasser und dem Fühlen. Er enthält Wirkstoffe, die Nieren und Wasserhaushalt unterstützen. Oder die Küchenzwiebel: Sie rötet unsere Augen, regt die Produktion von Tränenflüssigkeit an, bringt alles zum Fließen – diese Erscheinungen haben wir, wenn wir erkältet sind. Entsprechend findet sie in der Homöopathie bei Erkältungskrankheiten Anwendung. Die Blüten des Lavendels sind violett, diese Farbe dient der Wandlung; Lavendel unterstützt also die Leber, das Wandlungsorgan. Der Frauenmantel sieht aus wie der weibliche Schoß und hilft bei allen Frauenleiden.
3. Der Standort, die Jahreszeit, in der die Pflanze blüht, ihre Farbe und das Element, in dem sie zu Hause ist, ihre Planetenzugehörigkeit (Brennnessel/Marspflanze, Rose/Venuspflanze ...) – dies alles kann ebenfalls ein Schlüssel zu ihren magischen und heilenden Fähigkeiten sein.

Es ist wirklich ratsam, sich in aller Ruhe mit dem Geist einer Pflanze zu beschäftigen. Wir können in dem Buch der Natur lesen, viel daraus lernen, verborgene Eigenschaften der Pflanzen kennenlernen (Waldklee z. B. öffnet den Blick in die Anderswelt eines Waldes), ungeahnte Wege betreten und Heilung erfahren. Pflanzen rufen uns, sie stehen mit uns und unserer momentanen Befindlichkeit in Resonanz. Nicht umsonst fällt uns manchmal eine Pflanze besonders auf oder ärgert uns ...

Kräuterkunde stammt aus der Tiefe der Quelle. Sie wird empfangen und ist ein Geschenk, eine Gabe der Anderswelt.
Lieben, Sich-Öffnen, Lauschen, Achtsamsein in der Natur – öffnet die Tür zu diesem alten Wissen. Wache auf.
Lerne, zu staunen.
(Quelle unbekannt)

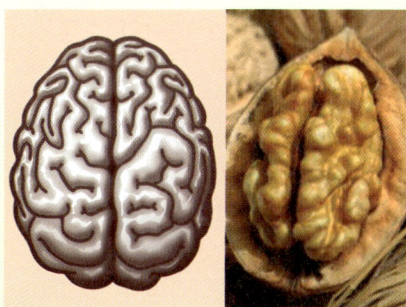

Walnuss – Nahrung für das Gehirn

Kürbis – gut für den Wasserhaushalt, 2. Chakra

Karotte – gut für das Auge

Mit den Pflanzengeistern träumen
– Eine schamanische Übung –

Die Natur sprudelt vor Energie geradezu über. Öffne dich der Fülle um dich herum.
Verlasse deinen begrenzten Geist, und öffne dich den unbegrenzten Weiten der Natur – neuen Räumen,
neuen Möglichkeiten, neuen Erfahrungen. Wir können uns diese Energie zur Verbündeten machen,
indem wir uns mit Wind, Sonne, Erde, Feuer, Wasser, Steinen, Pflanzen, Bäumen und anderen
Lebewesen verbinden, uns ihnen öffnen und ihnen lauschen.

Packen Sie sich Wasser, eine Gabe für die Naturgeister (Schnaps, Räucherstäbchen, Tabak, Brot, Äpfel ...), eine Decke, Schreibutensilien und alles, was Sie brauchen, damit Sie sich wohlfühlen können, ein. Suchen Sie sich einen vertrauten Platz in der Natur, an dem Sie ungestört sind und wo Sie sich vertrauensvoll öffnen können. Sie können auch zusammen mit einer Freundin oder einem Freund gehen oder in einer Gruppe.

Verbringen Sie erst ein wenig Zeit an diesem Ort, schauen Sie sich um. Welche Pflanzen finden Sie dort? Welche Baumsorten? Gibt es Steine? Gibt es irgendwelche Besonderheiten (wie Blumenkreise, besondere Steine oder Baumformen)? Welche Elemente nehmen Sie um sich herum wahr? Welche Gerüche werden Ihnen zugeweht? Schließen Sie die Augen, und lauschen Sie den Geräuschen an diesem Platz. Welche sind es? Schreiben Sie einfach alles auf.

Bitten Sie im Stillen, auf Ihre eigene Art, aus dem Raum Ihres Herzens darum, mit den Wesen, Geistern dieses Ortes in Kontakt treten zu dürfen. Lassen Sie Ihren Blick schweifen – öffnen Sie sich. Vielleicht lädt ein bestimmter Standort Sie ein oder eine besondere Pflanze, ein Baum. Nehmen Sie mit dem, was Sie einlädt, Blickkontakt auf. Vielleicht entdecken Sie ein, zwei oder mehr Augen. Jedes Wesen hat Augen, die Augen sind die Tore zur Seele. Betrachten Sie die Pflanze als lebendiges Wesen. Schauen Sie in seine Augen.

Nehmen Sie jetzt in der Nähe der Pflanze, die Sie gerufen hat, eine bequeme Position ein. Betrachten Sie sie eine Weile. Gibt es Eingänge, Türen, über die Sie in die geistige Ebene eintreten können? Machen Sie es sich ganz bequem. Träumen Sie in der Nähe der Pflanze, und lassen Sie sie zu Ihnen sprechen – sie hat eine Botschaft für Sie.

Schließen Sie Ihre Augen, und träumen Sie sich in das Auge, in den Eingang, das Tor hinein, das die Pflanze Ihnen gezeigt hat. Lassen Sie sich von der Farbe und der Energie der Pflanze in Ihrer Vorstellung einhüllen. Öffnen Sie sich ganz, und lassen Sie zu, was kommt. Sie werden Naturwesen, vielleicht auch andere Geschöpfe treffen. Sie können Ihnen eine Botschaft senden, und Sie können Ihnen Fragen stellen. Wenn die Zeit um ist, ist man meist plötzlich wieder ganz zurück. Schreiben Sie die erhaltene Botschaft auf. Bedanken Sie sich, und legen Sie eine kleine Gabe an den Ort, der sich für Sie geöffnet hat. Es kann uns einiges an Übung abfordern, doch je mehr wir uns dem Wesen der Pflanze öffnen, desto leichter wird es für uns.

DIE STIMME DES HERZENS – JA UND NEIN

Ihr könnt den Pflanzen das Leben nehmen,
aber ihr könnt ihnen kein Leben geben.
(Spruch der Ojibwa-Indianer)

Schließen Sie Ihre Augen. Denken und fühlen Sie: »Ja, ja, ja«, ... und schauen Sie, was mit Ihrem Körper passiert. Wird er weit, hell, warm? Sehen Sie ein Zeichen oder ein Bild? Welche Gefühle entstehen in Ihnen, wenn Sie ein Ja denken? Notieren Sie, was Sie empfinden, und prägen Sie es sich ein.

Nun denken und fühlen Sie: »Nein, nein, nein«, ... und schauen Sie, was in Ihrem Körper passiert. Wird es in Ihnen dunkel, eng, kühl? Nehmen Sie ein Zeichen oder ein Bild wahr? Welche Gefühle entstehen in Ihnen, wenn Sie ein Nein denken? Notieren Sie, was Sie empfinden, und prägen Sie es sich ein.

Wenn Sie nun Pflanzen pflücken wollen, fragen Sie vorher: »Darf ich hier pflücken?« Achten Sie auf die Zeichen in sich. Wenn ein Ja entsteht, so können Sie ohne Bedenken mit dem Sammeln anfangen, bei einem Nein lassen Sie die Pflanze stehen. Beginnen Sie, die lebendige Natur zu erkennen.

Wenn wir das Wesen einer Pflanze achten, so erfahren wir manchmal eine besondere Führung. Manchmal lenken uns gerade die Pflanzen zu dem schmackhaftesten Teil von sich, zu den Plätzen, wo die meisten Pilze stehen, usw. Öffnen Sie sich einfach für neue Erfahrungen und neue Dimensionen des Seins.

Kräuter & essbare Blüten

O große Kräfte sind's,
weiß man sie recht zu pflegen,
die Pflanzen, Kräuter, Stein'
in ihrem Innern hegen.
(William Shakespeare)

Kräuter und Gewürze sind wohltuend und bereichern unser Leben auf vielfältige Art und Weise. Sie können Lehrer, Heiler, Freunde, Verbündete sein. Kräuter wurden einst in vielen Heilritualen und Zeremonien angewandt, um das Böse fernzuhalten und das Gute einzuladen, die Liebe anzuheizen, die Leidenschaft zu entfachen, Lebensfreude zu wecken und das Bewusstsein zu erweitern.

Darüber hinaus sorgen sie jedoch auch für mannigfache geschmackliche Gaumenfreuden in der Küche, dienen als verdauungsfördernde Mittel in Form von Mixturen, Getränken, Schnäpsen, werden genutzt als unterstützende Heilmittel in Form von Tees, Essenzen, Sirups, Salben, Tinkturen, ätherischen Ölen, fördern Wellness und Schönheit in Form von Badezusätzen, Räucherstäbchen, Räucherstoffen, Ölen, Cremes und Gesichtswasser – und früher wurden Kräuter auch dafür eingesetzt, die Natur zu heiligen.

Die Elfen wirken meist über die Kraft der Kräuter, die neben ihren Heilwirkungen etliche magische Eigenschaften haben. Dieses Wissen ist weitgehend verloren gegangen. Übrig geblieben sind all die Verzauberungen, Erlösungen, Verjüngungen und Entzauberungen durch die Kräutlein, die in unseren Märchen gesucht und gefunden werden, z. B. in »Zwerg Nase« ... Viele Körpervorgänge konnten durch Kräuter gesteuert und geregelt werden, u. a. Blutdruck, Körperwärme, Schwangerschaft und Geburt.

Kräuter tragen alle Eigenschaften – ob dunkel oder hell, langsam oder schnell –, und je nach Art, Einstellung, Dosierung wirken sie. Pflanzengeister können uns leiten, heilen, aber auch beherrschen. Wir sollten ihre Macht nicht unterschätzen. Ein achtsamer Umgang mit ihnen kann uns viel altes Wissen enthüllen, was uns hilft, die Heilkraft einer Pflanze optimal zur Entfaltung zu bringen.

Wenn wir anfangen, uns mit Kräutern und Wildkräutern zu beschäftigen, sollten wir einige Dinge beachten: Gehen Sie mit Bedacht vor, und erobern Sie dieses neue Gebiet langsam, Schritt für Schritt. Nehmen Sie sich viel Zeit. Beschäftigen Sie sich immer nur mit einer Pflanze und allem, was sie bereithält. Dann kann es sich für Sie auf segensreiche Art und Weise erschließen.

Die Menge macht das Gift, wie eine alte Heilerweisheit sagt. Pflanzen können heilen, sie können aber auch Allergien, Haut- und Magenreizungen sowie allerlei Überreaktionen usw. hervorrufen. Dies kann an der falschen Dosierung liegen oder daran, dass wir nicht das richtige Kraut gefunden haben. Wenn wir uns nicht genau auskennen, können wir Pflanzen miteinander

verwechseln, z. B. Bärlauch mit dem nichtblühenden giftigen Maiglöckchen – das kann schwerwiegende bis tödliche Folgen haben. Oder wir sammeln Pflanzen an Plätzen, die mit Insektiziden, Autoabgasen, Düngemitteln etc. verschmutzt wurden. So verleiben wir uns mit der Pflanze Gifte ein, die uns schaden, statt unserem Wohl förderlich zu sein.

Lassen Sie sich von erfahrenen Menschen ins Thema Kräuter einführen, und lauschen Sie der Natur. Pflanzen Sie Kräuter in Ihrem Garten, und lassen Sie zu, dass Ihre Erfahrungen, der Austausch mit der Natur, Ihnen dieses alte Wissen nach und nach offenbaren. Öffnen Sie sich auch für die Besonderheiten, die nicht alltäglichen Erfahrungen in der Welt der Kräuter und Gewürze. Nehmen Sie sich Zeit, diesen mächtigen manchmal unscheinbar wirkenden Geistern Ihr Ohr zu leihen. Führen Sie Buch über Ihre Erfahrungen mit Kräutern.

Kräuter werden im Allgemeinen unterschieden in Gewürzkräuter, Heilkräuter und Wildkräuter. Was ein Kraut ist, hängt von den Inhaltsstoffen ab, die es hat. Sie bestehen aus ätherischen Ölen, die sich in fast allen Pflanzenteilen befinden. Die Öle haben zum Teil sehr unterschiedliche Wirkungen (schweißtreibend, krampflösend, beruhigend, anregend ...) und bestehen aus Bitter- und Gerbstoffen, Alkaloiden, Glykosiden, Saponiden, Phenolen, Flavonoiden, Vitaminen, Mineralstoffen usw. Hier begegnen wir einer unglaublich differenzierten und ausgeklügelten Alchemie der Natur, die wir in unseren Laboren kaum auf diese lebendige Weise nachvollziehen können. Die Erntezeit der Kräuter finden Sie beim jeweiligen Kraut beschrieben.

In vielen Rezepten dürfen Kräuter nicht fehlen. Wir alle kennen Kräuterbutter, Kräuterkäse, Kräuterquark, Kräuterkuchen, Kräuterbrot, Gemüse mit Kräutern ... Wir können Kräuter konservieren durch Trocknen, Einfrieren, Einlegen in Honig (Kräutermedizin), Sirup (Kräutersirup), Zucker (Kräutergelee), Salz (Kräutersalz), Öl (Kräuteröl), Alkohol (Kräuterwein, Kräuterschnaps, Kräuterlikör) und Essig (Kräuteressig).

Wir können aus Kräutern Tees machen, indem wir einfach heißes, kochendes Wasser über eine Handvoll zerkleinerte Blätter oder Blüten eines Krautes geben und dies ungefähr 10 Minuten ziehen lassen (Versichern Sie sich vorher, dass das Kraut nicht giftig ist). Weiter können wir Tinkturen, Presssaft, ätherische Öle, Salben, Badezusätze, Gesichts- und Duftwasser, Spülungen, Gesichts- und Dampfbäder herstellen, z. B. Kamillendampfbad gegen Schnupfen. Wir können Kräuterkissen und Säckchen anfertigen, um uns und unsere Umgebung zu harmonisieren und Schädlinge fernzuhalten ...

Die Anwendungsmöglichkeiten von Kräutern sind unerschöpflich. Einige Kräuterrezepte werden Sie im Rezeptteil dieses Buches finden.

Ich flehe dich an, Kraut, bei dem, auf dessen Gebot du wächst, komme freundlich zu mir mit deinen Kräften und deiner Wirkung, und leiste mir das, was ich mit Zutrauen zu dir verlange.

(mittelalterlicher Kräuterspruch)

Wenn wir Kräuter in der Küche einsetzen wollen, sollten wir Folgendes beachten:

- 🌿 Wenn wir etwas aus der Natur nehmen, sollten wir auch etwas in den Kreislauf zurückgeben.
- 🌿 Wir achten darauf, dass wir beim Kräutersammeln nicht die Mutterpflanze erwischen, und pflücken von unten nach oben.
- 🌿 Wenn wir uns auf das Kraut vor uns konzentrieren, werden wir erfahren, was von ihm zu verwenden ist, was nicht und wie wir es pflücken sollten, damit es seine optimale Wirkung entfalten kann – Übung macht den Meister.
- 🌿 Je frischer ein Kraut, desto voller und besser sein Aroma und seine Wirkung.
- 🌿 Kräuter sollten vor der Verwendung sanft unter kaltem Wasser abgespült und mit einem Tuch abgetupft werden.
- 🌿 Zum Kräutertrocknen empfiehlt es sich, ein Kräuterbündel zu binden und es kopfüber zum Trocknen aufzuhängen.
- 🌿 Getrocknete Pflanzen müssen vor Licht geschützt sowie möglichst luftdicht und kühl verpackt aufbewahrt werden.
- 🌿 Frische Kräuter sollten mit der Hand klein gerupft, getrocknete mit einem Messer fein geschnitten und im Mörser zerkleinert werden.
- 🌿 Es empfiehlt sich nicht, Kräuter angeschnitten in ein Glas Wasser zu stellen – sie welken und verlieren ihre Lebenskraft. Besser ist es, sie zu zerkleinern und in Gefrierdosen im Tiefkühlfach oder im Kühlschrank aufzubewahren.
- 🌿 Einige Kräuter können mitgekocht werden (z. B. Lorbeer), bei anderen sollte das auf keinen Fall geschehen, weil dann die wertvollen Essenzen verdampfen.
- 🌿 Nicht alle Kräuter passen zusammen, deshalb achte man auf die richtige Mischung.
- 🌿 Bitter schmeckende Kräuter sollten vorsichtig dosiert werden.
- 🌿 Würzkräuter können auch zum Räuchern, Räucherwerk hingegen nicht zum Würzen verwendet werden, weil ungenießbare und holzige Teile im Räucherwerk mit verarbeitet sind.

KRÄUTERLISTE

In den Kräutern ist die ganze Kraft der Welt.
Wer ihre geheimen Fähigkeiten kennt, ist allmächtig.
(altindische Hymnensammlung, Name unbekannt)

BÄRLAUCH – KNOBLAUCH DES NORDENS

Wachsen im Frühjahr zu deinem Gewinn, reinigen dein Blut tief in dir drin. Helfen dir – jede Zelle beleben wir. Neues Licht strömt ein – in dein Sein. (Jeanne Ruland)

Geschmack: würzig, leicht scharf
Verwendung: Kräuterbutter, Risotto, Quark, Gemüse, Aufstrich, Salat, Suppen
Harmoniert mit: Schnittlauch, Brennnessel
Körper: reinigt und belebt den Körper und wirkt verdauungsfördernd
Bewusstsein: Entschlacken. Öffnung für Neues. Lässt Licht in die Zellen.
Saison: Anfang März bis Ende Juni. Bestes Aroma vor der Blüte. Nur frisch verwenden.
(siehe Kapitel »Bärlauch«)

BRENNNESSEL – DIE KRIEGERIN

Geschmack: leicht bitter
Verwendung: Salat, Suppe, Tinktur, Tee
Harmoniert mit: Schnittlauch, Bärlauch
Körper: harntreibend, stuhlgangfördernd, blutreinigend, blutbildend, durchblutungsfördernd, tonisierend, anregend, entschlackend, das Immunsystem stärkend, den Haarwuchs fördernd; enthält viel Eisen, Kalzium, Vitamin A, C und besonders viel Eiweiß
Bewusstsein: Grenzen setzen. Lösung von Altem. Tiefenreinigung. Neue Kraft.
Saison: Frühjahr und Frühsommer. Blüten im Frühjahr sammeln.

BASILIKUM – DAS HERZERWÄRMENDE

Geschmack: aromatisch, würzig, leicht bitter, kräftig
Verwendung: mit Tomaten und Käse; als Aufstrich, Salat, Pasta, Suppe, Öl
Harmoniert mit: Kresse, Dill, Oregano, Schnittlauch, Thymian, Rosmarin, Kerbel
Körper: appetitanregend, magenstärkend, aphrodisierend; hilft gegen Blähungen oder Verstopfungen, bei Hautreizungen und Insektenstichen; stärkt den Sehnerv und die Augen
Bewusstsein: Zeigt, wie man Sexualität und Spiritualität verbindet. Fördert die Entwicklung von Disziplin und Hingabe.
Saison: Blätter und Blüten in der Zeit von Juni bis August von unten nach oben ernten; zum Trocknen bei Blühbeginn pflücken

BORRETSCH – DER FREUDVOLLE

Geschmack: ähnlich wie Gurke
Verwendung: zu Joghurt, Fisch, Fleisch, Gurkensalat, Salat, Rohkost
Harmoniert mit: Dill, Estragon, Kerbel, Kresse, Sauerampfer, Bohnenkraut
Körper: fiebersenkend; stärkt die Nebennieren; fördert bei Stillenden die Milchbildung; das aus den Samen gewonnene Öl hilft bei Ekzemen, Neurodermitis u. Ä.
Bewusstsein: Öffnet für die Lebensfreude.
Saison: Blätter und Blüten von Mai bis September. Blüten sind zum Verzehr geeignet und wunderschöne Augenweiden auf Salaten, Suppen, Getränken ...

DILL – DER STÄRKENDE

Geschmack: ähnlich Anis und Kümmel; würzig, frisch, süßlich

Verwendung: zur Verfeinerung von Salat, Soßen, Fischgerichten; für eingelegte Gurken

Harmoniert mit: Minze, Kümmel, Anis

Körper: verdauungsfördernd, blähungsverringernd, harntreibend, appetitanregend, krampflösend, nervenberuhigend; hilft Säuglingen und Kleinkindern gegen Bauchschmerzen

Bewusstsein: Stärkt die geistige Kraft. Spielte im Schutz- und Abwehrzauber eine große Rolle.

Saison: Blätter, Triebe, Samen können vom Spätfrühjahr bis zum Frühsommer geerntet werden. Fühlt sich Dill wohl, so verbreitet er sich von selbst.

ESTRAGON – DER RUHEBRINGENDE

In der Ruhe liegt die Kraft – komm zu dir – wir helfen hier.
Warst zu sehr im Außen – warst zu lange draußen.
Kehre heim, kehre ein – lass Fünfe gerade sein.

Geschmack: würzig, leicht pfeffrig, anisähnlich

Verwendung: Aromatisierung von Essig und Senf, Würzen von eingelegten Gurken, Geflügel, Reis und gekochtem Fisch; Zutat zu vielen Soßen

Harmoniert mit: Borretsch, Kerbel, Kresse, Pimpernelle, Thymian, Rosmarin

Körper: gegen Zahnschmerzen und Schlaflosigkeit; wirkt beruhigend, stärkt Nerven und Immunsystem

Botschaft: Lernen, auf die innere Stimme zu hören.

Saison: von Mai bis in den Spätsommer Triebspitzen und Blätter ernten

FENCHEL – DIE LEICHTIGKEITSPFLANZE

»... Und wie er auch immer gegessen wird, macht er den Menschen fröhlich und vermittelt ihm eine angenehme Wärme ...«
(Hildegard von Bingen)

Geschmack: süß, mild, anisähnlich

Verwendung: Knollen: in Salaten, als Rohkost in Gemüsegerichten und als Beilage gegessen Samen: in der indischen Küche, als Tee und Schwarzbrotgewürz. Als Gewürz: in Mayonnaise, zu Fisch wie gegrilltem Seebarsch, rote Seebarbe, in Soßen, zu Hackfleisch, in Suppen, Salaten, Sauce Vinaigrette und in verschiedenen Spirituosen

Harmoniert mit: Anis, Kümmel

Körper: krampflösend, antiseptisch, antibakteriell, schleimlösend, auswurffördernd, harntreibend; in Form von Öl oder Tee gegen krampfartige Magen-Darm-Beschwerden, Völlegefühl, Blähungen; Fenchelhonig für die Atemwege; fördert die Milchbildung; hilft bei Wechseljahrbeschwerden; als Augenwasser gegen Ermüdungserscheinungen der Augen; soll böse Geister vertreiben, das Glück fördern, Spuk auflösen, verzauberte Personen heilen. Seine Samen, in Wein getränkt, sollen das Liebesleben anregen.

Bewusstsein: Leichtigkeit des Seins. Es kann auch einfach gehen.

Saison: Fenchel ist eine Gemüse-, Gewürz- und Heilpflanze. Es gibt drei Varianten, Gemüsefenchel, Süßfenchel, Bitterfenchel. Sie unterscheiden sich in der Zusammensetzung der Inhaltsstoffe und in ihrer Verwendung. Vom Süßfenchel werden Triebspitzen und Samen geerntet, Samen von August bis September, Blätter fortlaufend. In der Provence wird Fenchelsamen am Michaelstag, am 29. September, geerntet.

KORIANDER – DER WARME MILDE

Bringe die Wärme in dein Heim – lad mich in deine Seele ein.
Harmonisiere deine Kraft – erlöse, was da in dir schafft.

Geschmack: pfeffrig warm, mild, würzig, leicht bitter

Verwendung: in Brotteig, Kleingebäck, Kürbis, Lebkuchen, Likören, Kompott, Salaten, Soßen, Suppen, zu Geflügel, Garnelen

Harmoniert mit: Pfefferminze, Schnittlauch, Petersilie, Thymian, Kreuzkümmel

Körper: Ätherische Öle in den Samen wirken appetitanregend, verdauungsfördernd, krampflösend und lindern Magenleiden.

Bewusstsein: Wir finden zu unserer inneren Harmonie.

Saison: Samen im August, Blätter bis zum Beginn der Blüte

KRESSE – DIE MUNTERMACHERIN

Wecke deine Säfte auf – hol sie wieder in den Kreislauf.
Versorge dich mit neuer Kraft – bring Power in deinen Lebenssaft.

Geschmack: scharf, erinnert an Senf oder Rettich

Verwendung: zu Salaten, Tomaten, Suppen, Soßen, Gemüse, Brotaufstrich, Quark

Harmoniert mit: Petersilie, Schnittlauch

Körper: Durch den hohen Gehalt an Vitamin C und B, Eisen, Kalzium und Folsäure eignet sich Kresse zum Verzehr im Winter, wenn frisches Obst und Gemüse rar sind. Sie regt den Stoffwechsel an, ist blutreinigend, verdauungsfördernd und harntreibend.

Bewusstsein: Wir werden wach.

Saison: ganzjährig, schnell wachsend

KÜMMEL – DER KÜMMERLING

Hilf, zu beschwören die Geister, entmachte Verwünschungen und Flüche. Hilf, zu erinnern die Liebe – verscheuche die Energiediebe.
Habe viele Aufgaben, sie helfen dir, Kummer zu überwinden und dich selbst wiederzufinden. (Quelle unbekannt)

Geschmack: würzig, schwer

Verwendung: zu Brot, Pellkartoffeln, Suppen, Salaten, Gemüse, Käse, Schnaps (z. B. Raki, Ouzo)

Harmoniert mit: Koriander

Körper: Appetitanregend, verdauungsfördernd, krampflösend. Kümmelöl, auf Zucker geträufelt, hilft gegen Migräne und Kopfschmerzen.

Bewusstsein: Bringt Licht in die Schatten, kann sie auflösen.

Saison: Wiesenkümmel wächst in Europa; der Kümmel, den wir gemeinhin verwenden, stammt vorwiegend aus dem vorderen Orient.

KNOBLAUCH – DIE STÄRKENDE ABWEHR

Wehren ab den bösen Zauber, Dämonen haben keine Macht, Puste durch und klär die Geister, Abwehrkraft nicht gerade sacht. Helfen dir durch dunkle Zeiten, sollst auf den starken Wellen reiten; Blut soll rauschen und frei fließen – sich in neue Kraft ergießen. Du bist frei, frei, ewig frei.

Geschmack: scharf

Verwendung: zu Gemüse, Fleisch, Salat, Brot, Butter, Medizin

Harmoniert mit: Gurken, vielen Kräutern wie Kräutern der Provence, Petersilie, Schnittlauch …

Körper: das Immunsystem stärkend, Cholesterinspiegel senkend, entgiftend; gegen Bluthochdruck, Erkältungskrankheiten, bestimmte Krebsarten (Magen, Darm); verbessert die Fließeigenschaft des Blutes

Bewusstsein: Neutralisation, Tiefenreinigung; Klarheit und Stärkung des organischen Systems

Saison: Die Knoblauchknolle – es gibt verschiedene Knoblaucharten – wird im September gesteckt und im Sommer von Juni bis September geerntet.

TIPP: Das Kauen von Koriandersamen, Petersilie, Kaffeebohnen sowie das Trinken von Salbeitee, Milch oder Kaffee kann Knoblauchgeruch neutralisieren.

MAJORAN – DAS GLÜCKSELIGKEITSKRAUT

Geschmack: sehr würzig

Verwendung: zu Braten aller Art, wird auch Bratenkräutchen genannt; Blätter frisch oder getrocknet zum Würzen von Suppen, Soßen, Würsten, Hülsenfrüchten, Kartoffelgerichten

Harmoniert mit: Oregano, Zwiebeln, Knoblauch

Körper: Majoranöl oder -salbe gegen Blähungen und Schnupfen bei Säuglingen; hilft bei Nervenschmerzen, Verrenkungen, Gelenkschmerzen und Wunden, bei Erkältungskrankheiten; vertreibt Trägheit

Bewusstsein: öffnet für die Lebensfreude

Saison: geerntet wird Mai/Juni, vor der Blüte (Blütezeit: Juni bis September); gepflückt werden Triebspitzen, blühendes Kraut, Blätter, Stängel, Knospen und Blüten; gehört zur selben Gattung wie Oregano oder Dost

OREGANO – DER GLANZ DER BERGE – DIE FROHGEMUTSPFLANZE

Bringe Glanz in dein Seelenlicht –
vergiss den Glanz des Geistes nicht.
Vertreibe Teufel und Dunkelheiten,
auf den Wiesen sollst du weiden.
Kummer verschwindet, sei fröhlich und frei –
Wohlgemut mein Name auch sei.

Geschmack: intensiv, kräftig, würzig, herb, leicht bitter

Verwendung: zu Fleisch, Lamm, Fisch, Schafskäse, Gemüse, Pizza, Salat, Suppen, Tomatengerichten, Omelettes, italienischen Soßen, Aufläufen

Harmoniert mit: Estragon, Knoblauch, Lorbeer, Thymian, Rosmarin, Chili, Zwiebeln, Kreuzkümmel

Körper: geburtsbeschleunigend, wirkt gegen Hämorrhoiden, Bakterien, Verdauungsbeschwerden; natürliches Antibiotikum; als Räucherstoff einst als teufel- und dämonenabwehrendes Mittel verwendet

Bewusstsein: Schutz vor bösen Mächten. Entfacht das Seelenlicht.

Saison: Stammt ursprünglich aus dem Mittelmeerraum; wird weltweit in warmen und gemäßigten Breiten angebaut. Zur Ernte im Mai/Juni werden ganze Stängel abgeschnitten, in dunklen Räumen zum Trocknen aufgehängt und die Blätter nach dem Trocknen vom Stängel abgestreift.

PETERSILIE – »SEI LIEB ZU DIR«-PFLANZE

Petersilie, Suppenkraut, wächst in unserem Garten,
unsere [Name] ist die Braut, soll nicht länger warten.
Roter Wein, weißer Wein, morgen soll die Hochzeit sein!
(Altes Kinderlied)

Geschmack: würzig, mild

Verwendung: zu Salaten, Suppen, Kartoffeln, Gemüse, Gemüseeintöpfen, Soßen, Pasten, Quark, Eiern

Harmoniert mit: Kresse, Estragon, Thymian, Rosmarin

Körper: harntreibend; altes Hausmittel gegen Mundgeruch; frisch zerquetschte Petersilie, auf Mückenstiche und Geschwüre gelegt, lindert Juckreiz; früher zur Geburtenkontrolle, Steigerung der Fruchtbarkeit und Potenz verwendet; als Frauenkraut lindert es Menstruationsbeschwerden

Bewusstsein: Sei gut zu dir selbst. Öffne dich für die Freude und Feier des Lebens. Lasse frischen Wind in dein Leben, der jeder Verbindung wohltut. Nimm an.

Saison: Wild wachsende Petersilie finden wir im Mittelmeergebiet und auf den Kanarischen Inseln. Kann ganzjährig geerntet werden; Hauptzeit: Mai bis Dezember.

PFEFFERMINZE – DIE KLÄRENDE KÜHLE AUS DEM REICH DER NYMPHEN

Die griechische Nymphe Minthe gab der Pfefferminze den Namen. Sie reinigt Luft und Wasser und bringt ätherische, lichtvoll kühlende, neue Energie in blockierte Regionen. Sanft heilendes Kristallweiß und Goldgrün dringt ein und bringt die Energien zum Fließen.

Geschmack: kühl, mentholhaltig, frisch

Verwendung: in Tees, Getränken, fruchtigen Desserts, Salaten, zu Lamm

Harmoniert mit: Knoblauch, Koriander

Körper: Tees bei Kolik und Magenproblemen; Gallenproduktion und Leber werden angeregt, kühlend, leicht reinigend, klärend, hilft gegen Mundgeruch und bei Atembeschwerden

Bewusstsein: Fließen lassen.

Saison: Es gibt zahlreiche wild wachsende Minzearten (Bachminze, Ackerminze, Waldminze, Frauenminze). Die Pfefferminze wächst in Europa wild; das Menthol in den Blättern wird durch starke Sonneneinstrahlung gebildet. Blätter und Kraut der Minze werden von Juni bis Oktober kurz vor und während der Blütezeit (primär August) geerntet.

ROSMARIN – DER TREU LIEBENDE – TAU DES MEERES (LAT. ROS MARINUS)

Die Träne der Aphrodite tröstet und stärkt dich in schweren Zeiten. Sie wandelt Trauer und Kummer und erwärmt dein Herz – du aus der Ewigkeit Geborene, in die Ewigkeit Zurückkehrende, öffne dein Herz, lass los deinen Schmerz, die violettblaue Kraft macht dich frei. Liebe ist für immer – alles, was in Liebe verbunden ist, bleibt.

Geschmack: herb, bitter, harzig, intensiv aromatisch

Verwendung: zu Fleisch, Fisch, Geflügel, Bratkartoffeln, Gemüse, Äpfeln

Harmoniert mit: Oregano, Majoran, Estragon, Basilikum, Knoblauch

Körper: reinigt das vegetative Nervensystem; stärkt die Nerven und kurbelt den Kreislauf an; hilft bei Appetitlosigkeit und Verdauungsstörungen, gegen Gicht und Rheuma; regt die Verdauungsdrüsen an; wird als anregender Badezusatz verwendet; Duftpflanze in Duftwasser, die die seelische Kraft bewahrt; durchblutungssteigernd, aphrodisierend, antiseptisch. Als Räucherstoff kann er als Ersatz für Weihrauch verwendet werden.

Bewusstsein: Rosmarin wärmt. Er öffnet unser Herz und verbindet uns mit der Kraft der Seele. Er tröstet uns in schweren Zeiten und hilft uns, uns selbst treu zu bleiben.

Saison: stammt ursprünglich aus dem Mittelmeerraum. Blätter können ganzjährig geerntet werden,

Hauptsaison: Mai bis September

Echter Salbei – die Druidenpflanze, die Heilerin/der Heiler

»Warum soll der Mensch sterben, wenn Salbei in seinem Garten wächst?« (Merkspruch aus der Zeit um 1300)

Geschmack: bitter, herb, aromatisch

Verwendung: zu Gemüse, Kalb, Geflügel, Leber, Nudeln, Bratkartoffeln, Käse, Tee, Wein

Harmoniert mit: Basilikum, Estragon, Knoblauch, Majoran, Oregano

Körper: zusammenziehend, konservierend und desinfizierend, schweißhemmend, blutstillend, antibakteriell, entzündungshemmend, krampflösend, tonisierend; Heilanwendung bei Halsschmerzen, Halsentzündung, Mundgeruch, Heiserkeit, Husten, allen Entzündungen im Mund- und Rachenraum, Blähungen, Leberschwäche, Gallenschwäche, Übergewicht, Depressionen, Nervenschwäche, Frauenleiden, Insektenstichen, Wunden ... Als Räucherstoff reinigt und klärt er die Energie.

Bewusstsein: klärt und räumt auf; hilft zu erkennen, was als Nächstes ansteht

Saison: immergrüne Heilpflanze aus dem Mittelmeerraum; Erntezeit: Mai oder September vor oder nach der Blüte; Blüte: von Mai bis Juli – kann aber auch ganzjährig geerntet werden. Es gibt 920 Salbeiarten.

Schnittlauch – der schlichte Gesundheitsapostel

Hält das Unglück fern, die Gesundheit nimmt zu.
Schnittlauch bringt Frieden, Schnittlauch bringt Ruh,
Stärkt dich auf deinen Wegen –
bringt dir Fülle, bringt dir Segen.

Geschmack: scharf, zwiebelig, würzig

Verwendung: in Suppen, Soßen, Quark, Eierspeisen, Salat; zu Tomaten, Käse

Harmoniert mit: Kerbel, Dill, Basilikum, Oregano, Petersilie, Estragon

Körper: schleimlösend, bakterienhemmend; enthält viel Vitamin A, B und C; regt Appetit und Verdauung an; senkt den Cholesterinspiegel; verhindert Wasseransammlungen im Gewebe und die Bildung von Harnsäure, stärkt Kreislauf und Verdauungssystem

Bewusstsein: stärkend; schenkt Kraft zu allen Zeiten; hilft, das innere Gleichgewicht zu finden

Saison: stammt ursprünglich aus dem Norden (Kanada, Sibirien); ein Dunkelkeimer, blüht im Sommer violett. Geerntet werden Blätter und Blüten von April bis November.

> **Hinweis:** Die fines herbes der französischen Küche sind Petersilie, Estragon, Kerbel und Schnittlauch.

Thymian – der mutige Wandler

Eine Nymphe ist so weit – sie tanzt in deinem Seelenkleid,
wandelt alte Säfte, ruft herbei die neuen Kräfte,
schließt auf neue Räume, verändert alte Säume,
ein blassrosaweißes Blütenkleid, gibt dir jederzeit Geleit.

Geschmack: herb, intensiv würzig

Verwendung: zu Pilzen, Pizza, Tomaten, Auberginen, Eintopf, Fleisch, Gegrilltem, Nudeln, Schalentieren, Lamm, Wild, Ragouts; als Kräuteressig, Öl

Harmoniert mit: Basilikum, Estragon, Salbei, Lorbeer, Rosmarin, Oregano

Körper: unterstützt die Verdauung von fetten Speisen; als Kräutertee bei Bronchitis, Keuchhusten, Husten, Nasennebenhöhlen; wirkt hustenreizstillend in Form von Salbei, auf Brust und Rücken eingerieben; verflüssigt Schleim, regt die Sekretproduktion an; hilft bei Zahnfleischentzündung; als Öl hochwirksames Desinfektionsmittel – Vorsicht: Reizung möglich! Ritual- und Räucherpflanze in religiösen Ritualen und Zeremonien

Bewusstsein: eröffnet neue Räume; schließt neue Türen auf

Saison: liebt Licht; Ernte: Frühjahr und Herbst, jeweils andere Zusammensetzung der Inhaltsstoffe; gehört zu den Kräutern der Provence

WALDMEISTER – DAS WALDMÄNNCHEN – »SCHLÜSSEL ZUM GLÜCK«

Die Menge macht's, das sag ich dir,
der Waldmeister, der bin ich hier.
Hüte den Schlüssel zu deinem Glück,
bleib in der Mitte, schau nicht zurück!
Nach vorne soll dein Weg nun gehen,
gehe weiter, und bleib nicht mehr stehen.

Geschmack: intensiv, künstlich-süßlich

Verwendung: in Maibowle, Tee, Wackelpudding, Magenbitter und Kräuterlikör, Bier, Aromastoff der Süßwarenindustrie (in Eis und Limonade, Likören, Götterspeise, Gummibärchen); wird in Kräuterkissen und zur Parfümierung verwendet

Harmoniert mit: ./.

Körper: sehr leicht dosiert wirkt er beschwingend, macht euphorisch und kann helfen, Kopfschmerzen zu lindern; er hat entzündungshemmende, verdauungsfördernde und gefäßerweiternde Eigenschaften und wird bei Leberleiden und Gelbsucht verwendet; Achtung: Höher dosiert kann er Schwindel, Erbrechen, Lähmung, Vergiftung und Kopfschmerzen hervorrufen.

Bewusstsein: nach vorn schauen, die Süße des Lebens entdecken

Saison: Ernte von Mai bis Juni; Kraut über Nacht etwas anwelken lassen, damit es sein Aroma entfaltet

ZITRONENMELISSE – DIE HERZENSTROSTPFLANZE – »DAS BESTE KRÄUTLEIN FÜRS HERZ«

Die Elbenschwestern sind mit dir –
rufst du sie, schon sind sie hier.
Wir heilen, lösen, trösten,
verbinden dich mit dem Höchsten.
Neues kann kommen, Altes kann gehen,
Gutes bleibt bestehen.

Geschmack: zitronig, kühl, bittersüß, frisch

Verwendung: in Tees, kühlen Getränken, Süßspeisen

Harmoniert mit: Koriander, Kerbel, Knoblauch

Körper: entzündungshemmend, antiviral, schlafförderdnd und beruhigend, stimmungsaufhellend; als Tee vor dem Einschlafen Lieferant guter Träume; zusammen mit Baldrian und Hopfen als Tee bei Unruhe und Einschlafstörungen; als Creme gegen Lippenherpes; in Duftkissen vertreibt sie dunkle, trübe, schwere Gedanken; soll Liebeskummer heilen und das Erinnerungsvermögen schärfen

Bewusstsein: schärft die Sinne; verbindet wieder mit dem Leben

Saison: Blüten von Mai bis Oktober; ganzjährig Blätter und Triebspitzen

Das Äußere einer Pflanze ist nur die Hälfte ihrer Wirklichkeit
(Johann Wolfgang von Goethe)

KÖSTLICH LEBENDIGE BLÜTENPRACHT

Jede Pflanze, jede Blume hat eine eigene Pflanzendeva und eine ganz bestimmte Energie. Wenn sich die Tore der Naturgeisterreiche öffnen, versinkt der Ort, an dem Blumen wachsen, in einem Meer aus leuchtend bunten Farben, betörenden Düften, sanften Klängen und in ein flimmerndes, glitzerndes Leuchten. Wir erhalten einen Einblick in die strahlenden Königreiche der Anderswelt.

Blumen öffnen das Herz für feinere Schwingungen. Wenn wir die Blumen und Pflanzen kennenlernen, bekommen wir eine Ahnung vom lebendigen Wesen einer Pflanzendeva.

Eine Blume ist die Magie des Herzens und der Schlüssel in die inneren Räume.

Sag es mit Blumen – schweigend sprechen sie die Sprache der Seele.

Blumen betören uns durch ihren zarten Duft. Viele Blüten sind Herzenströster – und noch dazu lecker und gesund! Sie enthalten viele Vitamine und Vitalstoffe, können also nicht nur der Dekoration dienen, sondern durch ihre Aromen auch einen würzenden Effekt und heilende Kräfte haben: Ringelblumen z. B. können den Safran ersetzen, und Löwenzahnblüten helfen zu entschlacken. Blüten können uns ein neues Geschmackserlebnis bereiten.

Die meisten Blüten sind vom Frühjahr bis zum Sommer essbar, manche sind allerdings ungenießbar oder sogar giftig. Deswegen ist es wichtig, zu wissen: Welche Blüten kann ich essen? Viele Blumen wurden mit Pestiziden behandelt, deswegen empfehlen sich Blüten aus dem eigenen Garten (in dem keine Chemie eingesetzt wurde). Es gibt Samenmischungen mit essbaren Blüten und getrocknete Blütenmischungen.

Blüten können im Salat, in Kartoffelbrei und Gemüse, auf Sandwichs und Aufläufen, kandiert auf Törtchen, Pralinen, Kuchen, Desserts und Süßspeisen, in Getränken wie Tee, Bowlen, Cocktails oder als Blüteneiswürfel verwendet werden. Außerdem können wir Gänseblümchenquark, Rosenbowle, Holunderpfannkuchen, Löwenzahnsalat, Veilchenmarmelade, Rosengelee, Rosenmarmelade, Blütensuppe zubereiten. Einige Rezepte finden Sie im praktischen Teil.

Blumen haben viele Ebenen. Sie heilen uns und sind gesund. Sie verströmen sich und öffnen sich jeden Tag aufs Neue dem Licht. Wir können viel von ihnen lernen.

DAS GÄNSEBLÜMCHEN – DER SEELENTRÖSTER

Er liebt mich von Herzen, mit Schmerzen, ein wenig, fast gar nicht ...
(Abzählreim für Verliebte)

Das Gänseblümchen, auch Tausendschönchen oder Sonnentürchen genannt, wächst auf Wiesen und Rasen. Wo es blüht, sind die Feen und Elfen nicht weit. Gänseblümchen sind nicht nur die Lieblingsblumen der Feen, sondern auch der Waldnymphen.

Gänseblümchen ziehen die Blicke auf sich und öffnen das Kinderherz. Sie führen uns zu uns selbst und zu der uns innewohnenden Kraft und Kreativität, außerdem trösten sie uns bei Kummer. Sie verbinden uns mit unserer inneren Quelle. Oft winden wir aus Gänseblümchen Blütenkränze, mit denen geschmückt wir uns schön fühlen; wir basteln Ketten aus ihnen oder nehmen sie, um zu schauen, ob uns ein Mensch liebt oder nicht (siehe Abzählreim oben). In der Homöopathie finden wir das Gänseblümchen unter der Bezeichnung »Bellis perennis« als Seelentröster. Es hilft z. B. bei allen Verletzungen, die beim Gärtnern passieren können.

Als Frühlingsblüte regt es den Stoffwechsel an, unterstützt die inneren Organe und die Haut, entschlackt und vertreibt die Frühjahrsmüdigkeit. Gänseblümchen haben ein leicht scharf schmeckendes Aroma, das eine breite Palette an Einsatzmöglichkeiten bietet. Die Knospen können als »falsche Kapern« verwendet werden und die Blättchen und Blüten für Dips, Quarkspeisen, Salate und Suppen. Die Blätter schmecken wie Feldsalat und die Blüten leicht nussig. Sie bringen Freude ins Leben.

DIE ROSE – BOTSCHAFTER DER SEELE
VOLLKOMMENHEIT UND SCHÖNHEIT

Edle Rosen öffnen mich im Sein für das lichte Seelenheim.

Aus dem Land der Engel und Devas kommt diese Blüten-Lichtgestalt, die alles Leben verfeinert, es krönt und von der Liebe in deren vielen Facetten erzählt. Sie lehrt uns, unser Herz zu öffnen, allerdings auch, es zu schützen, und manchmal auch, über den Schmerz zur inneren Schönheit zu finden.

Rosen bringen uns Würde und Schönheit. Sie haben viele Botschaften für uns: Rote Rosen stehen für die leidenschaftliche, gelbe für treue und weiße für platonische Liebe. In der Küche werden sie verwendet, um Speisen zu verfeinern und ihnen eine besondere Note zu verleihen. Rosenwasser z. B. verfeinert Süßspeisen,

Rosenblätter geben Suppen und Süßspeisen eine besondere, königliche Note. Rose harmoniert mit Marzipan und verwandelt Desserts, Gebäck, Torten, Marmeladen und Petit Fours zu einem besonderen Genusserlebnis.

Diese Liste über essbare Blüten ließe sich endlos fortsetzen, doch das würde den Rahmen des Buches sprengen. Sie können sich die vielen Ebenen, die lebendigen und die praktischen Seiten eines Blütenwesens selbst erarbeiten. Viele Informationen zu Blumen und Blütenküche finden Sie in Büchern, im Internet und lernen Sie von Menschen, die damit langjährige Erfahrungen haben. Sie werden dadurch eine enorme Bereicherung und einen neuen Geschmack von Leben erfahren.

PRAKTISCHE TIPPS FÜR DIE BLUMEN- UND BLÜTENKÜCHE

- Nehmen Sie Kontakt auf mit dem lebendigen Geist einer Blume.
- In den Morgenstunden geerntet, haben Blüten ein intensiv duftendes Aroma.
- Blüten sollen ein Gericht nicht dominieren, sondern verfeinern.
- Ein kurzes Bad in Eiswasser erhält Aroma und Farbe der Blume.
- Blüten vorsichtig unter kühlem Wasser waschen und trocken tupfen.
- Bittere Stielansätze, Staubgefäße, Stempel und grüne Kelchblätter entfernen.
- Junge Pflanzen sind erfüllt von Lebenskraft und Vitalität.
- Pflücken Sie nur Blumen, die Sie exakt bestimmen können.
- Testen Sie zunächst kleine Mengen Blüten an, um allergische Reaktionen auszuschließen.
- Geben Sie die Blüten erst kurz vor Ende des Garvorgangs dazu, die Duftnote bleibt auf diese Weise am besten erhalten, außerdem können sie sonst ein bitteres Aroma entfalten.
- Für Salate sind Gänseblümchen, die süßlich-bohnenartig schmeckenden Tulpenblätter, Dahlien mit ihrem herb-säuerlichen Geschmack, Margeriten mit ihrem blumig-herben Aroma, Kapuzinerkresse mit ihrem pfeffrig-scharfen Geschmack, Chrysanthemen mit ihrem leicht bitteren Aroma, weiterhin Gladiolen, Lavendel, Lilienblüten, Ringelblumen, Sonnenblumenblätter und Primeln geeignet.
- Für Gemüse sind Gänseblümchen, Löwenzahn und Taglilien geeignet: vorher schnell und scharf in einer Pfanne mit Öl oder Butter anbraten und mit Salz und Pfeffer abschmecken.
- Für Desserts und Süßspeisen eignen sich Rosenblüten, Veilchen, Tagetes, Jasmin, Kirschblüten, Apfelblüten, Flieder, Minze, Holunder – einfach alle süßlich riechenden Blüten.
- In Cocktails, Bowlen und Getränken werden ebenfalls eher süßlich riechende Blüten verwendet, wie Holunderblüten, Rosenblüten, Hibiskus, Minze, Lotus.
- Probieren, erfahren und experimentieren Sie!

LISTE DER ESSBAREN BLÜTEN

- Alpenveilchen
- Begonien
- Blüten von Kräutern
- Blüten von Steinobstbäumen
- Borretsch
- Chrysanthemen
- Dahlien
- Duftpelargonien
- Fenchel
- Flieder
- Fuchsien
- Gänseblümchen
- Gundermann
- Gladiolen
- Herbstaster
- Holunderblüten
- Hibiskus
- Jasmin
- Kamille
- Kapuzinerkresse
- Kirschblüten
- Klee
- Kornblumen
- Kürbisblüten
- Lavendel
- Lilien
- Lindenblüten
- Lotosblüten

- Löwenzahn
- Margeriten
- Magnolien
- Majoran
- Malven
- Melisse
- Minze
- Mohn
- Nelken
- Passionsblumen
- Phloxblüten
- Ringelblumen
- Rosenblüten
- Salbei
- Schafgarbe
- Sonnenblumen
- Spitzwegerich
- Stiefmütterchen
- Tagetes
- Taglilien
- Taubnessel
- Tulpenblätter
- Thymian
- Veilchen
- Wicken
- Wiesenschlüsselblumen
- Ysop
- Zucchiniblüten

BLÜTENEISWÜRFEL

Blüten verzaubern und verbinden uns mit dem Königreich des Herzens.

- ☞ essbare Blüten
- ☞ Wasser
- ☞ Behältnis

Sammeln Sie essbare Blüten, aber nur solche, von denen Sie wissen, dass sie essbar sind. Sie können einzelne Blätter oder ganze Blüten verwenden. Legen Sie Rosenblätter, Gänseblümchen, Veilchen ... in den Eiswürfelbehälter, und füllen Sie diesen mit Wasser auf. Das Ganze gefrieren lassen.

Genauso kann man Wassereis mit Blüten machen: Orangensaft und gelbe Blüten in ein Behältnis füllen – gefrieren lassen.

KANDIERTE BLÜTEN

Blüten lachen im Zuckerkleid für die süße Besonderheit,
geben die besondre Note als leuchtend duftender Herzensbote.

- ☞ Blüten
- ☞ 1–2 Eiweiß
- ☞ Haushaltszucker

Eiweiß steif schlagen. Das Eiweiß mit einem feinen Pinsel auf die Blütenblätter auftragen. Zucker über die Blüten streuen. Blüten auf ein Kuchengitter legen und an einem luftigen Ort trocknen lassen. Man kann sie auch im Backofen auf niedrigster Stufe ca. 15 Minuten trocknen lassen. Man kann die Blüten so verspeisen oder als Dekoration von Torten, Gebäck, Desserts und Süßspeisen verwenden.

ROSENWASSER DER FEEN
ZUM VERFEINERN VON SPEISEN

Feenwasser – zart und fein, lässt den Zauber in alles hinein, verwandelt alle Speisen. Wunderbare Köstlichkeiten kann ich daraus zubereiten.

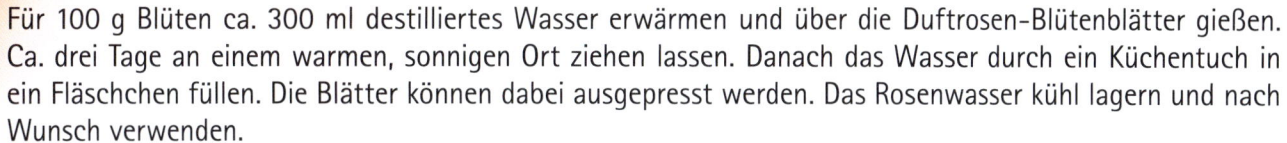

- Blütenblätter von Duftrosen
- destilliertes Wasser

Für 100 g Blüten ca. 300 ml destilliertes Wasser erwärmen und über die Duftrosen-Blütenblätter gießen. Ca. drei Tage an einem warmen, sonnigen Ort ziehen lassen. Danach das Wasser durch ein Küchentuch in ein Fläschchen füllen. Die Blätter können dabei ausgepresst werden. Das Rosenwasser kühl lagern und nach Wunsch verwenden.

Echtes Rosenwasser für die Küche gibt es auch in Reformhäusern, zudem in indischen, türkischen oder griechischen Läden zu angemessenen Preisen.

TIPP: Am besten verwendet man Rosenblütenblätter aus dem eigenen Garten. Jede Rosenart schmeckt anders, probieren Sie es ruhig einmal aus. Mit Rosenblütenwasser können Sie Reisspeisen, Milchspeisen, Süßspeisen, Bowlen, Keksen, Salatdressings etc. eine zart duftige Note verleihen.

ROSENTEE
ROSENTEE – HEILT HERZSCHMERZWEH

- 1 TL frische Rosenblüten
- heißes Wasser
- nach Wahl etwas Honig

Ein Teelöffel Rosenblüten mit heißem Wasser übergießen und alles zehn Minuten ziehen lassen. Den Tee abgießen, und wer mag, kann ihn mit Honig, Süßstoff oder Zucker abschmecken. Rosenblütentee öffnet, harmonisiert und beruhigt das Herz.

ZEITTORE UND MONDRHYTHMEN

Viele Wege führen ins Feenreich. Es gibt Tore und Türen, bestimmte Zeiten und bestimmte Zeitpunkte, zu denen sich diese Pforten in die Anderswelt wie von selbst öffnen – einfach weil es der richtige Zeitpunkt, der richtige Platz ist und es in unserer Bestimmung liegt.

Feen und Elfen wirken und leben als Teil der Natur im Einklang und Rhythmus mit ihr. Jeder Mensch, der ein offenes Herz hat und die Natur liebt, ihre Schönheit würdigt und achtet, steht mit den Naturreichen in Verbindung, ob es ihm bewusst ist oder nicht. Und alle Menschen werden von den Naturreichen beeinflusst. Wenn wir unseren Blick für diese Reiche öffnen, werden wir ihre Zeichen in der Natur einfach erkennen.

Es gibt magische Momente, Stunden, Tage und Zeiten. Günstige Zeiten, mit Elfen und Feen in Kontakt zu kommen, sind bekanntlich Sonnenaufgang, Mittagszeit, Sonnenuntergang, Mitternacht, Vollmond, die acht Jahresfeste, der Freitag (er ist der Tag der Elfen und Feen). Gute Orte sind verwunschene Plätze – Feenringe, also Pilze oder Blumen, die im Kreis wachsen, Steinkreise, eben überall, wo die Welten sich berühren und zusammen eine einzigartige Schönheit hervorzuzaubern.

Beobachten Sie einmal bewusst Sonnenaufgang und -untergang, den sich in einem See spiegelnden Vollmond, besondere Lichtphänomene wie Nordlichter ... Naturgeister können sich auch in unseren Träumen zeigen:

> Um Mitternacht,
> wenn die Menschen erst schlafen,
> auf Wiesen, an Erlen,
> wir suchen unseren Raum und
> wandeln und singen
> und tanzen einen Traum.
> *(Johann Wolfgang von Goethe)*

Der Mond hat von jeher eine magische Anziehungskraft auf die Geistige Welt ausgeübt. An Tagen und in Nächten, die vom Vollmond beherrscht werden, spürt man eine Art Magnetismus, und die Luft ist ionisiert, was man sogar messen kann. Der dabei fließende schwache elektrische Strom hat Auswirkungen sowohl auf den ganzen Planeten als auch auf die kleinste Zelle in unserem Körper.

In diesen Nächten webt sich ein besonderer Zauber. Dann tanzen die Feen im Feenring, singen und nehmen ihre geistige überirdisch schöne Gestalt an: Man kann Schwanenfrauen, Rabenfrauen und Seehundfrauen tanzen und singen sehen. Alle Naturgeister sind zu dieser Zeit besonders aktiv, und so erscheinen auch Einhörner, um das Wasser zu reinigen und zu laden.

Früher nutzte man die Vollmondnächte mit ihrer besonderen energetischen und kosmischen Kraft, z. B. um Medizin aufzuladen, Gegenstände zu weihen oder zu entstören, Steine mit besonderen Kräften aufzuladen, Heilwasser herzustellen, bestimmte Pflanzen zu ernten, weil sie in dieser Zeit mit einer besonderen Energie erfüllt sind. Es waren diese besonderen Zaubernächte, in denen man in die Andersreiche reisen und mit den geistigen Kräften, den Engeln, den Naturwesen ... in Kon-

takt treten und zusammenarbeiten konnte. So lebte man im Einklang mit der sich auf- und abbauenden Energie.

Der Mond hat Auswirkungen auf die Natur und damit auch auf uns. Viele Bücher sind geschrieben worden über den Mondzyklus und darüber, wie er uns, unsere Gärten und die Pflanzen darin beeinflusst.

Wir können nur empfehlen, sich mit diesem Bereich wirklich zu beschäftigen. Die Mondrhythmen und ihre Auswirkung auf unser Leben sind nur dann erfahrbar, wenn man eine Zeit lang im Einklang mit ihnen lebt und bewusst Erfahrungen damit sammelt. Wir empfehlen Selbstbeobachtung und ein Mondtagebuch. Auf diese Weise können Zusammenhänge zwischen den kosmischen Kräften und den eigenen Empfindungen hergestellt werden. Wir entwickeln Intuition und ein Gespür für die Kräfte und ihr Wirken. Es gibt Phasen, die uns bei unserem Vorhaben unterstützen und unseren Arbeitseinsatz optimieren, und es gibt Phasen, die für uns einfach nicht günstig sind und uns viel Kraft kosten. Probieren Sie es aus, und erleben Sie es selbst.

Jeder Tag hat eine besondere Qualität und spezielle Merkmale. Diese kann man in den Morgenstunden erspüren, wenn man sich Zeit nimmt und bei Sonnenaufgang nach draußen geht. Beim Betrachten des heraufdämmernden Tages kann man wahrnehmen, was er bringen wird. Allmählich bekommt man ein Gefühl dafür, was zu tun und was an diesem Tag besser zu lassen ist. Dazu an dieser Stelle eine kurze Zusammenfassung:

zunehmender Mond: aufnehmen, speichern, anreichern, Kräfte sammeln, Mängel ausgleichen. Medizin ist besonders wirksam (gilt auch für Vollmond).
Vollmond: auf Träume und Eingebungen achten
abnehmender Mond: ausleiten, entgiften, entspannen, loslassen. Entschlackungsprozesse und Reinigungsprozesse werden gefördert (gilt auch für Neumond).
Neumond: Nadir, Neubeginn, auf Signale und Zeichen der Natur und der Außenwelt achten

Für den Anfang reicht es, diese Phasen eine Zeit lang zu beobachten. Es gibt mittlerweile sehr übersichtliche und leicht nachvollziehbare Mondkalender. Diese sind für die Studien (an Garten, Haus, Hof, sich selbst etc.) sehr gut geeignet. Mit der Selbstbeobachtung öffnen sich immer neue Erkenntnisse und Räume. Die Intuition für die geistigen Kräfte, die uns umgeben, wird allmählich stärker, und vielleicht werden wir in einer lauen Vollmondnacht das Feenlachen hören ...

DIE FESTE DER JAHRESZEITEN
DAS ACHTSPEICHIGE RAD DES JÄHRLICHEN ZYKLUS

Alles entwickelt sich in Zyklen – Jahreszeiten, Natur, Leben, Planeten, Manifestation, Schöpfung. Es gibt große und kleine Kreisläufe. Jeden Tag durchlaufen wir einen, bestehend aus Morgen, Mittag, Abend, Nacht. Wenn wir mit der Energie gehen statt gegen sie, erhalten wir Rückenwind, ungeahnte Lösungsmöglichkeiten und Erkenntnisse. Wir fühlen uns verbunden, als Teil des großen Ganzen und finden zu einer ganz neuen Sinnhaftigkeit im Leben.

Die acht Feste im Jahreskreis richten sich nach Sonne, Mond und Erde. Es gibt vier Sonnenfeste, sie sind präzise nach kosmischen Ereignissen festgelegt (Frühjahrstagundnachtgleiche, Sommersonnenwende, Herbsttagundnachtgleiche, Wintersonnenwende) und vier Erd-, Mond- oder Feuerfeste (Imbolc, Beltaine, Lugnasadh, Samhain). Die Erd- und Feuerfeste haben einen Spielraum und richten sich nach den Zeichen der Erde, dem jahresbedingten Zyklus und dem Mondstand. Vollmond ist besonders günstig, weil sich zu diesen Festen dann Zeittore öffnen. Mancherorts werden diese acht Feste in alter Tradition drei Tage lang gefeiert. Andere Quellen besagen, dass es Erd- und Mondfeste, Imbolc = zunehmender Mond, Beltaine = Vollmond, Lugnasadh = abnehmender Mond, Samhain = Neumond) sind. So gibt es verschiedene Wege, diese Feste zu feiern und zu gestalten. Da wir genügend Zyklen durchlaufen, schlagen wir vor, verschiedene Varianten auszuprobieren und die zu wählen, die uns am meisten zusagt.

Im Rad der Zeit dreht sich die Welt,
alles in kosmischer Ordnung erhält;
Tore öffnen sich – Wesen bringen ihre Botschaft;
wer Ohren hat, der höre und lausche.
Der Austausch findet statt –
die Zeichen leuchten satt.
Gut geführt, fest eingebunden,
fährst du gut auf Erdenrunden.
Der Segen der Feen, der unsichtbaren Reiche,
hilft dir, zu stellen die glücklichen Lebensweichen ...

(Quelle unbekannt)

Unser Körper ist eingebunden in die Rhythmen der Jahreszeiten, des Mondes, der Erde und der Planeten. Wir können viel lernen, wenn wir diesen Rhythmus bewusst leben, feiern und erfahren. Wir verstehen dann, dass alles seine Zeit hat: Es gibt eine Zeit zum Arbeiten, und eine Zeit zum Geschehenlassen, eine Zeit, in der wir säen, eine Zeit in der wir hegen, und eine Zeit, in der wir ernten. Es gibt aktive und passive Zeiten.

Die acht Jahresfeste markieren nicht nur besondere Punkte im Jahreskreis, sondern auch Zeittore. Zu diesen Zeiten sind die Schleier zwischen den Welten besonders dünn, und der Kontakt mit den Wesen der Natur wird möglich. In früheren Zeiten feierten die Menschen mit der Natur und ihren Geschöpfen diese Feste gemeinsam. Die Natur wurde geehrt, bedacht, und ihre Kinder wurden versorgt. Man gab etwas zurück für das, was man erhielt, ein gegenseitiger Austausch fand statt. Man schaute in die Sterne und beachtete die Zeichen der Erde, um die richtige Spur für die folgende Zeit zu erkennen.

Möge das Jahr dich mit seinen Geschenken
beglücken: mit den Veilchen des Frühlings,
mit dem Bienengesumm des Sommers,
mit den rotwangigen Äpfeln des Herbstes.
Der Winter aber schenke dir
die Früchte der Stille für die Seele.

(Irischer Segenswunsch)

Man kann viel über diese Feste schreiben, doch sie zu erleben, eingebunden im Rad der Zeit zu feiern und eigene Erfahrungen zu sammeln öffnet das Buch der Natur und führt zu einem inneren Wissen, das nirgendwo nachzulesen ist. Manche Dinge wollen erfahren und gelebt werden. Probieren Sie es aus ...

um den 1. Februar: Imbolc (Maria Lichtmess)
21. März: Frühjahrstagundnachtgleiche (Ostara, Alban Eiler, Ostern, Christi Auferstehung)
um den 1. Mai: Beltaine (Walpurgisnacht)
21. Juni: Sommersonnenwende (Alban Heruin)
um den 1. August: Lugnasadh (Kräuterweihe)
21. September: Herbsttagundnachtgleiche (Erntedank)
um den 1. November: Samhain (Allerseelen)
21. Dezember: Wintersonnenwende (Jul, Weihnachten, Christi Geburt 24. Dezember)

HINWEIS: Die Feste sind im Folgenden den jeweiligen Jahreszeiten zugeordnet und werden dort beschrieben.

Möge ich wissen um die Zyklen der Erneuerung,
gegeben zur Heilung und Gesundheit.

(Quelle unbekannt)

Dank sei für der Erde Zyklen und Jahreszeiten,
für das Erwachen des Frühlings und den sich
ausbreitenden Sommer,
für des Herbstes Fülle und die verborgenen Tiefen des Winters.

Dank sei für die Lebenskraft der Saatkörner,
verborgen im Erdreich, die grün hervorbrechen,
Früchte tragen und zur Erde fallen.

Ich möchte lernen von den Zyklen der Erde,
was es heißt, Neues zu gebären
und um die Zeit des Sterbens zu wissen.

Ich möchte lernen bis in den Grund meiner Seele
von dem, der mich ins Leben rief –
möchte lernen in der Nacht, auch die Reise ins Loslassen.

(Keltischer Segen: Morgen- und Abendgebet)

PRAKTISCHER TEIL

Es ist wichtig für uns, unseren Blickwinkel zu erweitern und die alten Wege wieder in unser Leben einzubeziehen. So können wir uns wieder mit dem alten Wissen verbinden. Christentum und Natur müssen kein Widerspruch, kein Entweder-oder sein. Sie sollten sich vielmehr in der Spiritualität wiedertreffen als ein Sowohl-als-auch, als ein fruchtbarer Austausch zwischen verschiedenen Weltanschauungen und eine Bereicherung des großen Ganzen. Viele Wege führen zur Quelle – die Quelle wohnt in uns. Wir stammen aus ihr und kehren zu ihr zurück. In diesem einigenden Sinne sind die nachfolgenden Seiten geschrieben.

Dieser praktische Teil des Buches ist in die zwölf Monate gegliedert, wobei die Rezepte den jeweiligen Monaten zugeordnet sind. Die acht Jahresfeste sind jeweils bei den Monaten beschrieben, in denen sie gefeiert werden. Wir können uns auf den jeweiligen Monat, seine Qualität und seine Feste einstimmen und uns so wieder an den Jahreskreis anschließen. Sie finden dazu viele Anregungen und monatliche Gestaltungsmöglichkeiten beschrieben.

Ich bete, bevor ich etwas beginne,
sodass es ein Segen für alle Menschen werde.
(Quelle unbekannt)

- Alle Speisen werden mit Dinkelmehl hergestellt.
- Wo Zucker verwendet wird, ist Rohrzucker gemeint, außer es steht feiner Zucker (= fein gemahlener Zucker) dabei, es kann natürlich auch jeder andere Zucker verwendet werden.
- Staubzucker ist Puderzucker.
- Topfen ist Quark.
- Statt Sauerrahm kann Schmand verwendet werden.
- Die Kuchen werden mit 405er Dinkelmehl gebacken. Es ist möglich, anderes Mehl zu verwenden.
- Die bei den Kuchen verwendete Form ist eine Aluminiumform mit Backfolie und Gitterboden. Es kann auch eine normale Form verwendet werden.
- Blätterteig ist sehr aufwendig herzustellen, deswegen wird in den Rezepten fertiger Blätterteig verwendet.

- Kräuter, die Sie nicht im Garten haben (wenn Sie einen haben), können Sie selbstverständlich in getrockneter Form in Kaufhäusern und Apotheken besorgen – oder sie frisch kaufen.
- Manche Rezepte in diesem Buch sind offen (ohne Mengenangaben) angelegt, um Ihre eigene Kochkreativität anzuregen.
- Holundersirup, Elbentrank, Minzgelee, Löwenzahnhonig, eingelegtes Gemüse, Basilikum, Kräuterpesto, Salat- und Fleischmarinaden sind gut verschlossen und kühl gelagert mehrere Wochen haltbar.
- Die Rezepte sind für 4–6 Personen (je nach Hunger) ausgelegt. Ansonsten sind die Endmengen direkt in den Rezepten angegeben.
- Wir verwenden die Gewürze und Kräuter, die uns selbst schmecken. Natürlich kann bei jedem Rezept nach eigenem Geschmack aus der Gewürz- und Kräuterküche ausgewählt werden.

JANUAR

Einkehr, Vergangenheit, Zukunft – Zeit, die Schatten aufzulösen

Entlasse das Alte, wandle, lade das Neue in dein Leben ein.

JANUAR – WOLFSMOND, HARTMOND, EISMOND, HARTUNG

*Elfen sprengt durchs ganze Haus
Tropfen heil'gen Wiesentaus!
Jedes Zimmer, jeden Saal
weiht und segnet allzumal!
Friede sei in diesem Schloss
und sein Herr ein Glücksgenoss!
Nun genug! Fort im Sprung!
Trefft mich in der Dämmerung!*

(William Shakespeare,
Sommernachtstraum)

Der Januar ist dem Gott Janus, dem Herrscher der Zeit, geweiht, der zwei Gesichter hat: Eines schaut in die Zukunft und eines in die Vergangenheit. Der Januar wird auch Hartung, Hartmond, Eismond und Wolfsmond genannt.

Schamanen und Heilerinnen, Druiden und Kräuterfrauen zogen zum Wolfsmond hinaus in die Einsamkeit, um die Zeichen für das kommende Jahr zu empfangen. Der Kontakt zur Geistigen Welt ist in dieser Zeit besonders intensiv, denn die Außenwelt bietet kaum Ablenkung. Wolfsmond war einst eine Zeit des Fastens, der Reinigung, des Auskehrens, der Innenschau; man wandte den Blick zu den Sternen, lud neue Kräfte ein und richtete sich aus auf die Zeichen der Zeit.

Es ist die Zeit des einsamen Wolfes, der sowohl in die Schatten der Vergangenheit schaut, in alte karmische Verbindungen, als auch in die Zukunft. Er erkennt das Schicksal, das sich daraus webt, und kann die Dinge auf die richtige Weise lenken. Mit solchem Wissen ausgestattet, können wir uns an den Wegkreuzungen des Lebens leichter entscheiden.

Der Januar steht für den Prozess der Zersetzung. Altes muss ganz vergehen, damit Neues Platz hat. Aus dem Alten erwächst das Neue. Der Mist von gestern ist der Dünger für morgen. Das Neue ist schon da, doch es besteht noch die Gefahr, dass es vom Alten überlagert wird.

Der Januar ist eine Pforte. Dem Gott Janus sind Tore und Türen geweiht. In der christlichen Tradition ist ein alter Brauch bis heute lebendig: Am Dreikönigstag werden Tore und Türen gesegnet. Die Wohnung zu räuchern, zu weihen und zu reinigen gehört in diese Zeit.

Bauernregeln:
Ist der Jänner kalt und weiß,
wird der Sommer sicher heiß.
Wirft der Maulwurf Hügel,
währt der Winter bis zum Mai.
So viele Regentropfen im Januar,
so viel Schnee im April.
Januar muss krachen, soll der
Frühling lachen.

FESTE UND FEIERTAGE DIESER ZEIT

1. Januar: Der Neujahrstag gilt als Schicksalstag, an dem man Bilanz ziehen, orakeln, neue Vorsätze treffen kann und an dem man sich gegenseitig alles Gute wünscht. Dieser Tag ist der babylonischen Wassergöttin Nanshe geweiht, die aus Träumen und Zeichen das Schicksal der Menschen für das neue Jahr deutet. Achten Sie in dieser Zeit auf Ihre Träume, und schreiben Sie sie auf. Wir können an diesem Tag das neue Jahr segnen, indem wir eine weiße Kerze entzünden und den Segen in Gedanken vom Herz durch die Hände in jeden Monat des neuen Jahres fließen lassen.

24. Dezember bis 5. Januar: Die 12 Rauhnächte sind die »Zeit zwischen den Jahren«, in denen man in die Zukunft schauen kann; jeder Tag steht für einen Monat im neuen Jahr. Beobachten Sie, was an den einzelnen Tagen passiert, und führen Sie Tagebuch über Ihre Träume und Empfindungen – alles in dieser Zeit ist ein Hinweis auf die Entwicklungen im neuen Jahr.

5./6. Januar: Der Dreikönigstag bezeichnet das Ende der Rauhnächte und ist der Tag der Sternsinger, welche die Häuser für das neue Jahr segnen. Es ist auch ein günstiges Datum für eine komplette Hausräucherung, z.B. mit Myrrhe (eventuell zusätzlich: Salbei, Kampfer und/oder Weihrauch), um alte Energien zu entlassen und neue segensreiche Kräfte einzuladen. An diesem Tag gibt es den Dreikönigskuchen.

DIE NATURGEISTER DES MONATS

Wenn die Kerzen bläulich düster brennen,
können Greise Fairy Grimm erkennen.
alter Vers aus Warwickshire

Im Januar sind viele Geister unterwegs, wie die Holla mit ihrer wilden Schar, Grubenzwerge und Wächter der Reichtümer und Schätze (auch jener, die in uns verborgen liegen), Schicksalsweberinnen, Feen und Elfen.

Die Geisterhunde: Sie zeigen sich an einsamen Orten wie Wegkreuzungen, Brücken, Kirchhöfen, Grabhügeln, Brunnen – an Grenzen zwischen den Welten. Sie tauchen auf, wenn es an der Zeit ist, den Ausgleich für vergangene Taten zu schaffen (gute oder böse). Sie können einen in die Anderswelt führen, um einem Einblick in tiefere Zusammenhänge zu geben, und wieder zurückbringen.

Gwyn ap Nudd, der Winterkönig, König der Unterwelt: Sein Königreich liegt unter der Erde, und von dort aus regiert er die walisischen Feen. Wenn er erscheint, spricht er von Fesseln der Vergangenheit, verborgenen Dingen, unterdrückten Gefühlen, vergrabenen, fast vergessenen Geheimnissen, Einschränkungen usw.

Fairy Grimm, der »Verhüllte«: Diese Wesenheit wandert verkleidet unter den Sterblichen und prüft die Menschenherzen. Er zeigt sich u.a. als Bettler, armer Mann, Seemann.

WISSENSWERTES ÜBER DIE NATUR

In der Natur ist alles auf seine wesentliche Struktur reduziert. Im Außen gab es früher nicht viel zu tun, außer das Feuer am Brennen zu halten und hungrige Wölfe fernzuhalten. (Heute im Zeitalter der Elektrizität und Technik sieht es natürlich anders aus.)

Dennoch ist es eine gute Zeit, zu entrümpeln, in sich zu gehen und sich auszuruhen, sich mit Grundlagen, Strukturen und seiner Basis zu beschäftigen. Worauf baue ich? Habe ich ein stabiles Fundament? Gibt es Löcher, kommt es zu Energieverlusten o. Ä.? Was kann ich tun, um eine stabile Basis für das Jahr zu erhalten? Worauf kann ich im neuen Jahr bauen? Was muss ich verändern?

Ernte: Feldsalat, Grünkohl schneiden; Winterlauch, Rosenkohl ernten; Mistelzweige, Berberitzenbeeren, Wurzelrinden, Weidenrinde, Eichenrinde sammeln

Pflanzen: Efeu, Schlangenkraut, Raute

Keltisches Baumhoroskop:

23.12.–01.01.	Apfelbaum	- Liebe
02.01.–11.01.	Tanne	- Stabilität
12.01.–24.01.	Ulme	- Führung
25.01.–03.02.	Zypresse	- Treue

Speisen dieser Zeit: Früher galt es, die Basis zu versorgen. Dabei halfen Speisen, die wärmten, sättigten, Kraft gaben und ein Polster aufbauten gegen die Kälte. Entsprechend wurden eher deftige Speisen bevorzugt: getrocknetes, geräuchertes und gepökeltes Fleisch; Fisch, Speck, Wurzelgemüse, Suppen, Breie, Kompotte, Kohl, Sauerkraut, Samen und Körner, Käse, Brot, warme Getränke

WISSENSWERTES ÜBER SAMEN & KÖRNER

Dem dunklen Schoß der heil'gen Erde vertrauen wir der Hände Tat,
vertraut der Sämann seine Saat, und hofft, dass sie entkeimen werde zum Segen, nach des Himmels Rat.
Noch köstlicheren Samen bergen wir trauernd in der Erde Schoß und hoffen,
dass er aus den Särgen erblühen soll zu schön'rem Los.
(Friedrich Schiller, Das Lied von der Glocke)

In früheren Zeiten konnte im Januar wenig Frisches geerntet werden, außer Wurzeln und Baumrinde ... so wurde in dieser Jahreszeit auf das zurückgegriffen, was eingemacht und auf Vorrat im September, Oktober, November angelegt und gelagert worden war. Dazu gehören auch jede Menge Samen und Körner, die für Brot, Suppen, Breie, Eintöpfe, Gemüsepfannen, Aufläufe, Süßspeisen ... als Grundlage dienen und mit verschiedenen Gemüsesorten variiert werden können. Samen und Körner geben uns Energie, versorgen und wärmen uns. Sie haben das Licht der Sonne in sich gespeichert, da sie durch die Sonne gereift sind. Sie werden uns von der Natur im Überfluss geschenkt. Viele Samen und Körner wurden genutzt, um sie den Göttern zu opfern, die Naturgeister zu speisen, die Tiere in dieser Jahreszeit mitzuversorgen und um Samen und Körner im Frühling wieder auszusäen, damit sie neue Ernte hervorbringen. Sie gehören zu den Früchten des immerwährenden Kreislaufs von Geben und Nehmen und von »stirb und werde«. Sie sind das Gold der Erde, das uns ernährt und im Überfluss neue Nahrung hervorbringt. Kein Wunder also, dass Körner und Samen, in vielen Segens- und Übergangsritualen verwendet, eine große Rolle spielten.

Samen und Körner gelten als Segen spendende Grundnahrungsmittel mit vielen positiven Wirkungen auf den gesamten Organismus. Hier eine kleine Liste mit den Haupteigenschaften:

Du kannst die Samen, die in einem Apfel sind, zählen,
aber nicht die Bäume und Früchte,
die er hervorbringen wird.
(Quelle unbekannt)

AMARANTH = »NAHRUNG DER GÖTTER«, »GOLD DER AZTEKEN«

Enthält viele Inhaltsstoffe wie Zink, Eisen, Magnesium, Calcium und ungesättigte Fettsäuren wie Omega 3; gibt verlorene Energie zurück und stärkt den gesamten Organismus; kann als Müsli, Brei, Auflauf usw. verspeist werden.

BUCHWEIZEN = »QUELLE DER KRAFT«

Gilt als wertvolles Nahrungsmittel aufgrund seines hohen Eiweiß- und Stärkegehalts; senkt den Blutzuckerspiegel und versorgt den Organismus. Aus Buchweizen werden z. B. Buchweizenknödel, Buchweizenpfannkuchen, Pancakes hergestellt.

DINKEL = »KÖNIGIN DER GETREIDE«

Zählt mit Abstand zu den gesündesten und besten Getreidesorten; wird mit Erfolg als diätetisches Heilmittel bei chronischen Erkrankungen verschiedener Art eingesetzt; enthält viele Mineralstoffe; kann für Gebäck, Grieß, Grünkernbratlinge, Bier, Teigwaren, als Frischkornbrei usw. verwendet werden.

GERSTE

Enthält viel Vitamin B, Mineralien, Ballaststoffe und Proteine; ist gut für Haut, Haare und Nägel und den gesamten Organismus; entwässert und ist fiebersenkend. Aus Gerste werden z. B. Gerstenbier, Malzkaffee, Gerstengrütze, Graupen, Gerstenflocken, Gerstenmehl und Tierfutter hergestellt.

HAFER = »DER SÄTTIGENDE STIMMUNGSAUFHELLER«

Einst das Grundnahrungsmittel in Schottland; hilft bei Magen- und Darmproblemen; hat nährende, sättigende und beruhigende Wirkung; senkt den Cholesterinspiegel; reguliert den Blutdruck; wärmt und versorgt den gesamten Organismus. In unserer Küche finden wir Hafer in Form von Haferflocken in Müsli, Salat, Backwaren und Brei.

HIRSE = »FEENFUNKEN«, »SCHÖNMACHER FÜR HAAR, HAUT UND NÄGEL«

Enthält viele Mineralstoffe, Spurenelemente, Silizium in Form von Kieselsäure, ungesättigte Fettsäuren und vieles mehr; versorgt und wärmt den Organismus und stärkt die Abwehrkräfte. Hirseprodukte sind z. B. Mehl, Grieß, Grütze.

KÜRBISKERNE = »DIE ENTWÄSSERNDEN«

Werden zur Herstellung von wertvollem Pflanzenöl verwendet; sind entwässernd, werden bei Blasen- und Prostatabeschwerden eingesetzt und finden sich deshalb in verschiedenen Arzneimitteln; ein gesunder Snack, können u. a. in Salaten, auf und in Broten, in Suppen verwendet werden.

MAIS = »SEGENSPFLANZE«

Heilige Pflanze in Süd- und Nordamerika; wurde in vielen Ritualen zu Ehren der Natur verwendet und kam durch Christoph Kolumbus nach Europa; regt den Energiefluss an, ist entwässernd und hilft bei Übergewicht. Mais finden wir in Form von Maismehl, Maisgrieß, als Polenta, Maiskeimöl, Popcorn, Cornflakes, Erdnussflips, Tortillas etc. in unseren Küchen.

LEINSAMEN = »VERDAUUNGSFÖRDERER«

Samen des Flachses; enthalten viele Heilstoffe wie Leinöl, Lecithin, Linolsäure, Enzyme; werden als natürliches Abführmittel bei Darmträgheit und Verstopfung verwendet; regulieren die Verdauung; können in Müsli, Jogurt, Salate usw. eingestreut werden.

QUINOA = »QUELLE GROSSER KRAFT«

Inkakorn aus Südamerika; enthält viel hochwertiges Eiweiß und essenzielle Aminosäuren sowie überdurchschnittlich viel Eisen, Calcium und Phosphor; stärkt den Organismus, schenkt Kraft und Gesundheit; kann wie Reis gekocht und als Zugabe in Eintöpfen, Suppen, Aufläufen und Teigen verwendet werden.

REIS = »GLÜCKSKORN«

Grundnahrungsmittel; Völker in vielen Ländern haben ihn unabhängig voneinander kultiviert; hilft bei Übergewicht und Bluthochdruck; entwässert und entschlackt den Körper. Es gibt unendlich viele Reisgerichte, da sich Reis gut als Beilage verwenden lässt und den Geschmack anderer Nahrungsmittel unterstreicht.

ROGGEN = »ERDENDES KORN«

Macht gesunde Menschen kräftig und stark; wirkt sättigend und appetitdämpfend; verbindet uns mit der Erde. Aus Roggen werden z. B. Roggenmehl, Roggenbrot, Pumpernickel, Wodka und Korn hergestellt.

SESAM = »GOLD DES ORIENTS«, »SESAM, ÖFFNE DICH«

Enthält u. a. ungesättigte Fettsäuren, Mineralstoffe, Vitamine, Folsäure; gilt als lebensverlängernde, verjüngende und den Geist stärkende Nahrung; steht für unermesslichen Reichtum; Öl wird bei Hautkrankheiten und in der Schönheitsindustrie verwendet. In der Küche wird Sesam als Beigabe zu Salaten, auf Brot, als Hummus bi Tahina, in Süßspeisen, z. B. Halva, verwendet.

SONNENBLUMENKERNE = »SONNENKRAFT«

Enthalten bis zu 60 % Fett und 40 % Eiweiß; reich an essenziellen Aminosäuren, Fluor, Eisen, Magnesium, Kupfer, Vitamin B, A und E. Sie gehören zur Sonnennahrung; wir nehmen durch sie ein Stück der Sonne zu uns, sie lassen unseren Energiekörper strahlen. Sie werden auf und in Broten, als Öl, in Salaten und Suppen, als Snack usw. verwendet.

WEIZEN = »ALLGEMEINER SONNENFUNKEN«

Gut für gesunde und kranke Menschen. Wird am meisten gebraucht: Es ist das Korn, aus dem Mehl, Brot, Brötchen, Kuchen, Weizenbier etc. gemacht werden.

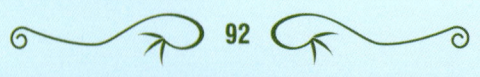

Knäckebrot

- 200 g Dinkelmehl
- 200 g feine Dinkelflocken
- 100 g Sesamsamen
- 50 g Sonnenblumenkerne
- 50 g gemahlene Mandeln
- 20 g Leinsamen
- 6 EL Rapsöl
- 2 EL Himalayasalz oder Meersalz
- 350 ml kaltes Wasser

Alle trockenen Zutaten miteinander vermischen. Öl und Wasser dazugeben und alles zu einem Teig verarbeiten. 10 Min. quellen lassen, nochmals durchkneten. Den Teig auf Backpapier dünn aufstreichen oder ausrollen. Mit einem Pizzaschneider, Messer oder Teigschaber die Scheiben einritzen. Ofen auf 250 °C vorheizen. Blech einschieben und bei 200 °C ca. 30 Min. backen. Knäckebrot vom Blech nehmen und in einer Brotdose aufbewahren. Ein leckerer Snack für zwischendurch!

Elfenkugeln
ergibt ca. 20 Elfenkugeln

- 1 Biskuit vom Blech, ausgekühlt
- 1 kleine Dose Fruchtsalat (oder selbst gemachten Fruchtsalat)
- 1 Becher Schlagrahm (oder Kokosmilch)
- Kokosflocken

Für den Biskuit das Grundrezept Biskuit (siehe Seite 210) verwenden. Biskuit auskühlen lassen, am besten über Nacht. Biskuit in einer Schüssel in kleine Stücke reißen. Früchte gut abtropfen lassen und grob hacken. Gehackte Früchte und Schlagrahm mit dem Biskuit gut vermischen. Kugeln formen und in den Kokosflocken wälzen, leicht gekühlt servieren. Im Sommer können die Kugeln länger gekühlt und mit ein paar Beeren aus dem Rumtopf der Zwerge, Wichtel, Kobolde und Trolle (Rezept siehe Seite 29) angerichtet werden.

Intensive Blumendüfte erfüllten die Luft, während weiß gekleidete Mädchen aus dem Hügel hervorkamen und nach links und rechts Blumen verstreuten.

(Quelle unbekannt)

WINTERFEEN-KUCHEN
LAUCH-HIRSE-KUCHEN

Hirse – kleine goldene Zauberkugeln – ist das Gold der Feen.
Sie machen von innen schön.

- 200 g Hirse
- ½ l Gemüsebrühe
- 1 Lorbeerblatt
- 2 Nelken
- 3 Wacholderbeeren

Gemüsebrühe zum Kochen bringen, Hirse einrühren. Gewürze dazugeben und 10 Min. leicht köcheln lassen. Vom Herd nehmen und 20 Min. zugedeckt quellen lassen.

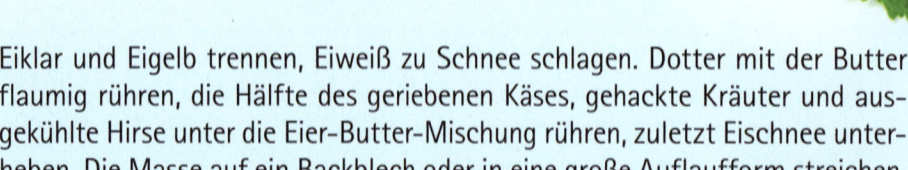

- 50 g Butter
- 2 Eier
- 100 g geriebenen Käse (nach Geschmack auch mehr)
- Liebstöckel, Petersilie – fein gehackt

Eiklar und Eigelb trennen, Eiweiß zu Schnee schlagen. Dotter mit der Butter flaumig rühren, die Hälfte des geriebenen Käses, gehackte Kräuter und ausgekühlte Hirse unter die Eier-Butter-Mischung rühren, zuletzt Eischnee unterheben. Die Masse auf ein Backblech oder in eine große Auflaufform streichen.

- 2 Stangen Lauch
- 1 große Zwiebel
- 2 Eier
- 1 Becher Sauerrahm
- Salz, Pfeffer und Kräuter nach Geschmack

Lauch und Zwiebeln in Ringe schneiden, auf der Hirsemasse verteilen. Eier mit Sauerrahm, Salz und Pfeffer verrühren und darübergießen. Den restlichen Käse mit den fein gehackten Kräutern vermischen, auf dem ganzen Kuchen gut verstreuen. Bei 180 °C 30–40 Min. backen.

TROLLKRAUT-PFANNE
KRAUTSPÄTZLE

- 1 Pck. Sauerkraut
- 1 kleine Zwiebel
- 1–2 Lorbeerblätter
- 4–5 Wacholderbeeren
- 4–5 Pfefferkörner
- 1 Prise Zucker
- 1 Prise Salz
- ⅛ l Gemüsebrühe
- 1 Stück Butter

Kraut gut waschen und ausdrücken, Zwiebel in feine Scheiben schneiden. Butter in einem Topf zergehen lassen und Zwiebeln mit dem Zucker anschwitzen. Kraut und restliche Gewürze dazugeben und alles kurz durchrühren, mit Gemüsebrühe aufgießen und nach Geschmack ca. 20–30 Min. leicht köcheln lassen. Bissprobe machen und nach Gusto Kochzeit bestimmen.

SPÄTZLE

Spätzle, selbst gemacht: Frisch geschabt ist halb geschlemmt …

- 500 g griffiges Mehl
- 4 Eier
- 1 Prise Salz
- etwas kaltes Wasser

TIPP: Der Teig darf auf keinen Fall glatt gerührt werden, er muss grob bleiben.

Mehl mit Salz und Eiern vermischen. Kaltes Wasser dazugeben, bis ein lockerer, dicker Teig entsteht. Salzwasser zum Kochen bringen und den Teig mit einem Spätzlehobel in das kochende Wasser tröpfeln, einmal aufkochen und mit kaltem Wasser abschrecken, noch einmal aufkochen, Spätzle herausheben und in einen Topf mit kaltem Wasser geben.

In einer Pfanne etwas Butter erhitzen. Erst die Spätzle und etwas später das Kraut hineingeben und in der Butter gut durchschwenken. Nach Geschmack können die Krautspätzle nun noch mit verschiedenen Kräutern wie Rosmarin, Thymian, Oregano verfeinert werden (Verwenden Sie Ihre Lieblingskräuter!).

Wer mag, kann dazu Hauswurst (österreichische Bauernwurst, nationale Spezialität) oder jede Art von geselchtem Fleisch (geselcht: geräuchertes und dann gekochtes Fleisch) reichen.

Dreikönigskuchen für den 6. Januar

Der Dreikönigskuchen ist ein traditionelles Festtagsgebäck, das zum 6. Januar, dem Tag der Heiligen Drei Könige, gebacken wird. Der 6. Januar markiert das Ende der Rauhnächte. Früher wurde an diesem Tag eine Süßspeise zu Ehren der Schicksalsweberinnen (Nornen), die in dieser Zeit die Fäden des Schicksals neu knüpfen, zubereitet. Auch Feen und Zwerge wurden damit geehrt und gespeist.

Dieser alte Brauch wurde in den fünfziger Jahren des letzten Jahrhunderts wiederbelebt und ist mit unterschiedlicher Rezeptur in verschiedenen Ländern Europas als Dreikönigskuchen bekannt. Allen Rezepten gemeinsam ist ein Gegenstand – eine getrocknete Bohne, eine Mandel, eine Münze oder ein anderer kleiner Glücksbringer –, der mit eingebacken wird. Wer in seinem Stück den Glücksbringer findet, ist für einen Tag König der Familie.

Grundrezept ist ein süßer Hefeteig, der zu sieben, aber auch zu neun oder elf Kugeln geformt, blütenförmig angeordnet und mit Hagelzucker und Mandelblättchen bestreut wird. Viele Menschen backen den Dreikönigskuchen nicht mehr selbst, sondern kaufen ihn samt goldener Papierkrone für den Tageskönig beim Bäcker oder im Supermarkt, wobei in diese Kuchen eine kleine Plastikkönigsfigur eingebacken ist.

- Grundrezept süßer Hefeteig (siehe Seite 212)
- Mandeln und Rosinen
- wer mag, 2 cl Rum
- Eigelb und Wasser zum Bestreichen
- Hagelzucker und Mandelblättchen zum Bestreuen

Einen Hefeteig nach dem Grundrezept herstellen. Rosinen, Mandeln und Rum vermischen. In den Teig kneten und diesen gehen lassen, bis er um das Doppelte seiner Größe aufgegangen ist. Das Glückssymbol in den Teig einarbeiten. Den Teig teilen. Eine große Kugel aus der einen Teighälfte kneten und sieben, neun oder elf kleinere Kugeln aus der anderen Hälfte formen, blütenförmig um die große Kugel auf dem gefetteten Backblech anordnen. Eigelb und Wasser miteinander verquirlen. Kuchen damit einreiben und Mandelblättchen und Hagelzucker nach Bedarf darüberstreuen. Alles noch einmal ca. 15 Min. gehen lassen. 10 Min. bei 210 °C anbacken. Hitze reduzieren auf 180 °C und ca. 30 Min. fertig backen. Wer wird heute König und hat einen Wunsch frei?

FEBRUAR

Rast, Reinigung, Erwachen – Zeit der persönlichen inneren Planung

Reinige dich, begrüße das wiederkehrende Licht, spüre das Steigen der Säfte, und öffne dich der neuen Frische. Alles erwacht zum neuen Leben.

FEBRUAR – TAUMOND, NARRENMOND, HORNUNG

Bauernregeln:
Wenn der Nordwind im Februar nicht will,
dann kommt er im April.
Der weiße Schnee im Februar bringt
Segen für das ganze Jahr.
Sonnt sich die Katz' im Februar,
muss sie im März zum Ofen gar.
Mattheis am 24. Februar bricht das Eis,
hat er keins, macht er eins.

Der Februar ist der Monat des wiederkehrenden Lichtes, der Reinigung und der Initiation. Der Februar, der dem altitalienischen Gott Februus gewidmet war, wird auch Hornung, Narrenmond, Feber, Rebmonat, Schmelzmonat, Taumond genannt. Der altdeutsche Name Hornung wird auf den erwachsenen Rothirsch zurückgeführt, der in diesem Monat sein Geweih abwirft. Das lat. Wort »februare« bedeutet reinigen. In der zweiten Hälfte des Reinigungsmonates Februar fanden in Rom Reinigungsrituale und Sühneopfer für Lebende und Verstorbene statt. Der Februar ist der einzige Monat, der 28 Tage hat und alle vier Jahre 29.

Februar ist der Monat, ab dem die Kraft der Sonne wieder unaufhaltsam zunimmt. Die Säfte in den Bäumen beginnen zu steigen, und die Natur macht sich für den Durchbruch im Frühling bereit. Einst wurden in diesem Monat die ersten Vorfrühlings- und Fruchtbarkeitsrituale abgehalten. Unter der Schneedecke strecken die ersten Schneeglöckchen und Primeln ihre zarten Köpfe hervor. Es ist auch die Zeit der Geburt bei Ziegen und Schafen; die weiße Milch der Muttertiere fließt.

Mit den ersten wärmenden Strahlen der Sonne geht die karge Zeit des Winters, die früher oft einen harten Überlebens- und Existenzkampf bedeutete, ihrem Ende entgegen. Fasching war ursprünglich ein heidnischer Brauch mit dem Ziel, die Geister des Winters und der Dunkelheit zu vertreiben und die neuen Kräfte des Jahres einzuladen. Man sehnt sich nach dem Licht und feiert, dass es nun wieder zunimmt. Lebensfreude und Hoffnung kehren zurück. Beachten Sie die ersten Anzeichen des wiederkehrenden Lebens in der Natur.

FESTE UND FEIERTAGE DIESER ZEIT

1. bis 3. Februar: Imbolc (im Folgenden beschrieben)

2. Februar: Maria Lichtmess ist der Tag, an dem die Krippe abgebaut und auch der letzte Christbaum aus der Wohnung entfernt wird. Dieses Fest wird 40 Tage nach Weihnachten als Abschluss der weihnachtlichen Feste gefeiert. Es wird auch als »Maria Reinigung« bezeichnet. Im Alten Testament galt eine Mutter nach der Geburt eines Sohnes 40 Tage lang als unrein. Sie pilgerte dann in den Tempel, um ihre Reinheit wiederherzustellen. Es ist die Zeit der Lichtprozessionen und der Kerzenweihe: Der Jahresbedarf der Kerzen für die Kirche und für den häuslichen Bedarf wird an diesem Tag in der Kirche gesegnet und geweiht. Geweihten Kerzen wurde einst eine hohe Schutzkraft zugesprochen, und man verwendete sie für besondere Gelegenheiten, z. B. Hochzeiten. Früher war der 2. Februar auch der Beginn des neuen Arbeitsjahres. Zu Lichtmess wechselte man den Dienstherrn, und ein Vertrag galt meistens bis zur nächsten Lichtmess.

14. Februar: Valentinstag, der Tag der Liebenden wurde schon in Rom gefeiert, wo er Lupercalia hieß. Es war der Feiertag der römischen Göttin Juno, der Gattin des Jupiter und Schutzpatronin der Ehe. Junge Mädchen gingen an diesem hohen Feiertag in ihren Tempel, um sich ein Liebesorakel für die richtige Partnerwahl zu holen. Junge Männer zogen Lose mit den Namen noch lediger Frauen, und die so zusammengestellten Pärchen gingen aus, manche sollen sich sogar verliebt haben. Ehemänner schenkten ihren Frauen an diesem Tag Blumen; dieser Brauch geht auch auf die Sage des Bischofs Valentin von Terni zurück, der als christlicher Märtyrer starb: Er traute Verliebte nach christlichem Ritus, auch jene, die damals nach kaiserlichem Befehl unverheiratet hätten bleiben müssen. Dabei verschenkte er Blumen aus seinem Garten. Ehen, die von ihm geschlossen wurden, standen unter einem guten Stern. Er wurde am 14. Februar 269 wegen seines christlichen Glaubens enthauptet.

19. bis 21. Februar: Fasching/Fastnacht oder Karneval. Fasching ist eine Zeit des ausgelassenen Feierns und der überschäumenden Lebensfreude. Es ist der Beginn der christlichen Passionszeit, die von Aschermittwoch bis Karsamstag dauert. Nach Fasching begann die Fastenzeit (fast – Fasten + nacht – Vorabend = Fastnacht – der Vorabend vor dem Fasten). Karneval wird schon seit 5000 Jahren gefeiert; an diesem Tag galt das sogenannte Gleichheitsprinzip: »Kein Getreide wird an diesem Tag gemahlen. Die Sklavin ist der Herrin gleichgestellt, und der Sklave steht an seines Herrn Seite. Die Mächtige und der Niedere sind gleich geachtet.« Dies ist bis heute ein Merkmal des Karnevals. In vorchristlichen Kulturen wurde das Fest zur Ehren der Göttin und des Gottes gefeiert, z. B. in Rom zu Ehren von Isis, in Griechenland von Dionysos. Sklaven und Herren tauschten zeitweise die Rollen, tranken und aßen nach Herzenslust; jeder konnte freie Worte wagen. Es war ein Fest des Übergangs. In manchen Gegenden verkleidete man sich als ein Geschöpf des Kleinen Volks und schlug mit Holzstöcken, Ratschen und Rasseln wild um sich, um die Wintergeister zu vertreiben. Es war das Fest, das eine neue Zeit einläutete.

NATURGEISTER DES MONATS

Die Winterdame, Blue Hag: Sie ist in Schottland und Irland bekannt. Wenn sie erscheint, kündigt sie das Ende eines Zyklus und den Beginn eines neuen an.

Jack Frost: Er ist ein Winterelf, der unerwartete Veränderungen anzeigen kann.

Fachan: Er ist ein Schrat aus den schottischen Highlands, der einen anhält, sich zurückzuziehen, sich aus verschiedenen Angelegenheiten herauszuhalten und zu meditieren.

Wilde Jagd: Noch zieht Frau Holle mit ihrem wilden Geisterheer durch Wald und Feld. Rauscht sie nächtens heran, so liegt gemäß den deutschen Sagen ein Tosen in der Luft, das, erfüllt von Jagdrufen und Hundegebell, über Wälder, Felder und Ortschaften zieht. Dieses Treiben findet alljährlich am Fastnachtsdonnerstag sein Ende.

1. BIS 3. FEBRUAR: IMBOLC, BRIGHID, LICHTMESS

Imbolc ist ein Mondfest. Kaum ein Mond strahlt heller als der Februarvollmond. Seine Kraft weckt die Bäume und Pflanzen, die Wurzeln und Triebe, das Verborgene, was jetzt sich entwickeln möchte, auch im Menschen. Es ist die geheimnisvolle Kraft des Weiblichen, die Wünsche, Träume, Hoffnungen, Pläne weckt und in die Welt kommen lässt. Imbolc ist auch ein Fest der Mutter Erde und der Großen Göttin. Es markiert den Frühjahrsbeginn und wurde von den Kelten um den 2. Februar herum gefeiert. Imbolc bedeutet »Im Bauch« – das Leben im Bauch beginnt, sich zu regen und sich zum Durchbruch bereit zu machen. Die Natur erneuert sich.

Das Fest ist der keltischen Göttin **Brighid** geweiht, der »Lichtbringerin«. Sie wurde früher herbeigerufen, bei Geburten zu helfen, Menschen zu reinigen und zu stärken und sie von der Last des Winters zu befreien. An vielen Orten wurden zu Brighid Fruchtbarkeitsrituale abgehalten, um damit die Göttin und den Gott um Fruchtbarkeit für alle Vorhaben zu bitten. Ihnen zu Ehren bastelte man kleine Kornpuppen, backte einem Phallus nachgebildete Brotlaibe und stellte Milch für die Wesen der Natur vor die Tür. Lämmer und Ziegen wurden gesegnet und durch das reinigende Feuer gejagt, um Krankheiten von ihnen fernzuhalten. Ein weiterer Brauch ist es, in der Nacht vom 1. auf den 2. Februar ein Kleidungsstück oder eine Decke vor die Tür zu hängen und sie von Brighid mit heilenden und stärkenden Kräften laden zu lassen; danach verschenkt man sie an Kranke. In Irland war es bis zum 13. Jahrhundert Brauch, dass Ehepaare, die nicht miteinander klarkamen, sich mit dem Segen der Göttin an Imbolc trennen durften. In dieser Zeit sind stark reinigende Elemente am Werk: Wasser und Feuer sowie des Letzteren Erscheinungsform, das Licht. Maria **Lichtmess**, das – wie bereits bei den wichtigen Feiertagen dieses Monats erläutert – am 2. Februar gefeiert wird, ist die christliche Umwandlung des keltisch-germanischen Lichterfestes und Mutter Maria gewidmet.

ANREGUNGEN ZUR GESTALTUNG DES FESTES

Rituale und Zeremonien: weiße Kerzen in die Erde stecken, um Träume, Gebete und Wünsche in der Erde zu verankern und zu segnen; Kerzenweihe; Feuerlauf; Stille, Meditation; Schwitzhütte; Reinigungsrituale; den Winter abschütteln, hinter sich lassen; Feuerweihe; Kontakt mit dem Einhorn; Licht auf die Erde holen

Dekoration: in den Farben Weiß, Rosa, Hellgelb, Hellgrün; weiße Tücher, weiße Kerzen, Licht, erste Frühlingsblumen, Milch, Fruchtbarkeitssymbole, Engel und Devas

Speisen: Brot und Ziegenkäse, Käse und Milchprodukte allgemein, Milchreis, frisches Quellwasser

Themen des Festes: persönliche innere Planung, Verankerung der Pläne in der Erde, Grundstein für das Neue legen, Herbeirufen der Lichtkräfte, um Segen bitten, Reinigung, Frühjahrsputz, Vorbereitung auf den Durchbruch

Fragen:

- Was möchte ich abstreifen? Wovon möchte ich mich trennen?
- Was ist meine innere Planung? Welche Gedanken, Ideen, Wünsche, Pläne möchte ich in der Erde verankern?
- Was sind meine neuen Vorsätze? Was will ich im neuen Jahr erreichen?
- Wie will ich mich am Ende des Jahres fühlen?

Übung:

Sich der Qualität der Zeit bewusst werden, indem man in die Natur geht und die Zeichen der Zeit liest. Eine halbe Stunde schweigend und still in die Natur gehen, Stille finden und mit der Natur Kontakt aufnehmen. In dieser Jahreszeit geht es um Entschlackung, Reinigung und Ausleitung, Bilanz und Innenschau.

WISSENSWERTES ÜBER DIE NATUR

Obwohl im Februar alles noch unter einer Schnee- und Eisdecke verborgen sein kann, so spürt man doch, wie sich im Inneren der Erde die Lebensenergie regt. Die Säfte beginnen zu steigen, und man kann fühlen, wie die Natur beginnt, sich zum Durchbruch bereit zu machen. In einigen Kulturen ist Januar/Februar Fastenzeit und die Zeit der Vorbereitung.

Ernte: der letzte Feldsalat, Grün- und Rosenkohl

Pflanzen: Birke, Schneeglöckchen als Boten des Vorfrühlings

Keltisches Baumhoroskop:

25.01.–03.02.	Zypresse - Treue
04.02.–08.02.	Pappel – neue Horizonte
09.02.–18.02.	Zürgelbaum - Zuversicht
19.02.–28.02.	Kiefer - Widerstandsfähigkeit

Aussaat, Pflanzung: Saatzwiebeln, Brokkoli, Kohlrabi, Bohnen, Paprika, Tomaten, Rettich

Speisen: Fastenspeisen, reinigende und kräftigende Gerichte, Milchprodukte, Käse, Nudeln, Quellwasser, Tees, Brot, Reis, Fisch, Eier

Der Bärlauch

Wohl kein Kraut der Erde ist so wirksam zur Reinigung von Magen,
Gedärmen und Blut wie der Bärlauch.
(Kräuterpfarrer Johann Künzle)

Wissenswertes über den Bärlauch

Der Bärlauch ist der Knoblauch des Nordens. Es ist das erste Kraut, das Bären im Frühjahr nach dem Winterschlaf als Nahrung zu sich nehmen. Er wird auch wilder Knoblauch, Hexenzwiebel, Latschenknofel, Ränsel, Rams, Zigeunerlauch genannt. Seine Blätter erscheinen ab Februar/März, und er blüht von April bis Juni, womit die Erntezeit endet. Die Kelten verehrten diese Pflanze. Sie nahmen sie vor der Schlacht zu sich, um gestärkt in den Kampf zu ziehen. Er ist umgeben von Waldzwergen, Feuergeistern und Elfen.

Viele Pflanzen beginnen gerade erst zu wachsen, da können wir Bärlauch bereits ernten. Er schmeckt und riecht knoblauchhaltig und ist an diesem Geruch auch zu erkennen. Bärlauch ist leicht zu verwechseln mit den giftigen Maiglöckchen und den noch giftigeren, ja tödlichen Herbstzeitlosen und dem ebenfalls giftigen gefleckten Aronstab. Wenn Sie also Bärlauch wild sammeln, sollten Sie diese Pflanze genau kennen, da Verwechslungen schwerwiegende Folgen haben können. Reiben Sie ein Blatt zwischen den Fingern, und riechen Sie daran – der Knoblauchgeruch ist unverwechselbar.

Bärlauch reinigt den gesamten Organismus und regt ihn an. Er putzt Magen, Darm, Leber, Niere, Galle und Blut. Er wirkt blutdruckausgleichend: Hoher Blutdruck sinkt, niedriger Blutdruck steigt. Er gilt zudem als gutes pflanzliches Antibiotikum.

Aus Bärlauch können verschiedene Dinge hergestellt werden wie Bärlauchpaste, Bärlauchsuppe, Bärlauchwein – ein wunderbarer Aperitif bei Magen- und Darmproblemen –, Bärlauchschnaps gegen Bluthochdruck. Bärlauch kann auch in Salate und in Suppen gegeben oder auf einem Butterbrot genossen werden.

BÄRLAUCHSUPPE

- 55 Blätter frischer Bärlauch
- Butterschmalz
- ½ Becher Sauerrahm
- ½ Becher Sahne
- zwei Löffel Crème fraîche
- 1 l Milch
- Suppenbrühe aus Gemüse

Butterschmalz in einen Topf geben und zergehen lassen. Bärlauch kurz waschen und in ganzen Stücken in die heiße Butter legen. Ein wenig dünsten lassen, bis der Bärlauch ganz weich und dunkel wird. Gemüsebrühe darübergießen, Milch gleich hinterher. Warten, bis die Suppe kocht, dann ganz fein passieren. Zum Abschluss Sauerrahm und Crème fraîche hinzugeben. Ein Häubchen aus Sahne draufsetzen, und guten Appetit!

BÄRLAUCHAUFSTRICH

- 20–30 große Blätter frischer Bärlauch
- ein Becher Topfen (Quark)
- ½ Becher Crème fraîche
- 5 EL Sahne
- Salz und Pfeffer

Bärlauch fein schneiden (so fein, wie Sie das mögen). Topfen samt Sauerrahm gut durchrühren, Bärlauch, Crème fraîche, Salz, Pfeffer und Sahne dazugeben. Nochmals gut durchrühren. Mindestens 2 Std. an einem kühlen Ort durchziehen lassen. Dieser Aufstrich schmeckt lecker auf einem Brot oder zu gekochten Kartoffeln, zum Frühstück oder Abendessen. Und mit ein wenig mehr Sahne haben Sie einen wunderbaren Dipp für Gemüse oder Knabbergebäck!

Gemüselaibchen aus der Gnomküche
mit Elfensahne

- 250 g Knödelbrot (oder hartes Weißbrot, gewürfelt)
- 2–3 Eier (je nach Größe)
- 1 Zucchini
- 1–2 Karotten
- ½ Sellerie
- 1 kleiner Kohlrabi
- 1 Fenchelknolle
- 1 Stange Lauch
- 3–4 EL Sahne
- Salz, Pfeffer, frische Kräuter nach Wahl
- Semmelbrösel
- etwas Öl

Zucchini, Karotten, Sellerie, Kohlrabi in eine große Schüssel reiben, Fenchel und Lauch in feine Streifen schneiden und dazugeben. Knödelbrot, Eier, Gewürze samt fein gehackten Kräutern und Sahne unter das Gemüse mischen und gut durchkneten. Die fertige Masse gut eine halbe Stunde ruhen lassen. Mit nassen Händen Laibchen formen, in Bröseln wenden, nochmals gut andrücken und in wenig heißem Öl unter mehrmaligem Wenden goldgelb ausbraten. Als Beilagen eignen sich Salat und Reis.

Elfensahne
Kräuterrahmsosse (ergibt ca. 1 l Sosse)

- ¼ eines 250-g-Butterstückes
- 1–2 EL Mehl
- 1 Becher Sauerrahm
- 1 Becher Sahne
- ¼ l kalte Milch
- ¼ l Gemüsebrühe
- Salz Pfeffer, Kräuter nach Geschmack (Liebstöckel, Petersilie, Oregano, Thymian, Schnittlauch)

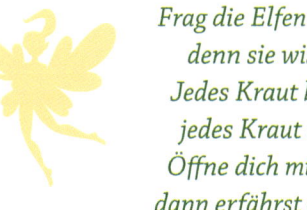

Frag die Elfen nach den Kräutlein –
denn sie wissen hier Bescheid.
Jedes Kraut bringt einen Segen –
jedes Kraut nimmt dir ein Leid.
Öffne dich mit Herz und Sinnen –
dann erfährst du Kraft tief drinnen.

Butter in einem Topf zergehen lassen, Mehl dazugeben und alles mit einem Kochlöffel glatt rühren, bis sich Butter und Mehl zu einer hellen, glatten Masse verbunden haben. Mit **kalter** Milch aufgießen und mit einem Schneebesen rühren, bis das ganze Butter-Mehl-Gemisch sich aufgelöst hat. Nun Gemüsebrühe dazugeben, Gewürze und fein gehackte Kräuter untermischen und alles zusammen unter häufigem Rühren aufkochen lassen. Sollte die Soße zu dick sein, noch ein wenig Milch oder Gemüsebrühe nachgießen. Sollte sie sich auch durch das Kochen nicht verdicken, ein bisschen Mehl in kalter Sahne glatt rühren und in die Soße geben. Nochmals aufkochen. Sauerrahm und Sahne dazugeben, fertig abschmecken, mit einem Schneebesen gut durchrühren und **nicht** mehr aufkochen!

GRÜNE WICHTELKNÖDEL MIT SCHAFSKÄSE
CA. 6–8 KNÖDEL

- 250 g Knödelbrot (oder hartes Weißbrot, in Würfel geschnitten)
- 30 g Butter
- 2–3 Eier (je nach Größe)
- 1 Pk. Blattspinat (oder die entsprechende Menge frischen Spinat) (ca. 250 g)
- 1 kleine Zwiebel
- 2 Knoblauchzehen
- 1–2 Päckchen Schafskäse, je nach Geschmack
- Salz, Pfeffer
- etwas glattes Mehl
- Kräuter nach Geschmack
- ein wenig Gemüsebrühe

Ein wenig Butter in einem Topf zergehen lassen, darin Zwiebeln und Knoblauch fein gehackt anschwitzen. Blattspinat hinzufügen, kurz mitdünsten. Mit ein wenig Gemüsebrühe aufgießen und zugedeckt ca. 10 Min. leicht köcheln lassen. Spinat in einem Sieb abgießen, abkühlen lassen – ein wenig von dem Spinatwasser zurückbehalten. Nach dem Abkühlen gut ausdrücken und hacken. Schafskäse in kleine Würfel schneiden, mit Knödelbrot, Eiern, Gewürzen, gehackten Kräutern und Spinat in einer großen Schüssel gut durchkneten, nach Bedarf etwas Spinatwasser dazugeben und gut 30 Min. ziehen lassen. Nochmals gut durchkneten und die Festigkeit der Masse prüfen: zu nass – etwas Mehl dazu; zu trocken – etwas Spinatwasser dazu. Mit nassen Händen Knödel formen, in kochendes Salzwasser legen, ca. 3 Min. kochen und anschließend ca. 5 Min. zugedeckt ziehen lassen.

TIPP: Immer zuerst einen Probeknödel kochen! Wenn der Probeknödel im Wasser zerfällt, ist zu viel Flüssigkeit in der Masse oder zu wenig Mehl. In diesem Fall einfach etwas Mehl nachgeben und nochmals durchmischen!

Fertige Knödel aus dem Wasser heben und gut abtropfen lassen. Restliche Butter in einem Topf zergehen lassen und über die Knödel gießen.

Dazu passt eine Gemüsebeilage oder ein bunter Blattsalat. Anstatt Schafskäse kann übrigens auch jeder andere Käse verwendet werden. Bei Hartkäse ist es lecker, ein wenig geriebenen Käse zusätzlich über die Knödel zu streuen.

KOBOLDKESSEL MIT GRÜNKERNBÄLLCHEN

Lauschen wir den Weisheiten von Tante Grünkern: Grünkern ist das unreife Korn des Dinkels. Durch Trocknen oder traditionelles Darren über einem Buchenfeuer wird Grünkern haltbar und bekommt sein typisches Aroma. Grünkern macht die Seele des Menschen froh und heiter und verbindet ihn mit den guten Kräften des Himmels.

Grünkernbällchen
- 75 g Butter
- 2 Eier
- 3 EL Milch
- 150 g Grünkern, gemahlen
- 2 EL Parmesan (oder anderer geriebener Käse)
- Salz, Pfeffer, Muskat

Butter in einem Topf zergehen lassen. Grünkern, Eier, Milch, Käse und geschmolzene Butter miteinander verrühren, je nach Geschmack mit den Gewürzen abschmecken. Ca. 30 Min. ziehen lassen, mit feuchten Händen kleine Knödel formen (Der Teig ist sehr weich).

Während der Teig zieht ...

Koboldkessel
- 1 Zwiebel
- 3 Karotten
- 1 Sellerie ca. 150 g
- 1 Stange Lauch
- ca. 1 l Gemüsebrühe
- 2–3 EL Öl
- Liebstöckel, Petersilie, Salz, Pfeffer

Zwiebel grob hacken, Karotten, Sellerie und Lauch waschen, schälen und nach Geschmack in Stücke schneiden. In einem Topf Öl erhitzen, Zwiebeln zugeben und andünsten. Restliches geschnittenes Gemüse hinzufügen und mitdünsten. Mit Gemüsebrühe aufgießen, kurz köcheln lassen, dann mit Gewürzen abschmecken. Knödel vorsichtig hineinsetzen und ca. 20 Min. auf kleinster Flamme zugedeckt ziehen lassen (Die Brühe darf nur wallen, keinesfalls kochen). Vor dem Servieren die gehackten Kräuter darüberstreuen.

ZWERGENTÖRTCHEN
12 STÜCK

Halli, hallo, wir sind vergnügt und froh! Jeder isst, so viel er kann – nur nicht seinen Nebenmann.
Plumpsen dann vergnügt ins Bett – in den Federn ist es nett.

- 175 g Butter oder Margarine
- 150 g Rohrzucker
- 4 Eier
- 5 EL Milch
- 350 g Dinkelmehl
- 1 Pk. Backpulver
- 1 Pk. Vanillezucker
- 200 g Heidelbeeren (frisch oder tiefgekühlt)
- 200 g Schlagrahm
- Muffinblech

Butter in einem Topf zergehen lassen. Geschmolzene Butter, Zucker, Eier und Milch verrühren, Mehl mit Backpulver vermischen, Eimasse mit der Mehlmischung kurz verrühren. 125 g Heidelbeeren vorsichtig unter den Teig heben (Tiefkühlheidelbeeren vor dem Unterheben in einem EL Mehl gut wenden). Muffinblech einfetten und mit Mehl (Brösel) gut ausstauben, den Teig max. ¾ hoch einfüllen und bei 200 °C (Umluftherd 180 °C) 20–25 Min. backen. Die Törtchen aus dem Ofen nehmen, kurz abkühlen lassen, aus der Form stürzen und ganz abkühlen lassen. Die Sahne steif schlagen, dabei ein Päckchen Vanillezucker einrieseln lassen. Die restlichen Heidelbeeren passieren und unter die Sahne mischen. Von den Törtchen den Deckel abschneiden, mit einem Spritzbeutel (oder einem Löffel) die Heidelbeersahne auftragen und den Deckel wieder aufsetzen.

MÄRZ

Öffnung, Aufbruch, Neubeginn – Zeit der knospenden Bäume

Hinaus in die Welt – Worauf wartet ihr noch?

MÄRZ – LENZIG, LENZMOND

Bauernregeln:

Bauernregeln:
Der März soll kommen wie ein Wolf,
aber gehen wie ein Lamm.
Märzensonne – kurze Wonne.
Donnert es in den März hinein,
wird's eine gute Ernte sein.
Wenn der März zum April wird,
wird der April zum März.

Der März ist der dritte Monat im gregorianischen Kalender. Er wird auch Lenzig, Lenzmond genannt. Der Frühling siegt in diesem Monat über den Winter. Der Winterschlaf der Natur ist beendet, sie erwacht zu neuem Leben: Die Felder werden vorbereitet für die Aussaat. Die Vögel kehren zurück, zwitschern und pfeifen laut ihre Hochzeitslieder. Die Knospen schwellen verheißungsvoll an. Das, was im Inneren der Erde gehütet wurde, macht sich zum Durchbruch bereit und beginnt, sich in leuchtender Farbenpracht der Welt zu zeigen. Bei Weiden, Erlen, Haseln brechen die Blüten hervor. Die ersten Blumen strecken ihre Köpfe aus der Erde; Krokusse, Primeln, Huflattich, Veilchen, Löwenzahn, Tulpen, Osterglocken sprießen.

Märzenluft – ein neuer Duft erfüllt das Leben, ein neuer Tanz beginnt. Die Freude darüber spiegelt sich in der Natur wider. Neubeginn, Aufbruch, Umbruch, Durchbruch, Erneuerung findet nun auf allen Ebenen statt. Das Sonnenkind ist seit seiner Wiedergeburt weiter gewachsen. Kindlich, unschuldig voller Lebenslust und Lebensfreude beginnt es, sich auszudrücken und die Welt neu zu erwecken und zu entdecken – fröhlich, offen, spontan. Die Wesen der Naturreiche erwachen erholt aus ihrer Winterruhe und kehren voller Lebenskraft und Tatendrang ins Leben zurück. Elfen, Feen, Zwerge, Wichtel, Blumendevas machen sich vergnügt an die Arbeit. Der März ist ein guter Zeitpunkt, mit der Natur und ihren Geschöpfen in Kontakt zu treten. Wir können jede Blume, jedes Blatt und die zurückgekehrten Vögel begrüßen und diese Rückkehr gemeinsam feiern.

Wie anders wirkt dies Zeichen auf mich ein!
Du, Geist der Erde, bist mir näher;
schon fühl ich meine Kräfte höher,
schon glüh ich wie von neuem Wein,
ich fühle Mut, mich in die Welt zu wagen,
der Erde Weh, der Erde Glück zu tragen.
(Johann Wolfgang von Goethe, Faust I)

FESTE UND FEIERTAGE DIESER ZEIT

8. **März:** Internationaler Frauentag
9. **März:** Fest der Aphrodite (griechisch)
21. **März:** Frühlingstagundnachtgleiche, Frühlingsanfang, Ostara (siehe im Folgenden)

DIE NATURGEISTER DES MONATS

Naturgeister aus allen Reichen treten im März in Erscheinung, wirken und wuseln umher, bringen die Natur zum Erblühen und zum Strahlen.

Wichtelmännchen: Sie schleichen durch Haus und Hof, beseitigen alten Unrat, kehren in den Ecken und säubern die Energiefelder. So können der Frühling und seine neuen Kräfte ins Haus einziehen, und man verharrt nicht in Altem und Vergangenem.

Einhörner: In dieser Zeit kann man an manchen Stellen die Einhörner sehen, die zur Erde zurückkehren, um die Gewässer und Plätze wieder rein zu machen.

Getreuer Eckert: Er ist ein alter Mann mit einem weißen Stab, der den Leuten den rechten Weg weist, damit sie in dieser noch sehr stürmischen Zeit keinen Schaden nehmen.

21. MÄRZ FRÜHJAHRSTAGUNDNACHTGLEICHE
OSTARA, ALBAN EILER, OSTERN

Frühjahrstagundnachtgleiche: Zu diesem Zeitpunkt sind Tag und Nacht gleich lang. An diesem Tag siegt das Licht endgültig über das Dunkel, da von nun an die Tage länger sind als die Nächte.

Ostara: Dies ist ein Fest der Großen Göttin in ihrer Form als Ostara, der germanischen Frühlingsgöttin; sie wird auch Eostre und Aurora genannt. Sie ist die Göttin des Wachstums, der Auferstehung, der Fruchtbarkeit und der Morgenröte; sie bringt die Leichtigkeit.

Einst gebar die Große Göttin das Weltenei. Sie wärmte es zwischen ihren Brüsten und ließ es Äonen von Zeiten reifen. Als darin der erste Sprung sichtbar wurde, legte sie es behutsam in das große Dunkel. Das Ei zersprang, und die Welt wurde geboren. Aus dem Dotter entstand die Sonne, aus der Schale entstanden Himmel

und Erde. Wir alle sind aus einem kleinen befruchteten Ei entstanden. – Ist es nicht ein Wunder, zu sehen, wie Großes aus dem Allerkleinsten im Schoß der Erde erwächst? Das Ei, sein Zyklus, den jede Frau in sich trägt, ist die Kraft, die ihr geweiht ist. Der Hase als Mondtier und Symbol der Fruchtbarkeit, der viele mit seiner Energie versorgt, ist ihr ebenfalls zugeordnet. So versteckt und schenkt man sich zu Ostara bemalte Eier, um sich gegenseitig Wohlstand, Fruchtbarkeit in allen Angelegenheiten und gute Ernte zu wünschen. Einst wurden Quellen und Wasserheiligtümer aufgesucht, wo man sich reinigte und das frische Wasser zu sich nahm. Osterwasser galt als Heilwasser.

Alban Eiler: Im Druidentum wird das Fest der Frühjahrstagundnachtgleiche Alban Eiler genannt, das bedeutet »Licht der Erde«. In der keltischen Tradition ist dieser Feiertag der britischen Seegöttin Morgane le Fey, Königin von Avalon, und dem Land der Feen geweiht. Den Andersreichen, den Wesen der Natur, die helfen, das irdische Licht aufzubauen und sichtbar zu machen, gebühren an diesem Tag der Dank und die Freude über die Wiederkehr des Lichts. In den Morgenstunden hielten die Menschen Ausschau nach der Rückkehr der Vögel, gefeiert wurde, wenn sie eintrafen.

Ostern ist die christliche Entsprechung dieses Fests. Dazu wurde das Leiden, Sterben und Auferstehen Christi in diese Zeit gelegt. Der am Kreuz gestorbene Meister erstand wieder auf, um vor seinem Eingang ins ewige Licht (Christi Himmelfahrt) sein Vermächtnis an seine Jünger und der Welt zu übergeben. So feiert man auch unter Christen das neue Leben, wobei Osterhasen und Eier, die Lebensfreude und das Vertrauen zur Erde, die Fruchtbarkeit und Selbsterneuerungskräfte des Lebens, die dem alten Pfad entsprechen, in den Hintergrund getreten sind. – Man kann auch auf der Erde im ewigen Licht sein, und genau das war Jesus Christus. »Ich bin die Auferstehung und das Leben.« Wenn wir hier und jetzt nicht die Erfüllung, das Paradies, in uns finden, in dem uns gegebenen Leben, wie und wo sollen wir es dann finden? Alles ist bereits in uns. Wie im Himmel so auf Erden; wie oben, so unten – und wie unten, so oben.

ANREGUNGEN ZUR GESTALTUNG DES FESTES

Rituale und Zeremonien: Reinigungsrituale; Abstreifen des Alten, bevor man durch das Tor des Frühlings geht; Segnung der Saat (Pläne, Wünsche, Träume) auf allen Ebenen; Fruchtbarkeitsrituale wie Eier verschenken und suchen; Reise zum inneren Kind; Segnung der Natur; Entdecken neuer Möglichkeiten, Geschenke und Kräfte

Dekoration: Frühlingsfarben – Gelb, Hellgrün, Weiß, Hellgelb, Hellblau, Rosa; heilige Feuer; bemalte Eier; Hasen, Hühner; Nester aus Zweigen und Moos, Blumen wie Osterglocken und Tulpen sowie alles, was bunt ist und Spaß macht

Speisen: bunt bemalte Eier, Kräuterquark, Milch, Käse, Brot, Desserts, Schokolade, Kuchen und Brot in Form eines Hasen, Lamms oder Huhns

Themen des Festes: inneres Kind, Vertrauen und Glaube, Durchbruch, Aufbruch, Umbruch, Neuausrichtung, Erneuerung, Lebensfreude, Fruchtbarkeit, Begrüßen des neuen Zyklus, Segnen der neuen Pläne und Projekte, nach innen und nach vorn schauen, nach draußen bringen, Umsetzung

Fragen:
- Was muss sterben, damit etwas Neues geboren werden kann? Ein Samenkorn bricht auf und verwandelt sich in eine Pflanze.
- Welche Schritte muss ich jetzt unternehmen, damit meine Wünsche Wirklichkeit werden? Was will jetzt gepflanzt werden – damit ich später ernten kann?
- Was will ich jetzt neu entdecken, erfahren, lernen?
- Was ist mit meinem Inneren Kind? Wie sieht es aus mit meinem Vertrauen in meine Kraft? Kann ich staunen über die Wunder des Lebens?
- Kann ich das, was ich mir für mein Leben wünsche, in die Welt bringen?
- Für welche Aussaat, für welche Pläne und Wünsche möchte ich den Segen der göttlichen Quelle?
- Welche guten Wünsche hege ich für den neuen Zyklus?

Übung:

Achten Sie in der ersten Hälfte des Monats auf Ihre Träume und die neuen Strömungen, die sich Ihnen offenbaren – neue Gedanken, neue Ideen, eine neue Richtung. Öffnen Sie sich den neuen Strömungen. Tanken Sie die neue Energie. Führen Sie eventuell ein Traumtagebuch.

In der zweiten Monatshälfte geht es um Wachstum. Überall sprießt die Natur. Was wächst in Ihnen – beruflich, privat, in der Liebe? Jetzt ist die Zeit, es in die Welt zu tragen.

ANMERKUNG: Wachstum ist nicht immer der leichteste Part im Leben. Durchbruch kann auch Schmerzen mit sich bringen. So kann einiges erst einmal aus dem Gleichgewicht geraten, bis sich alles neu geordnet hat. Seien Sie deshalb gut zu sich, und lassen Sie geschehen, was geschehen will. Verankern Sie sich in sich: Wo Platz geschaffen wird, kann Neues nachwachsen, und wo Umbruch ist, kann Transformation und Wandlung geschehen.

Sprich, kennst du der Elfen fröhliches Volk?
Sie weilen an Flusses Rand.
Sie spinnen aus Mondschein ihr Festtagskleid
mit lilienweiß spielender Hand.

(Quelle unbekannt)

WISSENSWERTES ÜBER DIE NATUR

Die Natur bricht durch – Zeit, sich auf die Garten- und Feldarbeit vorzubereiten!
Ernte: Die ersten zarten Wildkräuter sammeln wie Löwenzahn, Gänseblümchen, Lungenkraut, Klettwurzel, Wundklee, Schlüsselblumen, Brennnesseln, Berberitzenwurzeln
Pflanzen: Veilchen, Löwenzahn, Brennnesseln, Gänseblümchen

Keltisches Baumhoroskop:

01.03.–10.03.	Weidenbaum - tiefe Gefühle
11.03.–20.03.	Linde - Heilkraft
21.03.	Eiche - Führung
22.03.–31.03.	Haselbaum - Urteilskraft

Aussaat, Pflanzung: Bohnen, Dill, Erbsen, Feldsalat, früh blühende Stauden, Gartenkresse, Getreide, Kerbel, Knoblauch, Kresse, Schnittlauch, Sellerie, Sommerblumen, Spinat, Steckzwiebeln
Speisen dieser Zeit: Eierspeisen in jeder Variation, z. B. Omelett mit frischen Kräutern, Blechkartoffeln mit Eiersalat; Kräuterquark, Löwenzahnsalat, Käse, Milch, Kräutertees

Wissenswertes über das Veilchen

Das Veilchen

Kleine violette Äuglein blinzeln im Frühling aus dem Gras,
erwecken das Neue, die Freude und den Spaß,
machen die Atmung frei, wandeln deine Luft
von dunklem Schwarz zu neuem Blumenduft.
Schöpfe Hoffnung, dir wird geschenkt
ein neues Jahr – von deiner Kraft gelenkt.

Das Veilchen ist der Elfenwelt zugeordnet. Es ist Sinnbild für den Frühling und eine sogenannte Orakel- oder Losblume. Wenn es vor der Tagundnachtgleiche am 21. März blüht, wird es in dem Jahr eine frühe Ernte geben. In der Antike war das Veilchen eine heilige Blume, die dem Gott Pan sowie den Elfen und Feen geweiht war. Sie lösten damit alte Flüche und Verbindungen.

Hippokrates verwendete Veilchen gegen allerlei Beschwerden, u.a. Sehstörungen, Kopfschmerzen und Melancholie. Heute werden Veilchen vorwiegend bei Atemwegsbeschwerden, Halsentzündungen, Husten, Heiserkeit und Bronchitis eingesetzt. Das Veilchen wirkt schwellungsmindernd, antibakteriell, beruhigend, blutreinigend, entzündungshemmend, erweichend, schmerzlindernd, harn- und schweißtreibend; außerdem regt es die Säfte im Körper an.

Man kann das Veilchen von März bis April sammeln, gepflückt werden Blätter und Blüten. Aus Veilchen werden auch Parfüms, Cremes und Badezusätze hergestellt. Sie verströmen den Duft der Wandlung – Altes kann gehen, Neues kommen. Veilchenduft inspiriert und zieht neue Ideen ins Leben.

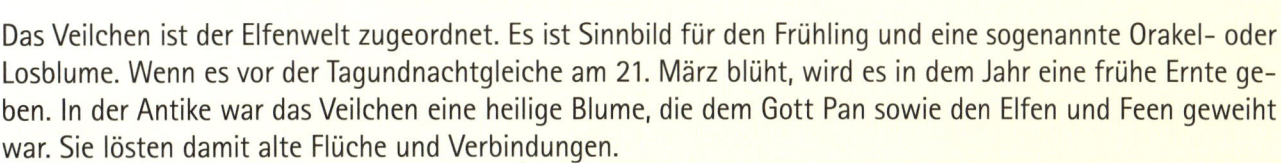

VEILCHENBLÜTEN-TEE

- 2 TL frische Veilchen
- ¼ l Wasser

Veilchen ins kalte Wasser geben. Wasser zum Kochen bringen. 5–10 Min. ziehen lassen, abseihen und trinken.

Veilchentee hilft bei Erregungszuständen, Husten, Hautkrankheiten und Schlaflosigkeit. Er ist auch zum Gurgeln bei Halsentzündungen geeignet.

VEILCHENSIRUP

- 1 Tasse Veilchenblüten
- ¼ Liter Wasser
- Honig

Veilchenblüten im Wasser kochen, Honig hinzugeben. Veilchensirup ist gut gegen Husten, Keuchhusten und Bronchitis.

VEILCHENWURZEL

- 1 Veilchenwurzel

Wurzel trocknen, säubern, glätten. Die Wurzel der *Iris germanica x florentina* hat einen duftenden Wurzelstock, der in getrockneter Form in Apotheken erhältlich ist, aber auch selbst hergestellt werden kann. Er wird Babys zum Nuckeln gegeben, was ihnen das Zahnen erleichtert.

Wissenswertes über die Brennnessel

Für unsere Vorfahren war die Brennnessel heilig. Sie steht mit der Erneuerung der Lebenskräfte und der erwachenden Vegetation in Verbindung. Zudem ist sie ein bewaffneter Krieger und Gehilfe des Grünen Mannes, der uns munter macht und die Winterträgheit vertreibt. Brennnesseln sind umgeben von Erdmännlein, Heinzelmännchen, sich verteidigenden Elfen und wissenden Ahnengeistern. Die Pflanze ist dem Kampfgott Mars und seiner germanischen Entsprechung, dem Donnergott Thor, geweiht. Deshalb wird sie in manchen Gegenden noch immer Donnernessel genannt.

Die Brennnessel müsste eigentlich den Menschen ums Herz herum wachsen, denn sie ist wirklich in der Natur draußen ähnlich demjenigen, was das Herz im menschlichen Organismus ist.
(Rudolf Steiner)

Die Nessel schützt Brust und Herz und verleiht Stabilität. Der Geist dieser Pflanze reinigt unsere Säfte und bringt sie zum Fließen. So ist sie harn- und schweißtreibend, stuhlgangfördernd, schleimlösend und blutreinigend. Sie verjagt die Frühjahrsmüdigkeit und macht fit und fidel. Brennnesselsuppe (siehe nachfolgend) ist geeignet, alle überflüssige Schlacke aus dem Gewebe zu schwemmen. Nachdem wir sie verspeist haben, fühlen wir uns gleich vitaler und wohler. Sie enthält wertvolle Nährstoffe wie Eisen, Calcium, Vitamin A und C, außerdem besonders viel Eiweiß.

Hätte die Brennnessel keine Stacheln, wäre sie schon längst ausgerottet worden, so vielseitig sind ihre Tugenden!
Kräuterkenner Pfarrer Künzle

Man kann die Brennnessel auch als Tee oder als kräftigende Haarwuchsspülung verwenden, wobei das frische grüne Kraut mehr Heilkraft enthält als das getrocknete. Einfach eine Handvoll Brennnesselblätter pflücken, waschen, mit kochendem Wasser übergießen und 10 Min. ziehen lassen. Brennnesseltee wirkt blutreinigend, blutbildend, tonisierend und entschlackend. Er beeinflusst die Bauchspeicheldrüse günstig, hilft bei Verdauungsstörungen – und birgt noch viele Heilkräfte mehr. Am besten setzen Sie sich mit diesem wundervollen Pflanzengeist einmal selbst in Verbindung, er wird sich Ihnen offenbaren.

Tipp: Der Ampfer, der gern neben der Brennnessel wächst, ist das Gegenmittel für den brennenden Schmerz, den Brennnesseln beim Pflücken verursachen können. Einfach ein Ampferblatt zerknüllen und auf die juckenden Stellen reiben.

Rein die Nessel, Ampfer raus – Ampfer treibt die Nessel aus.
(Volksmund)

FEUERELBENSUPPE
BRENNNESSELSUPPE (ERGIBT 1½ L SUPPE)

- ca. 20 junge Brennnesselblätter (vor der Blüte) mit Handschuhen ernten
- 1 Zwiebel
- etwas Butter
- 1–2 EL Mehl
- Salz, Pfeffer, Muskat
- ½ l Milch
- ½ l Gemüsebrühe
- ½ Becher Sahne
- ½ Becher Sauerrahm

TIPP: Brennnesselsuppe kann im Frühling und im Herbst gekocht werden, da diese Pflanze zweimal im Jahr austreibt!

Brennnesseln kalt waschen, Butter in einem Topf zergehen lassen, die Brennnesseln in der Butter anschwitzen. Mehl dazugeben und alles glatt rühren. Mit kalter Milch aufgießen, Gemüsebrühe und Gewürze hinzufügen. Alles zusammen aufkochen lassen, mit dem Pürierstab fein pürieren und nochmals aufkochen. Sahne und Sauerrahm mit einem Schneebesen unterrühren, abschmecken, mit einem Sahnehäubchen garnieren – servieren!

ZWERGENQUARK
KRÄUTERAUFSTRICH (FÜR CA. 10–15 BROTE)

Ja in jedem Kräutlein drinnen wohnt ein Geist – ein Pflanzenkind –, weht die Heilkraft in die Pflanzen, bringt den Lebenssaft zum Tanzen, drum nimm zu dir nur dieses Lebenselixier pur.

- 1 Pk. Topfen (Quark)
- 1 Becher Crème fraîche
- Frühlingskräuter wie Bärlauch, Gundermann ... nach Geschmack, frisch oder getrocknet
- Salz, Cayennepfeffer, evtl. 1–2 Knoblauchzehen

Topfen mit Crème fraîche in eine Schüssel geben und mit fein gehackten Kräutern (Knoblauch) gut durchmischen. Mit Salz und Cayennepfeffer abschmecken. Mindestens 1 Std. ziehen lassen. Dieser Kräuteraufstrich kann auch als Dipp verwendet werden, dazu einfach noch 2–3 EL Sahne in den fertigen Aufstrich einrühren.

OSTERSPIRALE
WÜRZIGER OSTERSTRUDEL

- 1 Pk Blätterteig
- 250 g Blattspinat
- eine Doppelhandvoll junge Brennnesselblätter
- 1 Zwiebel
- 2–3 Knoblauchzehen
- Salz, Pfeffer
- 3 Eier für die Fülle
- 1 Ei für die Sauerrahmmasse
- 1 Ei um den Strudel zu bestreichen
- 3 EL Sauerrahm, Schmand oder Crème fraîche
- Kräuter (Liebstöckel, Petersilie, Majoran)
- 1 EL Öl

Zwiebel und Knoblauch fein hacken. In einem Topf Öl erhitzen und Zwiebel und Knoblauch darin glasig dünsten. Spinat und Brennnesselblätter waschen und grob hacken, zu den Zwiebeln geben und zerfallen lassen (eventuell 1–2 EL Wasser zufügen), 5 Min. weich dünsten und kräftig würzen. Mischung in ein Sieb geben, gut abtropfen und ganz erkalten lassen. In der Zwischenzeit 3 Eier hart kochen, abschrecken, schälen und halbieren. Den Sauerrahm mit einem Ei verrühren, Kräuter hacken und hinzufügen. Erkalteten Brennnesselspinat und Sauerrahm zusammenmischen und abschmecken.

Den Blätterteig ausrollen und Spinat darauf verteilen, dabei rundherum einen 2 cm breiten Rand lassen. Die halbierten Eier am unteren Rand der Reihe nach auflegen.

Den Strudel vorsichtig aufrollen, die Ränder einklappen und fest andrücken. Das letzte Ei verquirlen und den Strudel damit bestreichen.

Den Strudel auf ein mit Backpapier ausgelegtes Backblech legen und im vorgeheizten Ofen bei 200 °C ca. 25–30 Min. backen. Zum Strudel schmeckt eine Kräuterrahmsoße besonders gut!

SÜSSES HASENBROT

Osterglocken läuten, gold'ne Funken sprühen, Elfenküchen glühen,
die Welt erwacht von Neuem, jeder kann sich freuen.

- 1 x Grundrezept Hefeteig (siehe Seite 212)
- 1 Eigelb
- 2 EL Milch
- Nüsse und Rosinen zum Verzieren

Den fertigen Hefeteig nochmals gut durchkneten und halbieren. Eine Hälfte auf einer bemehlten Fläche zu einer Kugel (Hasenbauch) formen und leicht flach drücken, auf das untere Drittel des mit Backpapier ausgelegten Blechs setzen. Die andere Teighälfte dritteln. Aus einem Stück den Kopf formen (kleinere Kugel), die anderen beiden Teile nochmals halbieren und daraus Hasenohren sowie Pfoten formen. Eigelb mit Milch verquirlen und an den Stellen, an denen der Kopf, die Ohren und die Pfoten angeklebt werden, auf beide Seiten streichen und die Teile gut andrücken. Mit den Nüssen und Rosinen das Gesicht des Hasen legen, alles gut andrücken. Abgedeckt 15 Min. gehen lassen.

Den ganzen Hasen mit der restlichen Ei-Milch-Mischung bestreichen und im vorgeheizten Ofen bei 200 °C 20 Min. backen.

APRIL

Erblühen, Gedeihen, Sich öffnen – Zeit der blühenden Bäume

April, April, der macht, was er will.

APRIL – OSTERMOND, LAUNING, SAATMOND

Bauernregeln:
Wenn schon Falter tanzen,
kann man im Garten pflanzen.
Im April tiefer Schnee,
keinem Ding tut er weh.
April mehr Regen als Sonnenschein,
wird's im Juni trocken sein.
Am 1. April schickt man den Narren,
wohin man will.

Der April, der vierte Monat im gregorianischen Kalender, hat 30 Tage. Der Monatsname April geht zurück auf die lateinische Monatsbezeichnung im julianischen Kalender, aperire, was »öffnen« bedeutet. Der Name bezieht sich vermutlich auf die sich öffnenden Knospen im Frühling. Andere Namen für diesen Monat sind Ostermond, Launing, Uffelre. Sprichwörtlich ist das Aprilwetter, das für seine Wechselhaftigkeit bekannt ist. Seit dem 16. Jh. ist es in Europa Brauch, den 1. April mit einem Aprilscherz zu begehen und Mitmenschen in den April zu schicken.

Der April ist ein launischer Monat. Wir spüren die ersten wärmenden Strahlen der an Kraft zunehmenden Sonne und erleben zugleich kalte Winde, Gewitter, Regen und große Temperaturschwankungen. Die Natur beginnt, ihr prachtvolles Farbenkleid zu entfalten, und wir fangen an, unsere Sinne nach außen zu öffnen. Die ersten Wildkräuter können gesammelt werden, sie entschlacken, bringen unsere Säfte zum Fließen und geben uns Lebensenergie. Wir können in diesem Monat neue Impulse, neues Wissen, neue Kontakte erfahren und neue Wege ausprobieren. Es ist eine gute Zeit, um kreative Projekte in Angriff zu nehmen. Wir erleben, wie unser Herz mit den Blüten und unsere Sinne mit den Düften und neuen Eindrücken aufblühen. Der April ist eine Zeit der Entwicklung, der freudvollen Aktivitäten, der neuen Gedanken und Ziele. Es ist ein Monat des Aufbruchs.

Ich dien der Elfenkönigin
und tau ihr Ring' aufs Grüne hin. ...
Nun such ich Tropfen Taus hervor,
und häng 'ne Perl' in jeder Primel Ohr.
(William Shakespeare, Sommernachtstraum)

BESONDERE TAGE, FESTE, WICHTIGE FEIERTAGE DIESER ZEIT

1. April: Heiliger Tag der Göttin Venus

22. April: Fest der Fruchtbarkeitsgöttin Ishtar, an dem Gebete für die Erde abgehalten werden

30. April bis 2. Mai: Beltaine/Walpurgisnacht (siehe auch 1. Mai)

DIE NATURGEISTER DES MONATS

Seid ihr reinen Herzens, vollen Mutes und neugierig? So nehmt den magischen Schlüssel, und er wird euch Einlass verschaffen in das Reich der Feen und Elfen!

April ist Koboldzeit. Die Launen der Natur zeigen sich. Himmel und Erde verbinden sich, um Neues zu erschaffen. Es ist die Zeit, Worte in Taten zu verwandeln, etwas Neues anzufangen, andere Wege auszuprobieren und frische Erfahrungen zu sammeln. Das Abenteuer Leben kann beginnen. Der Schöpferfunke in uns glüht. Wagen Sie etwas, haben Sie den Mut, Fehler zu machen, dadurch werden Sie den guten Weg finden.

Kobolde: Es gibt viele Arten von Kobolden, und alle treiben ihren Schabernack mit den Menschen, führen sie an der Nase herum, verwirren sie, machen sie schwindelig, damit sie aufwachen und bereit sind, neue Richtungen einzuschlagen.

Wind- und Wettergeister: Dazu gehören verschiedene Sylphensorten (Luftgeister), die durchs Land pusten, wehen und pfeifen, um es fruchtbar zu machen. Samen und erste Pollen werden durch die Luft getrieben. Wer den Wind- und Wettergeistern lauscht, kann neue Botschaften und Weisheiten erfahren.

Sonnenengel und Feenbengel: Himmel und Erde verbinden sich, um die Blüten der Pflanzen hervorzubringen. Für uns ist es Zeit, uns mit der höheren Natur und der Erde zu verbinden, um Ideen, Eingebungen und Visionen in die Tat umzusetzen.

WISSENSWERTES ÜBER DIE NATUR

Es ist Zeit, zur Tat zu schreiten. Es gilt, die Erde umzugraben und sie für die Aussaat vorzubereiten. Wer ernten will, muss säen, sonst kann nichts geschehen. Die frühen Wildkräuter dieser Zeit helfen uns, zu entschlacken und auf Trab zu kommen: Durch ihre Bitterstoffe regen sie die Stoffwechseltätigkeit an.

Ernte: Spinat, Rhabarber, Löwenzahn, Bärentrauben, Bärlauch, Beinwell, Brennnessel, Birkenrinde, Rosmarin, Klee, Spitzwegerich, Erika, Gänseblümchen, Gundermann, Meisterwurz, Fette Henne, Immergrün, Klette

Aussaat und Pflanzung: Spinat, Erbsen, Rettich, Radieschen, Zwiebeln, Lauch, Mangold, Karotten, Kraut, Gewürzkräuter, Frühkraut, Sommerblumen, Dahlien, Gladiolen, Stauden, Beerensträucher

Keltisches Baumhoroskop:

01.04.–10.04.	Eberesche - Feingefühl
11.04.–20.04.	Ahorn - Eigenwilligkeit
21.04.–30.04.	Nussbaum - Kreativität

Speisen: Rhabarberkompott, Kräuter, Frühlingssalate, Huhn, Hühnerbrühe, Bärlauch, Frühkartoffeln, Kräutersoßen und als Getränk Kräutertees

WISSENSWERTES ÜBER DEN LÖWENZAHN

Wer die ersten drei Löwenzahnblüten verschluckt, die er im Frühjahr entdeckt,
der bleibt das ganze Jahr gesund.
Spruch aus der Volksmedizin

Der Löwenzahn gehört zu den ersten Wildkräutern des Jahres. Er wächst allerdings den ganzen Sommer über. Er wird u. a. auch Pusteblume, Butterblume, Kettenblume genannt. Er ist eine der anpassungsfähigsten und vitalsten Pflanzen der Welt. Durch sein frühes Erscheinen ist er wichtig für die Bienen und unterstützt er die Entwicklung der Bienenvölker im Frühjahr. Er zählt zu den Pflanzen der Feen, die ihm nahestehen. Als Pusteblume hilft er, Wünsche in den Himmel zu tragen.

Löwenzahn enthält Bitter- und Gerbstoffe, Spurenelemente und Mineralien. Er ist wertvoller als jede Vitaminpille. Er schmeckt bitter, reinigt das Blut und fördert die Blutbildung. Er hilft bei Problemen mit Leber und Galle und stärkt diese, schwemmt überschüssige Schlacke aus dem Blut und dem Gewebe. Seine gelben Blüten eignen sich zur Herstellung von Honig, Sirup, Gelee und Brotaufstrich. Die jungen, leicht bitter schmeckenden Blätter und Blütenknospen können zum Würzen und Dekorieren von Salaten verwendet und dazu in Speck, Öl, Pfeffer und Salz angebraten werden. Die getrockneten Wurzeln wurden in der ersten Zeit nach dem Zweiten Weltkrieg als Ersatzkaffee verwendet. Aus seinen frischen oder getrockneten Blättern lässt sich ein stärkender Tee zubereiten.

Der Geist dieser Pflanze ist stark, vital, anpassungsfähig, voller Lebensfreude und Sonnenkraft, er kann uns eine ganz neue Richtung aufzeigen. Er schenkt uns diese Eigenschaften und hilft uns dadurch, alte Dinge zu wandeln, unsere Heilkräfte zu aktivieren, klar zu sehen und zu neuem Leben zu erwachen. Löwenzahn öffnet uns für die Lebensfreude und lässt die innere Sonne erstrahlen.

Ein Lied als Dank an die Natur, denn wir nehmen nicht nur.

LÖWENZAHNHONIG

- 2 gehäufte Doppelhände voll Löwenzahnblüten
- 1 Zitrone oder Limette
- 1 l Wasser
- 1 kg Rohrzucker

Blüten ins Wasser geben und langsam zum Kochen bringen. Sud vom Feuer nehmen und über Nacht stehen lassen. Am nächsten Tag das Blütenwasser durch ein Sieb (evtl. verstärkt durch eine Baumwollwindel) gießen und in einem Topf auffangen. Die Blüten gut auspressen. In den Saft gesäuberte und in Scheiben geschnittene Zitrone und Zucker einrühren, 5–6 Std. auf niedriger Stufe ohne Deckel köcheln lassen und immer wieder umrühren. Es sollte einen richtig dicken Sirup ergeben.

TIPP: Kartoffeln sollten in einem Topf immer ohne Deckel gekocht werden. Sie enthalten Blausäure, die sich durch das Kochen verflüchtigt.

WICHTELMAHL
FRÜHKARTOFFELN MIT KRÄUTERTOPFEN UND KÄSE

- 1–2 festkochende Frühkartoffeln pro Person (je nach Appetit)
- einige Kümmelkörner
- 1 kleiner Zweig Rosmarin
- 500 g Topfen (Quark)
- 1 Becher Crème fraîche
- 1 Becher Sauerrahm
- Butter und verschiedene Käse nach Wahl
- Kräuter nach Geschmack, frisch oder getrocknet
- Salz, Cayennepfeffer, evtl. 1–2 Knoblauchzehen

Topfen mit Crème fraîche und Sauerrahm in eine Schüssel geben und mit den fein gehackten Kräutern (Knoblauch) gut durchmischen. Mit Salz und Cayennepfeffer abschmecken und mindestens 1 Std. ziehen lassen. Die Kartoffeln waschen und samt Schale in einem großen Topf zusammen mit Kümmel und Rosmarin kochen. Noch heiß in einer Schüssel anrichten. Den Kräutertopfen und die Käsestücke ebenfalls anrichten und alles gemeinsam kredenzen. Die Kartoffeln werden in der Schale serviert und können je nach Geschmack mit oder ohne Schale gegessen werden.

WILDKRÄUTER-BLATTSALAT

Oh, große Kräfte sind's, weiß man sie recht zu pflegen,
die Pflanzen, Kräuter, Stein' in ihrem Innern hegen.
(William Shakespeare)

- verschiedene Blattsalate
- Essig nach Geschmack (Kräuteressig, Apfelessig, Balsamessig …)
- Öl (Distelöl, Leinöl, Maiskeimöl …)
- evtl. etwas Wasser
- 1 EL Honig
- Salz, Pfeffer, Curry, schwarze Zwiebelsamen
- essbare Kräuter und Blumen der Jahreszeit wie Gänseblümchen, Gundermann, Melde, Löwenzahnblätter, wilder Thymian, Sauerampferblätter, Bärlauch, verschiedene Minzen, Kapuzinerkresse

Blattsalate und Kräuter waschen und in einer Schüssel anrichten. Blüten ganz vorsichtig säubern und beiseitelegen. 1 Teil Essig mit 2 Teilen Öl mischen, mit Gewürzen, Kräutern, etwas Wasser und Honig abschmecken. Die Marinade mit den Blattsalaten und den Kräutern gut durchmischen, mit den Blüten dekorieren und sofort servieren. In einer verschlossenen Flasche ist diese Marinade mehrere Wochen im Kühlschrank haltbar. Vor Gebrauch gut aufschütteln.

ELFENBLUMEN
GEFÜLLTE BLUMENNUDELN
Blumen öffnen das Herz – Minze reinigt den Geist!

Nudelteig
- 400 g Dinkelmehl, Mehl zum Ausrollen
- 4 Eier
- Salz
- 2 EL Öl

Eier in einer Schüssel mit Öl und Salz verrühren. 5 EL Mehl dazurühren, bis ein dünner Teig entsteht. Restliches Mehl auf die Arbeitsfläche geben, mit der Eimasse vermischen und alles rasch zu einem glatten Teig verkneten. So lange kneten, bis der Teig glatt und glänzend ist. In einem feuchten Tuch ca. 30 Min. ruhen lassen.

Füllmasse
- 200 g Topfen (Quark)
- 1 Ei
- Salz, Pfeffer
- 3–4 EL Butter
- ca. 10 Blatt Minze (nach Geschmack; Minze ist sehr intensiv)
- Kräuter wie Zitronenmelisse, Liebstöckel, Thymian, Petersilie
- 2–3 Knoblauchzehen

Kräuter fein hacken, 2–3 TL davon beiseite geben. Topfen mit Ei, dem gehackten Knoblauch und den fein gehackten Kräutern vermischen, kräftig würzen. Den Teig auf einer sehr leicht bemehlten Fläche 1–2 mm dick ausrollen, Blumen ausstechen. Auf die Hälfte der Blumen mit einem Teelöffel kleine Portionen Füllmasse setzen, den Rand mit Wasser bestreichen und mit der anderen Hälfte abdecken, gut andrücken. Reichlich Wasser in einem großen Topf zum Kochen bringen, leicht salzen und die Blumennudeln einlegen. Wasser einmal aufwallen lassen, von der Flamme nehmen und ca. 3 Min. ziehen lassen. Die Butter in einer kleinen Pfanne zergehen lassen, leicht salzen. Die Blumennudeln aus dem Wasser heben, in der zerlassenen Butter schwenken, mit den restlichen Kräutern bestreuen.

> **TIPP:** Nur sehr wenig Mehl zum Ausrollen verwenden, da die Nudeln ansonsten zu hart werden.

SÜSSE QUARKKNÖDEL

Naturgeister sind unsere wahren Schutzengel.
Selten wünschen sie uns Glück.
»... denn wir bringen es ja«, ist ihre Antwort,
»wieso sollten wir es wünschen.
Das Glück hat unsere Wege zu dir gelenkt.
Du bist gesegnet.«

- 250 g Quark (Magerquark)
- 1 Ei
- 4–5 Kartoffeln
- ca. 100 g Mehl (Dinkel oder normal)
- 1 Prise Salz
- Zucker
- Zimt
- nach Geschmack Rosinen, fein geschnittene Apfelstückchen oder Zwetschgen
- Apfelmus

Kartoffeln am Vorabend kochen, schälen, stampfen und über Nacht im Kühlschrank lassen. Quark, Ei, Kartoffeln, Salz und Zucker mischen. Nach Geschmack Rosinen oder auch Apfelstückchen oder Zwetschgen klein geschnitten dazugeben. Mehl darunterkneten, sodass der Teig nicht mehr an den Händen klebt, aber auch nicht zu fest ist.

Hände anfeuchten, kleine Klößchen formen und platt drücken. Fett in der Pfanne richtig heiß machen. Quarkknödel in der Pfanne bei geringer Hitze ca. 10–15 Min. pro Seite ausbacken, bis sie durch sind. Auf einen Teller geben, Zimt und Zucker darüberstreuen.

Nach Geschmack kann Apfelmus dazu gereicht werden.

Wenn du zwei Brote hast,
so tausche eines gegen Blumen,
denn sie sind das Brot der Seele.
(Chinesische Weisheit)

MAI

Fülle, Fruchtbarkeit, Genuss – Blütezeit, Zeit der Aussaat und des Sich-Verströmens

Öffne dein Herz, und genieße die Fülle des Lebens.

MAI – WONNEMOND, BLUMENMOND, WEIDEMOND, MARIENMOND

Es ist heute der 1. Mai.
Wie ein Meer des Lebens ergießt
sich der Frühling in die Erde,
der weiße Blütenschaum bleibt
an den Bäumen hängen.
Es ist ein schöner Tag.
(Heinrich Heine)

Mai ist der fünfte Monat im gregorianischen Kalender, er hat 31 Tage. Der Mai wird aus dem lateinischen Wort »maius« gebildet, wobei es verschiedene Theorien zur Bedeutung des Namens gibt: Eventuell ist er nach der Göttin Maia benannt. Nach anderen Quellen leitet er sich vom altitalischen Gott Maius her, dem Beschützer des Wachstums. Andere Bezeichnungen für den Mai sind Winnemonat, Wonnemond, Weidemond, Blumenmond. Der Name Wonnemond wurde von Karl dem Großen im 8. Jahrhundert eingeführt. Er soll auf die warmen und ständig steigenden Temperaturen sowie das Wiedererwachen der Vegetation hinweisen. Der Wärme darf man sich allerdings erst nach den Eisheiligen, 11.–15. Mai, sicher sein. Blumenmond wird der Mai hauptsächlich deswegen genannt, weil im Mai die Hauptblütezeit der meisten Pflanzen liegt. Weidemond heißt er, weil in diesem Monat das Vieh wieder auf die Weide gebracht wird. Im katholischen Kirchenjahr ist der Mai besonders der Verehrung der Gottesmutter Maria gewidmet (Marienandacht), weshalb er auch als Marienmond bezeichnet wird.

Bauernregeln:
Ist der Mai recht heiß und trocken, kriegt der Bauer kleine Brocken;
ist er aber feucht und kühl, dann gibt's Frucht und Futter viel.
Mai kühl und nass füllt dem Bauern Scheune und Fass.
Viel Gewitter im Mai, singt der Bauer juchhei!
Pflanze nie vor der kalten Sophie. Vor Nachtfrost du nie sicher bist,
bis Sophie vorüber ist.

Feste und Feiertage dieser Zeit

Beltaine, Walpurgisnacht: (siehe im Folgenden)

1. Mai: Maifeiertag. Seit dem 13. Jh. wird der 1. Mai in Europa gefeiert mit Bräuchen wie Tanz in den Mai, Tanz um den Maibaum, Maispaziergang, Mairitte, z.B. Leonhardritt und Georgritt. Der 1. Mai ist seit dem letzten Jh. außerdem ein internationaler Feiertag der Arbeiterbewegung.

Muttertag. Am 2. Sonntag im Mai ist Muttertag.

12. bis 15. Mai: Eisheilige. Erst Mitte Mai ist der Winter wirklich vorbei, bis dahin kann es noch Frost geben. Die Eisheiligen werden auch »Eismänner« oder »gestrenge Herren« genannt. Sie werden den Namenstagen folgender Heiliger (Bischöfe und Märtyrer aus dem 4. und 5. Jahrhundert) zugeordnet: 11. Mai – Mamertus, 12. Mai – Pankratius, 13. Mai – Servatius, 14. Mai – Bonifatius; 15. Mai – Sophie.

18. Mai: Fest des Pan (griechisch). Der Waldgott der Fruchtbarkeit wurde an diesem Tag gerufen und geehrt, auf dass alles im Jahr viele Früchte hervorbringe und man durch die Natur, Mutter Erde, in Fülle und Überfluss versorgt werde.

Die Naturgeister des Monats

Du weißt ja sicherlich so gut wie alle anderen Menschen, dass diese Welt nicht nur von euch,
von den Tieren und Pflanzen, sondern auch von mancherlei Geistern bewohnt wird.
(Quelle unbekannt)

Weiße Damen: Sie sind lieblich zarte, durchscheinend kristallweiß irisierende Feen mit langem fließendem Haar, die bestimmte zauberhafte Orte hüten, wie Quellen, Haine, besondere Felsformationen, Brunnen, Schluchten in unberührter Natur. Sie sind die Seele eines Platzes. Begegnen wir einer Weißen Dame, verrät sie uns neue Wege, neue Orte und die Geheimnisse eines Platzes, wenn wir sie achten ... Allerdings kann sie auch eine weniger freundliche Seite zeigen.

Waldgeist, Wilder Mann: Er ist ein nackter, mit Blättern behangener, behaarter, ungebändigter Mann, der uns mit der Ursprünglichkeit und Wildheit verbindet und unsere Schritte in neue Bahnen lenkt, vom Bekannten ins Unbekannte. Er kündigt unerwartete Ereignisse an.

Nymphen und Dryaden: Sie sind liebliche, weibliche, zarte Baumwesen, die uns mit ihren Reizen betören und unsere Sinne öffnen. Sie wecken Erotik und Sinnlichkeit in uns.

Blumengeister: Sie erscheinen in Hülle und Fülle und bringen die Blüte voran.

BELTAINE/WALPURGISNACHT
30. APRIL BIS 2. MAI ODER DER ERSTE VOLLMOND IM MAI

Ist die Hexennacht voll Regen, wird's ein Jahr mit reichlich Segen.
Regen auf Walpurgisnacht hat stets ein gutes Jahr gebracht.

(Volksmund)

Beltane/Beltaine ist ein keltisches Fest des Lebens, des Frühlings, der Fruchtbarkeit und der Vereinigung. Es wurde nach Belenus, dem keltischen Gott des Lichtes, der Heilung und der Quellenheiligtümer benannt, der den sich verströmenden Düften des Frühlings folgte und sich mit der Erdgöttin vermählte. Die beiden schworen sich ewige Treue und gelobten, sich einander jedes Jahr im Mai hinzugeben zur Feier der Schöpfung und Erneuerung der Fruchtbarkeit der Erde.

Die dunkle Zeit des Jahres war mit Beltaine endgültig vorüber, und in der Nacht zum 1. Mai wurde bei den Kelten der Sommerbeginn rituell um Mitternacht mit dem Entzünden des heiligen Feuers gefeiert.

In jener magischen Nacht stehen die Türen zur Anderswelt weit offen, und wir können Wesen aus den Andersreichen an Wegkreuzungen treffen. Waldgötter, Fruchtbarkeitswesen, liebliche Nymphen, Dryaden und Nereiden, Wasserwesen, betörende Gesänge und verführerische, betörende Düfte, liebliche Klänge und zarte Farben geisterten durch die Natur. Es knisterte nur so. Man orakelte, schaute in die Zukunft, bat um Segen, Fruchtbarkeit und Fülle für das Jahr. Außerdem reinigte man sich von der dunklen Zeit. Die Herden wurden zwischen zwei großen Feuern hindurchgetrieben zur Segnung, zum Schutz und für Fruchtbarkeit. Die Erde, die Samen, die jetzt gesät werden sollten, die Gärten und Felder wurden gesegnet und die fruchtbare Zeit mit Tanz, Gesang, Fruchtbarkeitsriten, erotischen Spielchen und Neckereien sowie allerlei Speisen ausgelassen gefeiert.

Himmel und Erde liebten sich, Polaritäten wurden eins, um die Kinder des neuen Jahres zu zeugen. Die üblichen Gesetze waren für diese eine Nacht aufgehoben und der Fruchtbarkeit gewidmet. Pärchen, die sich fanden, liebten sich. Kinder, die in dieser Nacht gezeugt oder an diesem Tag geboren wurden, galten als heilige Kinder der Götter.

Das Bilsenkraut (keltisch »Belenuntia«) und Lerchensporn (Corydalis) wurden bei den Feiern zum Räuchern verwendet, Efeu und Gundelrebenkränze sollten den Geliebten herbeirufen, Waldmeister und verschiedene andere Kräuter wurden zur speziellen Segnung herangezogen. In jener Nacht konnte man die Verbindung zwischen den Welten und jenseits der Zeit, die Fäden, die sich gesponnen, verwickelt und verknotet hatten, die unsichtbaren Pfade und die Wege der neuen Zeit erkennen. Der Tanz um den Maibaum mit den bunten Bändern erinnert uns heute noch an das Fest unserer Ahnen. In späteren Zeiten wurde dieses Fest zum gefürchteten Hexensabbat, weil dabei das Weibliche, die Lebenslust und der Körper geehrt wurden.

ANREGUNGEN ZUR GESTALTUNG

Rituale und Zeremonien: Wünsche wahr werden lassen; die wahre Liebe finden; das Liebesband der bestehenden Liebe erneuern; den Ruf des Herzens aussenden; um den Segen der geistigen Welten bitten; das Herz reinigen und öffnen; die Bereitschaft finden, das Licht erneut zu empfangen

Dekoration: Blumen, rote Speisen, Tücher und Kerzen, junge Zweige, Blüten

Speisen: Erdbeeren, Erdbeerquark, Früchtebrot, Brot mit Samen und Körnern, Waldmeisterbowle, Mozzarella mit Tomaten und Basilikum

Themen: Reinigung, Feuer- und Wasserzeremonien – z.B. Baden in einer Quelle –, Segnung, Wünsche, Liebesbande neu knüpfen; innere Frau, innerer Mann, inneres Paar

Fragen:

- Ist mein Herz offen?
- Bin ich bereit, Neues in mein Leben zu lassen?
- Wie steht es um meinen inneren Mann, meine innere Frau, mein inneres Paar? Besteht Harmonie oder Zwietracht?
- Was wünsche ich mir in Liebesangelegenheiten?
- Was kann ich tun, damit die Liebe in meinem Leben erblüht?

Übung: Es ist ein günstiger Zeitpunkt, das zu säen, was man ernten will. Sie können symbolisch Blumenzwiebeln (oder -samen) Ihrer Wahl verwenden und für jeden Wunsch, den Sie haben, eine Zwiebel pflanzen. Nehmen Sie die Blumenzwiebel in die Hand, halten Sie sie in alle vier Himmelsrichtungen, in den Himmel und auf die Erde und an Ihr Herz. Sprechen Sie Ihren Wunsch aus. Pflanzen Sie die Zwiebel in die Erde, und geben Sie ihr Wasser. Stellen Sie sich vor, wie Ihr Wunsch wahr wird. Die Zwiebel, ihr Keimen und Erblühen, wird Sie an Ihren Wunsch erinnern und diesem so eine besondere Kraft geben. Halten Sie Ihr Herz offen und weit. Das Universum hält alles für Sie bereit. Erwarten Sie das Beste.

WISSENSWERTES ÜBER DIE NATUR

Der Mai ist eine Zeit des Genusses. Spargelzeit, Erdbeerzeit, Kräuterquarks, Salate, Frühkartoffeln, Kräuter ... und die ersten Süßspeisen mit frischen Zutaten können zubereitet werden.

Ernte: Mairüben, Spargel, Rhabarber, Radieschen, Rettich, Kohlrabi, Estragon, frühe Salate, Spinat, Waldmeister, Brennnesseln, Birkenblätter, Weißdornblüten, Rosenblüten, Gänseblümchen

Pflanzen: Waldmeister, Salbei, Magnolien, Flieder

Keltisches Baumhoroskop:

01.05.–14.05.	Pappel - neue Horizonte
15.05.–24.05.	Kastanie - Selbstvertrauen
25.05.–03.06.	Esche - Ehrgeiz

Aussaat, Pflanzung: Bohnen, Brokkoli, Flachs, Karotten, Kartoffeln, Kohl, Mais, Mangold, Radieschen, Rettich, Rote Bete, Schwarzwurzeln, Spinat; **& nach den Eisheiligen:** Auberginen, Gurken, Knollensellerie, Kohlrabi, Kürbis, Paprika, sommerblühende Zwiebeln und Knollengewächse, Stauden, Sumpf- und Wasserpflanzen, Tomaten, Zucchini

Venuspflanzen: Apfel, alle Rosengewächse, Kirsche, Magnolie, Malve, Tausendgüldenkraut, viele Obstbäume ... Pflanzen mit Venussignatur helfen uns, sanft zu werden, unser Herz zu öffnen, alte Wunden zu heilen, und lassen sich meist gut zu Schönheits- und Wellnessmitteln aller Art verarbeiten.

WISSENSWERTES ÜBER DEN WALDMEISTER
DAS WALDMÄNNCHEN – NEUE HOFFNUNG

Es steht ganz stumm im Wald herum
an schattig feuchten Plätzen – hier brauchst du nicht zu hetzen!
Komm setz dich, und lass zu, finde wieder Ruh,
öffne dein Herz, lass gehen den Schmerz,
lass wandeln dein Sein, du bist ein heller Schein.
Ist dir der Waldmeister wohlgesinnt, werden magische Kräfte neu gesponnen.

Der Waldmeister wird auch Maienkraut, Waldmännchen, Sternleberkraut, Herzfreund, Leberkraut und Waldtee genannt. Er wächst im Wald und trägt eine weiße, trichterförmige, zu einem Kreuz zusammenlaufende Blüte. Er blüht von Ende April bis Juni. Wir können ihn in schattigen und feuchten Nadel- und Buchenwäldern finden. Es ist günstig, seine Blätter vor der Blüte zu ernten. Später ist der Cumarin-Gehalt zu hoch, der zu Schwindel, Benommenheit und Kopfschmerzen führen kann.

Er hat einen intensiven, süßlichen Geruch, entfaltet sein Aroma allerdings erst durch das Trocknen. Dies sollte nach Möglichkeit an einem gut gelüfteten Ort passieren. Wird er zu lange liegen gelassen, verliert er seine Wirkung.

Er wurde als Leberkraut zur Leberaktivierung verwendet, hilft, Altes zu wandeln, und ist reich an Vitamin C. Zudem soll er eine beruhigende und besänftigende Wirkung auf das Herz haben, macht leicht beschwingt und kann helfen, Kopfschmerzen zu lindern. Doch Vorsicht: Die Menge macht das Gift. Als Räuchermischung mit Minze und Huflattich wirkt er beschützend.

Hellsichtige Menschen können wahrnehmen, wie er sein grünes Mäntelchen um sie legt, ihnen Heilung zukommen lässt und sie darin bestärkt, ihr Herz aufs Neue zu öffnen. Da er an schattigen, feuchten Plätzen wächst, hilft er uns, unsere Gefühle zu heilen und Neues zuzulassen. Wir finden Waldmeister als Inhaltsstoff in Süßwaren, Likören, in Limonaden und Götterspeise, Eis, Gummibärchen und Bier.

WALDMEISTERBOWLE

- ❧ 1 Bd. Waldmeister
- ❧ 1 Fl. Sekt
- ❧ 1 Fl. Weißwein
- ❧ 1 Orange in Scheiben
- ❧ wahlweise Erdbeeren oder Pfirsiche
- ❧ Zucker
- ❧ Waldmeistersud oder Waldmeister aus dem Kaufhaus

Waldmeister kalt abspülen und über Nacht anwelken lassen, damit er sein Aroma entfaltet. Wein und Sekt in ein Gefäß geben und nach Bedarf zuckern, evtl. Waldmeistersud dazugeben. Waldmeisterbund mit den Blättern nach unten ca. 40 Minuten in der Bowle ziehen lassen. Die Stiele sollten die Bowle dabei nicht berühren.

ALKOHOLFREIE MAIBOWLE

- ❧ 1 Bd. Waldmeister oder 1–2 dl Waldmeistersirup
- ❧ 2 Zitronen
- ❧ ½ Fl. Apfelsaft
- ❧ ½ Fl. Mineralwasser

Waldmeister kalt abspülen und über Nacht anwelken lassen. Bowle aus 2 Zitronen, Mineralwasser und Apfelsaft mischen. Waldmeisterbund mit den Blättern nach unten ca. 40 Minuten in der Bowle ziehen lassen. Die Stiele sollten die Bowle dabei nicht berühren.

ELFENTRAUM
RHABARBER-ERDBEERSCHALE

Rhabarber – quatsch nicht –, lass Taten sehen –,
zeig, was du kannst.

Die »Wurzel der Barbaren« gehört zu einer Elfensorte, die Wasser
und Feuer miteinander mischt. Diese alchemistischen Kräfte sind
nicht jedermanns Sache. Das Feuer bringt die Säfte in den Zellen
zum Fließen, weckt die Lebensgeister und kurbelt den Organismus
an, es entschlackt und fördert die Verdauung. Wie bei den meisten
Elfenkräutern macht die Menge das Gift. Die richtige Dosis erzeugt
das feurige, fließende, bereinigende Elixier.

- 1 Pk. Vollkornbiscotti
- 1 kl. Tasse starker Kaffee
- 250 g Rhabarber
- 250 g Erdbeeren
- 250 g Topfen (Quark)
- 500 g Mascarpone
- 3 EL Zucker
- 1 Pk. Vanillezucker
- 2 EL Honig
- 50 ml Erdbeersirup
- 2 EL Rum
- 3 Eidotter (oder 6 EL Eierlikör)
- 1 Handvoll Kokosstreusel

Rhabarber und Erdbeeren waschen, putzen und in größere Stücke schneiden. Rhabarber in Rum und Sirup einmal aufkochen, garen bis der Rhabarber weich ist. Von der Flamme nehmen, den Honig einrühren und die Erdbeeren daruntermischen. Abkühlen lassen.

Für die Creme Dotter (Eierlikör) mit Zucker schaumig aufrühren, Mascarpone und Topfen zugeben und gut durchrühren, bis es eine glatte Creme ergibt. Die Biskotten in einer Auflaufform auslegen, 3–4 EL Kaffee darüberträufeln. Ca. ein Drittel der Creme über die Biskotten streichen, Früchte auf der Creme verteilen. Früchte wieder mit Biskotten abdecken, mit Kaffee beträufeln und den Vorgang wiederholen. Mit einer Schicht aus Creme abschließen und mit Kokosstreuseln bestreuen.

PIKANTES SPARGELGLÜCK

Bis Johanni nicht vergessen: sieben Wochen Spargel essen.
(Volksmund)

- 500 g frischer Spargel (ca. 12 Stangen)
- 1 rote Paprika
- 1–2 Essiggurken
- 1–2 Eier
- 1 Bd. Petersilie
- Essig, Öl, Salz, Cayennepfeffer
- Blattsalat nach Wahl

Spargel waschen und schälen, untere Enden abschneiden. Schalen und abgeschnittene Enden in einem Topf mit Salzwasser ca. 10 Minuten auskochen. Schalen und Spargelstücke herausnehmen, den geschälten Spargel in den kochenden Spargelsud legen, ca. 10–15 Minuten bissfest kochen. Aus dem Sud heben und abkühlen lassen. Eier hart kochen, schälen und fein hacken. Paprika und Petersilie waschen, fein hacken. Essiggurken fein hacken. Alles zusammen in eine Schüssel geben und mit Essig, Öl, Salz und Cayennepfeffer zu einer dicken Marinade verrühren. Die abgekühlten Spargel auf Blattsalaten anrichten, mit der Marinade großzügig übergießen und sofort servieren.

WICHTELSPARGEL
SPARGELRISOTTO

- 500 g grüner oder weißer Spargel, frisch
- 250 g Risottoreis
- 1 kl. Tasse Weißwein (ca. 1/8 l)
- 1 Zwiebel
- 5 EL Olivenöl
- 1 EL Butter
- 1 kl. Tasse Schlagrahm (ca. 1/8 l)
- Salz, Pfeffer
- ¾ l Gemüsebrühe

Spargel waschen, die holzigen Enden wegschneiden. Zwiebeln fein hacken. Öl in einem Topf erhitzen und Zwiebeln darin andünsten. Spargel in Stücke schneiden, zu den Zwiebeln geben und kurz mitrösten. Reis einstreuen und genau 2 Min. unter ständigem Rühren dünsten. Mit Weißwein ablöschen und einkochen lassen.

Nach und nach Gemüsebrühe aufgießen, dabei ständig rühren und immer wieder einkochen lassen. Nach 20–25 Min. Kochzeit ist der Risotto gar. Butter unterrühren, mit Salz und Pfeffer abschmecken. Sahne steif schlagen, unter den heißen Risotto heben und sofort servieren.

BASILIKUMPESTO (KRÄUTERPESTO)
1–2 MARMELADENGLÄSER

- 100 g Mandeln ohne Haut oder Pinienkerne
- 3 Doppelhände Basilikumblätter, Bärlauch oder gemischte Kräuter nach Geschmack
- 100 g Parmesan
- 4 Knoblauchzehen
- Salz, Pfeffer
- Olivenöl
- 1–2 Marmeladengläser mit Schraubverschluss

Mandeln (Pinienkerne) ohne Fett in einer Pfanne goldgelb rösten. Parmesan reiben, Kräuter, Knoblauch und Mandeln (Pinienkerne) fein hacken. Kräuter, Knoblauch, Mandeln (Pinienkerne), Parmesan, Salz und Pfeffer in einen Mörser geben, immer wieder etwas Öl nachgießen und alles zu einer geschmeidigen Paste verarbeiten.

Frisch zu Nudeln, Salaten, Reis und vielen anderen leckeren Speisen servieren. In Gläser abfüllen und mit Olivenöl dicht abschließen, so ist das Pesto im Kühlschrank mehrere Wochen haltbar.

FEENHERZ ZUM MUTTERTAG

*Du weißt genau, dass ich dich mag,
und das nicht nur heut' am Muttertag.
Ein Kind ohne Mama ist wie eine Blume ohne Sonne.
Danke, dass es dich gibt!*

Muttertagssprüche

- 3 Eier
- 90 g Dinkelmehl
- 90 g Zucker
- 1 TL Backpulver

Mit den hier angegebenen Zutaten einen Biskuit herstellen (siehe Grundrezept Biskuit Seite 210). Den Teig in eine gefettete und gemehlte Herzform geben. Im vorgeheizten Ofen bei 180 °C ca. 15–20 Min. backen.

Füllung
- 500 g Erdbeeren
- 250 g Topfen (Quark)
- 250 g Mascarpone
- ½ Becher Schlagsahne (ca. 100 ml)
- 70 g feiner Zucker
- 1 Pk. rotes Tortengelee
- 1–2 Handvoll Kokosstreusel

Sahne steif schlagen und mit Topfen, Mascarpone und Zucker zu einer Creme verrühren. 3–4 EL Creme beiseite stellen. Den Rest der Creme auf das ausgekühlte Biskuitherz streichen. Erdbeeren waschen, abtropfen lassen, den Strunk abschneiden und vierteln. Das Herz damit belegen. Tortengelee nach Anleitung zubereiten. 10 Min. abkühlen lassen und mit einem Löffel von der Mitte aus gleichmäßig verteilen. Torte mindestens eine Stunde kalt stellen. Dann den Rand mit der übrigen Creme bestreichen und mit Kokosstreuseln bestreuen.

JUNI

Binden, Lernen, Führen – Zeit der Verbindlichkeit

Johannisfeuer sei unverwehrt, die Freude nie verloren!
Besen werden immer stumpf gekehrt und Jungens immer geboren.
(Johann Wolfgang von Goethe)

JUNI – ROSENMONAT, BRACHET, BRACHMOND, METMOND, SONNENMOND

Bauernregeln:
Juniregen bringt reichen Segen.
Juni feucht und warm,
macht keinen Bauern arm.
Wenn nass und kalt der Juni war,
verdirbt er meist das ganze Jahr.
Auf den Juni kommt es an,
ob die Ernte soll bestahn.

Der Juni ist der sechste Monat im gregorianischen Kalender. Er hat 30 Tage und ist der Monat mit dem längsten Tag und der kürzesten Nacht des Jahres. Der Juni ist benannt nach Juno, der römischen Göttin der Frauen, der Ehe und Geburt. Sie war die Gattin von Göttervater Jupiter und damit Königin der Göttinnen; zudem wurde sie als Beschützerin Roms verehrt. Ihr Tier ist die Gans, die mit lautem Geschnatter vor Eindringlingen warnt.

Der Juni wird Rosenmonat genannt, da die Rosenblüte im Juni ihren Höhepunkt erreicht. Weiter wird er auch Mittsommermond, Heu- oder Brachmond genannt. Im Juni verbreitet sich die Sommerlaune: Es gibt zahlreiche Blumenfeste, Hochzeiten, Feiern und Tanzveranstaltungen. Man ist gern draußen, läuft barfuß über die Wiesen, flicht Blumenkränze und ist ganz einfach guter Dinge. Man trifft sich mit Freunden, feiert, grillt, sitzt im Garten zusammen und lauscht unter dem Sternenzelt dem Grillengesang in den immer länger werdenden Sommernächten. Die Sinne sind nach außen gerichtet, und man kann in dieser Zeit von der Natur viel lernen. Glühwürmchen (Johanniswürmchen) tauchen hier und da auf, und zu manchen Zeiten verzaubern sie die Sommerabende mit ihrem flimmernden Licht, sie zeigen uns Elfen- und Feenplätze. Feen, Nymphen, Dryaden, Elfen, Wichtel und Kobolde treiben nun ihren Schabernack mit den Menschenkindern, wie es William Shakespeare in seiner Komödie »Ein Sommernachtstraum« so lebendig beschribt. Bewohner der einen Welt können schnell in die andere wechseln, und umgekehrt, wodurch so manche Verzauberung und romantische Verzückung hervorgerufen wird. Die Verständigung fällt leicht, die Kommunikation fließt in diesem Monat, der auch dem Merkur zugeordnet ist, ungehindert.

Feste und Feiertage dieser Zeit

1. Juni: Internationaler Kindertag

4. Juni: Fest der Rosen

14. Juni: Geburtstag der Musen

21. Juni: Sommersonnenwende (siehe Beschreibung)

24. Juni: Fest der Europa

24. Juni: Johannistag, Johannisnacht, Spargelsilvester, Holdertag. Die Johannisnacht gehört zu den wichtigsten Zaubertagen im Jahr. Sie wird in vielen Gegenden Europas mit großen nächtlichen Feuern begangen. Liebespaare springen gemeinsam über das Johannisfeuer. Es ist der Tag der Heilkräfte, und so werden an ihm die Johanniskräuter gesammelt. Zudem ist es der Tag der Kräuterkundigen, die Johannisweiblein genannt wurden. Ebenfalls nach diesem Tag benannt sind Johannisbrot, Johannishändchen, Johanniskäfer. Die Johannisbeeren werden um diese Zeit reif.

27. Juni: Siebenschläfer. »Das Wetter am Siebenschläfertag sieben Wochen bleiben mag«, so lautet die Bauernregel.

Bewegliche Feiertage: Fronleichnam

Die Naturgeister des Monats

Juni ist Elfen- und Feenzeit, der Zauber der Zeit macht zu allem bereit.
Empfängliches Wachsen, offenes Gedeihen, macht bereit, Altes zu verzeihen.

Kräuterweiblein, Zwergenkinder, Wald- und Moosweiblein, Gnome: Eben die Wesen, die mit der Weisheit der Erde zutiefst verbunden sind, wandeln in dieser Zeit durch die Natur. Wir können jetzt viel über das Wirken der Naturgeister erfahren. Es lohnt sich, in der Natur zu sein und ihr zu lauschen.

Elfen: Sie tanzen die Sonnenkräfte in die Säfte.

Nixen, Wassermänner und Nereiden sitzen an den Wasserstellen, inspirieren und betören die Menschenkinder, locken sie ins kühle Nass. Die Wasserwesen der unterirdischen Quellen versorgen die Wurzeln.

21.–23. Juni – Litha, Mittsommer, Sommersonnenwende
der längste Tag und die kürzeste Nacht

Zur Sommersonnenwende steht die Sonne auf der Nordhalbkugel am höchsten. Sie überschreitet den Zenit, und ab da werden die Tage wieder kürzer und die Nächte wieder länger. Da das Sonnenjahr ca. 6 Stunden länger ist als das kalendarische Jahr mit seinen 365 Tagen, verschiebt sich der Zeitpunkt der Sonnenwende allmählich. In der Antike lag sie im Sternbild Krebs (weshalb sie auch den »Wendekreis des Krebses« markiert). In vielen Ländern markiert dieser Tag den Beginn des Sommers.

Die Sommersonnenwende wird seit je von den Menschen als ein mystisch-magischer Tag betrachtet und weltweit von weltlichen und religiösen Feierlichkeiten umrahmt. Die Mittsommernacht ist für die Liebenden in aller Welt bedeutsam. Wer über das Feuer springt, mit einem Partner oder allein, wird im kommenden Jahr Glück haben. Traditionell wurden an Mittsommer Ehen geschlossen. Die Tore in die Anderswelt stehen uns offen, und wir können mit den Wesen der Geistigen Welt in Kontakt treten.

Alban Heruin bzw. Alban Heffyn bedeutet »Licht der Küste«. Zu diesem Zeitpunkt erreicht die Sonne ihre maximale Kraft. Manche Druidenkulturen feierten das Fest drei Tage lang mit bestimmten Riten (Heute geschieht dies wieder an bestimmten Sonnenplätzen wie Stonehenge). Um Mitternacht entzündete man das Sonnwendfeuer. Der Sonnengott oder Sonnenkönig wurde gepriesen, und man spielte den Zyklus der Sonne in Mysterienspielen nach. Zu den Zeremonien gehörten Gesänge, Tanz, Musik, Dichtung, Theater und Lesungen. Kräuter wurden gesammelt, geweiht und mit Energie geladen, Heilsitzungen durchgeführt. Die Feierlichkeiten wurden in einer Mittagszeremonie beendet, auf der Weisheitslehren, Weissagungen, Orakel und Durchgaben der Geistigen Welt verkündet wurden.

Die Sonne hat den Zenit überschritten, und ihre Kraft nimmt von jetzt an bis zum kürzesten Tag des Jahres kontinuierlich ab. Daraus resultiert der Brauch, Feuerräder vom Berg ins Tal rollen zu lassen.

Zum Hexenfest Litha wird die Göttin an diesem Tag von der Jungfrau zur Frau, Ehefrau und Mutter. Sie wird von der Weißen Göttin zur Roten Göttin, weshalb die Farbe Rot das Fest beherrscht. Aus der Johannisblume lässt sich rotes Öl gewinnen, das zur Salbung und Heilung von Frauenleiden verwendet werden kann. Zur Sommersonnenwende bindet sich die Göttin, übernimmt Verantwortung und anerkennt damit die Macht der Frau, zu lenken, zu leiten und zu führen.

In dieser Nacht wob man Schutz- und Führungszauber und bat um den Segen für bevorstehende Unternehmungen, Segen für die Ehe, Heilung alter Wunden und Geldsegen. Schicksalsfäden wurden neu gesponnen, und Unheil konnte abgewendet werden.

Johannistag: Durch die Christianisierung wurde aus dem ursprünglichen Brauch der Sommersonnenwendfeier der Johannistag, der auf den 24. Juni gelegt wurde. Der Tag ist Johannes dem Täufer gewidmet, und einige der alten Bräuche wie das Sammeln der Johanniskräuter oder das Johannisfeuerspringen wurden übernommen. Auch an diesem Fest feiert man einen Übergang von der materiellen in die Geistige Welt, wie der Namenspatron des Tages anzeigt, der Wandlungswillige durch die Taufe mit Wasser reinigte.

Rituale und Zeremonien: Feuer entfachen, Sprung über das Feuer, zwischen zwei Feuern hindurchgehen, am Feuer Geschichten erzählen; Sonnenzeremonien wie Sonnenmeditation und Gegenstände mit der Kraft der Sonne laden; Weisheiten weitergeben, orakeln; Kräuter sammeln, einen heiligen Hain oder eine Eiche aufsuchen, sich mit der Kraft der Pflanzen verbinden und der Botschaft im Inneren lauschen

Dekoration: Gold, Gelb, die Farben der Sonne; Sonnenkräuter und Johanniskräuter, Eichenkränze, Blätter, Früchte

Speisen: Sommergemüse, Beeren, sonnensatter Rotwein, sonnengereifte Früchte; Honig und Honigwein, Bier u. a. gelbe Getränke; Johannisbeertorte, Holunderblütenpfannkuchen, Holunderblüten- und Johanniskrauttee; sonnengelbe und rote Speisen

Themen des Festes: Kräuterkunde, Weisheitslehren, Austausch-Redekreise, Segen der Sonnenkraft, Reinigen und Stärken, Ausrichtung/Zielsetzung, neue Aufgaben und Verantwortlichkeiten, Abschluss alter Zyklen, Beginn einer neuen Entwicklung, klare Entscheidungen

Fragen:

- Wovon möchte ich mich reinigen – was möchte ich dem Feuer übergeben?
- Was habe ich bisher gelernt?
- Welche Lektionen hat mir das Leben erteilt? Was verzeihe ich, was gebe ich ab? Und was lerne ich daraus, was nehme ich mit?
- Welche Zeichen habe ich bekommen, welche übersehen, welche befolgt? Wie ist es mir damit ergangen?

- Wie sieht es aus mit der Sonne, dem Licht in mir? Was stärkt mich jetzt? Welche neuen Erfahrungen möchte ich machen? Was will ich lernen?
- Wohin möchte ich meine Energie, meine Aufmerksamkeit lenken?
- Was ist mein Wunsch, mein Ziel?
- Welche Entscheidungen wollen jetzt von mir getroffen werden?

Übung:

Gehen Sie in die Natur. Nehmen Sie Ihr Tagebuch und einen Stift mit. Suchen Sie einen Sonnenplatz auf oder einen sonnengeweihten Platz, z. B. Eichen, besondere Steine, Berge, eine Sonnenwiese. Lassen Sie die letzte Zeit Revue passieren (dabei können Ihnen die oben beschriebenen Fragen helfen). Schließen Sie die Augen, und atmen Sie das Sonnenlicht ein. Lassen Sie die Sonne über die Atmung in jede Zelle und in jedes Atom Ihres Körpers strömen. Wenn Sie sich angefüllt fühlen mit diesem goldenen Lebenselixier, bitten Sie darum, mit Ihrer geistigen Führung in Kontakt treten zu dürfen. Stellen Sie sich vor, wie Sie an einen Kraftort (Das ist ein Platz, der Ihnen Kraft gibt) oder in Ihren inneren Garten gehen und dort Ihren Meister, Ihre Meisterin, Ihre Führung, Ihren Lehrer treffen. Auch Pflanzengeister, Tiere und Naturgeister können sehr gute geistige Führer und Lehrmeister sein. Lassen Sie kommen, was jetzt kommen möchte. Stellen Sie Ihre Fragen, und lauschen Sie den Antworten. Schreiben Sie alles in Ihr Tagebuch. Bitten Sie um ein Zeichen. Treffen Sie klare Entscheidungen für Ihr Leben.

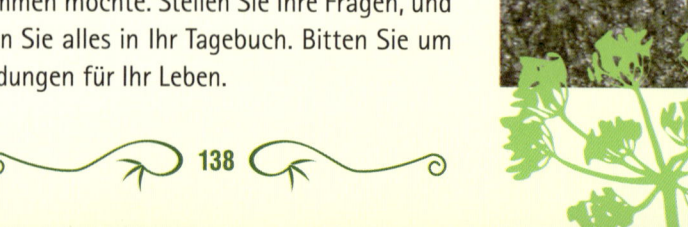

WISSENSWERTES ÜBER DIE NATUR

Im Juni beginnen auch die ersten Pilze zu sprießen – Sammelzeit für Pilze ist von Juni bis Oktober, Hauptmonate sind August und September. Die ersten Wiesenchampignons, Steinpilze und Pfifferlinge können bereits Ende Juni gefunden werden. – Die Erntezeit für Tomaten ist in unseren Regionen von Juli bis September.

Aussaat, Pflanzung: Bohnen, Fenchel, Grünkohl, Kohlrabi, Radicchio, Rettich, Rüben, Salat, Sommerblumen, Spinat

Ernte: Erdbeeren, Champignons, Johannisbeeren, Karotten, Kohlrabi, Mangold, Radieschen, Rettich, Rhabarber, Salat, Spinat, Stachelbeeren, Steinpilze, Strauchbeeren, Süßkirschen, Tomaten, Zitronenmelisse

Pflanzen: Gundermann, Holunderblüten, Lavendel, Lindenblüten, Rosen

Keltisches Baumhoroskop:

25.05.–03.06.	Esche - Ehrgeiz
04.06.–13.06.	Hainbuche - Träumerei
14.06.–23.06.	Feigenbaum - Empfindsamkeit
24.06.	Birke - Schöpferkraft
25.06.–04.07.	Apfelbaum - Liebe

Johanniskräuter: Arnika, Bärlapp, Beifuß, Beinwell, Eisenkraut, Holunderblüten, Johanniskraut

Sonnengeweihte Pflanzen: Eichenblüten, gelbe Rosen, Heckenrosen, Johanniskraut, Kamille, Klette, Königskerze (auch Sonnenwendblume genannt), Quendel, Ringelblume

Merkurpflanzen: Akelei, Augentrost, Dill, Hibiskus, Petersilie, Hopfen, Espe, Lungenkraut

Speisen dieser Zeit: Die Zeit der Beeren und Kräuter beginnt. Eis, Kompotte, Desserts, Kuchen, Suppen, kühle Getränke, Gegrilltes sind die Lieblingsgerichte des Sommers.

Wissenswertes über den Holunder

Der Holunder gehört zu den Feen- und Elfenpflanzen. Er gilt als Heim von Geistern und Göttern, z. B. ist er ein Wohnort von Frau Holle. Ihn zu fällen kann Unglück bringen. Gemäß einem alten Brauch schützt ein in der Silvesternacht geschnittener Zweig das Haus und bewahrt es vor Feuer. Holunder ist ein Orakel-, Schutz- und Weisheitsbaum. Seine weißen Blüten sind der Jungfrau geweiht, seine dunklen Früchte der Mutter und seine dunklen Zweige der weisen Alten.

Holunder ist reich an Vitamin C, B, Kalium, Kalzium und Natrium. Er stärkt das Immunsystem, fördert das Wohlbefinden und die Gesundheit. Blätter, Blüten, Rinden und Wurzeln haben verschiedene Heilwirkungen. Er ist schweiß- und harntreibend, blutreinigend, aufbauend. Zudem hilft er bei Bronchitis, Grippe, Keuchhusten, Kopf- und Ohrenschmerzen. Aus den Blät-

tern, Blüten und Wurzeln werden Tees hergestellt, die bei Erkältung, Grippe, Arthritis und Lungenentzündung helfen. Er fördert die Wasserausscheidung, wodurch die Krankheitsstoffe einfach ausgeschwemmt werden. Tees aus Beeren und Blüten helfen bei Nervosität und Verstopfung. Packungen aus Rinde, Mark und Wurzeln können Schwellungen lindern und Kopfschmerzen entgegenwirken. Getrocknete Holunderbeeren helfen bei der Fettverbrennung.

Essen Sie Holunderbeeren nie roh, da sie Sambunigrin enthalten, das Benommenheit, Schwindel, Übelkeit und Erbrechen hervorrufen kann. In der Homöopathie wird Holunder als Sambucus (bei Wassersucht, Schwitzen, Erkältung, Asthma) in Form von Tinktur, Saft und Salbe angewandt. Seine Farbe wurde zum Färben von

Leder, Haaren, Rotwein, Süßigkeiten, Stoffen, Lebensmitteln eingesetzt. Es gibt viele Rezepte mit Holunderblüten und Holundersaft, wie Holundersoße, Holunderblütenpfannkuchen, Holunderblütenreis, Holunderspätzle, Holundersuppe, Holundermarmelade, Holunderessig, Holunderwein, Holunderblütentee … Die Sammelzeiten für die Blüten sind Mai bis zur Sommersonnenwende, junge Blätter April bis Mai, Wurzeln Oktober bis November.

Der Holunder

Als magisch wilder Hexenbaum
ist der Holler hier bekannt,
kann Unheil bringen, Lieder singen,
viele Dinge werden dir gelingen.
Schützt, wehrt ab, flüstert heimlich,
still und leise
dir altes Wissen auf seine Weise.
Zieh vor dem Hollerbusch den Hut,
dann gibt er dir Kraft und Mut.

(Quelle unbekannt)

HOLUNDERBLÜTENPFANNKUCHEN

Auf Johanni blüht der Holler, da wird die Lieb noch toller.
Volksmund

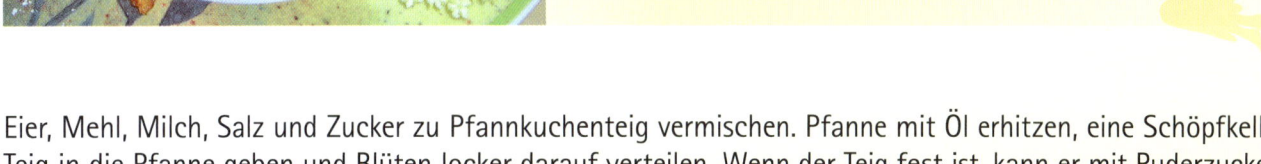

- 3 Eier
- 250 g Mehl
- 2 EL Milch
- 1 Prise Salz
- etwas Zucker für den Pfannkuchenteig
- frisch gepflückte Holunderblüten am Stiel
- Puderzucker
- Öl zum Ausbacken

Eier, Mehl, Milch, Salz und Zucker zu Pfannkuchenteig vermischen. Pfanne mit Öl erhitzen, eine Schöpfkelle Teig in die Pfanne geben und Blüten locker darauf verteilen. Wenn der Teig fest ist, kann er mit Puderzucker oder Zucker verziert werden. Eine andere Variante ist, die Dolden, am Stiel gefasst, in den Teig zu tauchen und dann in das heiße Öl der Pfanne zu geben. Goldgelb backen, mit Puderzucker bestreuen und genießen.

HOLUNDERSIRUP
(STARK KONZENTRIERT, MIT WASSER ZU VERDÜNNEN)

- Holunderblüten
- Zucker, Zitronensäure
- Wasser

In ein großes Vorratsglas (Einweckglas) so viele Holderblüten wie möglich pressen (siehe Abbildung). Das Glas mit Wasser auffüllen. Alle Blüten sollten gut bedeckt sein. In der Sonne (oder an einem anderen warmen Platz) 24 Std. stehen lassen. Nun den Saft durch ein Tuch (z. B. Stoffwindel) filtern, dabei die Blüten gut ausdrücken. Pro Liter Saft 1,25 kg Zucker hinzufügen. Den Saft mit dem Zucker bis zum Sieden erhitzen und pro Liter 20 g Zitronensäure dazugeben. Den Sirup in Flaschen abfüllen und gut verschließen.

WISSENSWERTES ÜBER DIE KIRSCHE

Kirschen reifen zwischen Juni und August. Man kann sie frisch vom Baum pflücken und verspeisen, sich Kirschzwillinge über die Ohren hängen oder mit Freunden und Geschwistern Kirschkernweitspucken spielen. Der Kirschbaum ist ein Feenbaum und meist weiblich. Er ist umwoben von verschiedenen Naturgeistern wie Feen, Nymphen, Dryaden, Blattwesen, Blütenwesen in der Krone sowie Zwergen- und Elfenvölkern an den Wurzeln. Entsprechend schön ist es, an seinen Stamm gelehnt zu meditieren.

Reife rote Kirschen lassen uns das Wasser im Mund zusammenlaufen, und so ist die Kirsche eine Verführungskünstlerin: Kirschrote Lippen laden zum Küssen ein und dazu, die Süße des Lebens zu schmecken. Ein kirschrotes Kleid macht seine Trägerin zum Anbeißen süß. Die Kirsche weckt unsere Liebesgeister und inspiriert uns zu den richtigen Worten. Manchmal neckt sie uns auch, bringt die Schmetterlinge in unserem Bauch zum Flattern. Sie hat viele Seiten, beflügelt uns aber vor allem in Liebesdingen und kann uns einiges über die Schönheit in uns verraten.

Kirschen sind wohltuend für unsere Gesundheit. Sie machen uns schön, helfen uns zu entschlacken, wirken verjüngend und sorgen für eine schöne Haut. Durch ihren hohen Gehalt an Vitamin C stärken sie unser Immunsystem. Kalzium und Eisen, die in ihnen enthalten sind, fördern Blutbildung, Zellatmung sowie Knochen- und Zahnwachstum. Zudem unterstützen sie die Gewichtsabnahme, wirken entzündungshemmend und entwässernd. Eine Kirschkur reguliert die Verdauung, beseitigt Verstopfungen und entgiftet den Organismus – einfach eine Woche lang täglich ein halbes Pfund Kirschen essen.

Es gibt viele Rezepte mit Kirschen wie Quark, Joghurt, Dessert, Eis, Kuchen ... Eingekocht, eingelegt oder als Marmelade können wir sie auch im Winter zu uns nehmen. Frische Kirschen sollten immer schnell verzehrt werden, weil sie nur begrenzt lagerfähig sind.

FEEN-FEUERRAD
KIRSCHKUCHEN

- 150 g Butter, weich
- 80 g Rohrzucker
- 1 EL Vanillezucker
- 2 EL Honig
- 3 Eier
- 100 ml Milch
- 150 g feine Dinkelflocken (oder feine Haferflocken)
- 150 g Mehl
- 2 TL Backpulver
- ½ kg Kirschen, gewaschen und entkernt
- ½ TL Zimt
- 1 Becher Sahne
- 1 EL Vanillezucker

Weiche Butter, Zucker, Vanillezucker und Honig schaumig schlagen. Die Eier nacheinander unterrühren, Milch dazugeben. Dinkelflocken, Mehl, Backpulver und Zimt mischen, unter die Eimasse heben. Alles in eine gefettete und mit Bröseln ausgestreute Form (Durchmesser ca. 26 cm) streichen, die Kirschen darauf verteilen. Bei 180 °C ca. 25–30 Min. backen. Kuchen auskühlen lassen. Die Sahne mit Vanillezucker steif schlagen und auf dem Kuchen verteilen.

Beerengeist der Erde, im roten Gewand führst du uns ins Zauberland, versüßt uns so manche Stunde, bringst uns der Feen Kunde. Walderdbeeren, süß und fein, öffnen die Türen ins Feenheim. Schließe die Augen, und genieße. Neu wird dein Blut und neu die Säfte durch feurig zarte Wasserkräfte. Helfen, heilen und versüßen – schließlich sollst du dein Leben genießen.

SÜSSE VERFÜHRUNG
ERDBEER-BANANEN-DESSERT

- 250 g Erdbeeren
- 2–3 Bananen
- etwas brauner Zucker
- 1 großer Becher Naturjoghurt
- 1 Becher Schlagrahm

Erdbeeren waschen, schneiden, in eine große Schüssel geben, mit Zucker bestreuen und gut durchrühren. Bananen schälen, schneiden und zu den Erdbeeren geben, Naturjoghurt darunterrühren. Die Sahne schlagen und unter die fertige Erdbeer-Bananen-Joghurt-Mischung heben.

WICHTELGEMÜSE

- 4–6 Kartoffeln oder Süßkartoffeln (je nach Größe)
- Gemüse der Saison und nach Geschmack, z. B. Karotten, Sellerie, Stangenbohnen, Zucchini, Lauch, Champignons, Auberginen, Brokkoli, Blumenkohl, Tomaten
- Kräuter nach Geschmack
- Salz, evtl. Pfeffer
- ca. 250 g geriebener Käse
- feuerfeste Auflaufform

Kartoffeln schälen (nach Geschmack auch ungeschält) und halbieren, mit der glatten Seite nach unten in die feuerfeste Form legen und für 20 Min. in den 200 °C vorgeheizten Ofen geben. In der Zwischenzeit die anderen Gemüsesorten in grobe Scheiben schneiden. Karotten, Sellerie, Bohnen, Blumenkohl und Brokkoli kurz überkochen. Auberginen zunächst in ca. fingerdicke Scheiben schneiden und einsalzen, das austretende Fruchtwasser mit einem Papiertuch auftupfen, dann Auberginen in Würfel schneiden.

Nun Schicht für Schicht ein Gemüse nach dem anderen in die Form geben, jeweils für ca. 10–15 Min. bei 200 °C im Ofen braten. Dabei ist zu beachten, dass feste Gemüsesorten wie Karotten, Sellerie, Bohnen usw. unten eingeschichtet werden, Champignons, Lauch und Auberginen obenauf. Nach jeder zweiten Lage Kräuter und ein wenig Salz über das Gemüse streuen.

Als oberste Schicht in Scheiben geschnittene Tomaten auflegen, geriebenen Käse darüberstreuen und nochmals 15 Min. in den Ofen schieben. Zum Schluss mit Kräutern bestreuen und in der Form servieren.

TIPP: Nur sehr wenig Mehl zum Ausrollen verwenden, da die Nudeln ansonsten zu hart werden.

SCHMETTERLINGSNUDELN MIT ELFENSAHNE

- 500 g Schmetterlingsnudeln
- 1–2 Karotten
- 1 kl. Pk. Erbsen
- ¼ eines Butterstückes
- 1–2 EL Mehl
- 1 Becher Sauerrahm
- 1 Becher Sahne
- ¼ l Milch, kalt
- ¼ l Gemüsebrühe
- Salz, Pfeffer, Kräuter nach Geschmack (z. B. Liebstöckel, Petersilie, Oregano, Thymian, Schnittlauch)

Nudeln in Salzwasser kochen, anschließend kalt abschrecken. Karotten in kleine Würfel schneiden und mit Erbsen bissfest kochen. Butter in einem Topf zergehen lassen, Mehl dazugeben, mit einem Kochlöffel glatt rühren, bis sich die Butter und das Mehl zu einer hellen, glatten Masse verbunden haben. Mit der kalten Milch aufgießen und alles mit einem Schneebesen verrühren, bis das ganze Butter-Mehl-Gemisch sich aufgelöst hat. Nun Gemüsebrühe hinzufügen, Gewürze und fein gehackte Kräuter untermischen. Alles zusammen unter häufigem Rühren aufkochen lassen.

TIPP: Sollte die Soße zu dick sein, ein wenig Milch oder Gemüsebrühe nachgießen. Verdickt sie sich hingegen auch durch das Kochen nicht, ein wenig Mehl in kalter Sahne glattrühren und in die Soße geben. Nochmals aufkochen.

Sauerrahm und Sahne dazugeben, fertig abschmecken, mit einem Schneebesen gut durchrühren – und **nicht** mehr aufkochen! Nun noch etwas Butter in einer Pfanne zergehen lassen, Nudeln darin schwenken, bis sie wieder heiß sind. Auf einem Teller mit der Kräutersoße anrichten und die Erbsen mit den Karottenwürfeln drüberstreuen. Als Beilage können Salate gereicht werden.

JULI

Aus dem Vollen schöpfen, Erfolg, Wissen – Zeit der Fülle

Genieße die Fülle.

JULI – HEUMOND, HEUERT, HONIGMONAT, ERNTEMOND

Bauernregeln:
Juli trocken und heiß, Januar kalt und weiß.
Nur in der Juliglut werden Obst und Wein gut.
Hagelt es im Juli und August, ist es aus mit
des Bauern Freud und Lust.

Der Juli mit seinen 31 Tagen ist der siebte Monat im gregorianischen Kalender. Er wurde 46 v.Chr. nach dem römischen Staatsmann Julius Caesar benannt. Alte Namen für den Juli sind Heumond, da in ihm die erste Heuernte eingefahren wird, sowie Bären- oder Honigmonat. Bären lieben Honig und werden von eben diesem angelockt.

Juli, das ist Urlaubszeit, Sommerzeit, Badezeit, Zeit für Freunde, Partner, Familie und Kinder – und für die Geschäfte in der Stadt Sommerloch. Im Juli können wir uns entspannen, die Fülle und die Üppigkeit genießen, aus dem Vollen schöpfen. Vielleicht indem wir reisen – allein, mit Freunden, der Familie, um neue Länder, Menschen, Sitten kennenzulernen, uns dem Neuen entspannt zu öffnen und auf dem Licht der Sonnenstrahlen dahinzufließen. Wasserspiele und das wärmende Feuer der Sonne, dazu Honig, Beeren, kühle Getränke, warme Sommernächte mit Glühwürmchen und Grillengezirp versüßen uns das Leben.

Wir können die Zeit nutzen, um mit unseren Kindern zu spielen, an Bächen und Seen im Licht der Sonne zu meditieren, uns der Natur zu öffnen. Vielleicht erlauschen wir sogar einige Gespräche zwischen Zwergen, Elfen, Wichteln, Gnomen, Feen ... Sie tanzen durch die Natur und zaubern die schönsten Früchte hervor. Sonne und Mond regieren diese Zeit. Wir können uns jetzt unserer Intuition und unseren schöpferischen Kräften öffnen. Wasser und Feuer vereinen sich im Kessel der Wandlung und bringen das Neue hervor. Der Zauber dieser Zeit galt der Erfüllung von Kinderwünschen, dem Feldersegen, Liebeszauber und der Bestärkung aller förderlichen, positiven, schöpferischen Aktivitäten, der Fülle und dem Glück. Erkenne den Reichtum, der dich umgibt und in dir ist.

Die Freude, das schöne leichtgläubige Kind,
es wiegt sich in Abendwinden;
wo Silber auf Zweigen und Büschen rinnt,
da wirst du die Schönste finden!
(Joseph Freiherr von Eichendorff)

NATURGEISTER DES MONATS

Geister des Feuerreiches – Salamander, Drachen, Elementargeister, Dschinns, Feuerelfen und Feuerfeen: Die Sonne brennt jetzt heiß vom Himmel herunter. Feuergeister tanzen das Licht des Geistes und die Hitze in die Pflanzen und Kräuter. Durch diesen alchemistischen Prozess werden die Heilkräfte in den Pflanzen geweckt, die Substanzen entfalten sich. Auch für uns ist dies eine Zeit der Inspiration, ein Aufbruch in einen weiteren Zyklus der Visionen. Wir müssen jetzt lernen, unsere kreativen, schöpferischen Kräfte zu lenken.

Wassernixen: Sie locken uns Menschen mit ihren kühlen Reizen an die Seen, Bäche und Flüsse. Sie verführen uns zum Träumen und dazu, in den inneren Spiegel zu schauen und uns treiben zu lassen.

Pan und seine Schar: Sie treiben an schönen Orten ihr Unwesen, erschrecken Menschen, setzen ihnen Flausen in den Kopf und freuen sich, wenn sie Dummheiten machen. Sie verschieben Zeit und Raum und tauchen plötzlich und unerwartet auf. Ihre Aufgabe ist es, die Menschen aufzuwecken – zu ihrer ewig geistigen Natur, in der alles möglich ist.

FESTE UND FEIERTAGE DIESER ZEIT

2. Juli: Fest der werdenden Mütter
3. Juli: keltisches Fest der Cerridwen
19. Juli: Hochzeitstag der Isis
Sonnentänze der amerikanischen Ureinwohner
Schulferienbeginn – Zeit zum Erholen und Genießen

WISSENSWERTES ÜBER DIE NATUR

In der Natur geht es jetzt darum, dass wir unsere wachsenden Pflanzenkinder versorgen, sie gießen, Unkraut zupfen, Triebe in die richtigen Bahnen lenken oder kappen, Verblühtes entfernen, Hecken und Stauden zurückschneiden, Wiesen mähen, Obstzweige stützen und die reifen Früchte ernten. Es ist eine Zeit, die von Mütterlichkeit geprägt ist. Zwar hegen und pflegen wir, das Kind jedoch gedeiht von allein. In unseren Regionen beginnt nun die Erntezeit für Tomaten, sie geht von Juli bis September, außerdem hat die Beeren- und Früchtezeit begonnen.

Aussaat und Pflanzung: Salat, Spinat, Rüben, Chinakohl, Bohnen, Grünkohl, Fenchel, Erdbeeren, Sommerblumen; außerdem: Stauden teilen, Ableger von Erdbeeren ziehen, tragende Obstzweige stützen

Ernte: Äpfel, Augentrost, Basilikum, Buschbohnen, Erdbeeren, Feldthymian, Frauenmantel, Frühkraut, Heidelbeeren, Himbeeren, Kamille, Klee, Kohlrabi, Lindenblüten, Mirabellen, Möhren, Pfirsiche, Pflaumen, Preiselbeeren, Rhabarber, Ringelblumen, Salat, Strauchbeeren, Süß- und Sauerkirschen, Tomaten, Walnussblätter, Wermut, Zuckererbsen

Keltisches Baumhoroskop:

25.06.–04.07.	Apfelbaum – Liebe
05.07.–14.07.	Tanne - Stabilität
15.07.–25.07.	Ulme - Führung
26.07.–04.08.	Zypresse - Treue

Mondpflanzen: Baldrian, Birken, Bilsenkraut, Gurken, Jasmin, Mädesüß, Melisse, Mistel, Nachtkerze, Nachtviole, Stechapfel, Weide, Winde … Der Mond ist der Regent dieser Zeit.

Speisen dieser Zeit: Obstsalate, Fruchtsalate, Sommersalate, Eis, Grillgerichte, Apfel-, Pfirsich-, Pflaumenkuchen, Desserts, Beeren, kühle Getränke und Cocktails, Apfelpfannkuchen, Süßspeisen aller Art

Bleib bei uns! Wir haben den Tanzplatz im Tal bedeckt mit Mondesglanze,
Johanniswürmchen erleuchten den Saal, die Heimchen spielen zum Tanze.

SELBST GEMACHTES EIS

Sommer, Sonne, Urlaub, Eis –
Eis gehört wohl zu den im Sommer am meisten verzehrten Nahrungsmitteln.

Über die Nixen: Weibliche Nixen sind von auffallender Schönheit. Ihre wasserfarbenen Augen leuchten überirdisch.
Sie haben eine kalte Ausstrahlung. Zuweilen mischen sie sich unter Menschen, besuchen Tanzveranstaltungen und
Märkte aller Art. Du kannst sie an dem nassen Kleidersaum, den feuchten Rockzipfeln, wasserfarbenen Gewändern
oder ihrem strahlend feuchten Aussehen erkennen.
(Quelle unbekannt)

WASSEREIS
MIT VERSCHIEDENEN GESCHMÄCKEN

- ausgepresster Saft von Orangen, Zitronen, Limetten, Wassermelonen oder fertige Säfte von Früchten nach Wunsch
- nach Wunsch und Bedarf: Honig, Vanillezucker, Traubenzucker, Zimt, Zucker
- nach Wunsch und Bedarf: Minzeblättchen

Wählen Sie Ihren Lieblingssaft, schmecken Sie ihn nach Bedarf mit Honig, Vanillezucker, Traubenzucker, Zimt und Zucker ab. Füllen Sie das Gemisch in kleine Becher oder Schalen – oder Formen für Schleckeis –, und stellen Sie diese in den Gefrierschrank, bis der Inhalt gefroren ist. Eine besondere Mischung besteht aus Limetten oder Zitronen mit Traubenzucker. Nach Bedarf mal mit, mal ohne klein geschnittene Minzeblätter servieren. Man kann das Wassereis auch in Eiswürfelbehälter füllen. Diese Eiswürfel kann man lutschen oder für kühle Getränke verwenden – z. B. frische halbe Limonen, Mineralwasser, Minze und dazu Zitronen-Traubenzucker-Eiswürfel ... mmmh!

MILCHEIS

- Früchte (Erdbeeren, Bananen, Papayas, Himbeeren, Kirschen ...)
- Milch
- evtl. Vanillezucker oder Honig

Früchte in Stücke schneiden und einfrieren. Etwas Milch und die gefrorenen Fruchtstücke in den Mixer geben. Nach Bedarf z. B. Honig, Vanillezucker dazugeben, durchmixen – fertig!

FEST DER SINNE
FÜR CA. 10 PERSONEN

Das Kleine Volk steht den Menschen helfend und beratend zur Seite. Sie nehmen am menschlichen Schicksal Anteil. Sie lieben Feste und Partys. In frühen Zeiten waren sie willkommene Gäste und wurden mitbewirtet und bedacht. Heute weilen sie ungesehen zwischen den Gästen auf Sommernachtpartys in der Natur. Wenn wir Essen fallen lassen, spontan ohne Grund loskichern, uns etwas von der Gabel fällt, so sind das Zeichen dafür, dass Vertreter des Kleinen Volkes anwesend sind. Spontan gefasste Entschlüsse, plötzliche Eingebungen in der Natur sind auf den Rat des Kleinen Volkes zurückzuführen.

STINKEZWERGENBROT

- 1–2 weiße Baguettestangen
- 5–6 Knoblauchzehen
- Salz, Pfeffer
- Schnittlauch, Liebstöckel
- 125–250 g Butter
- Aluminiumfolie (Silberfolie)

Butter in kleine Stücke schneiden und in eine Rührschüssel geben. Knoblauch und Kräuter fein hacken, mit Gewürzen in die Butter einrühren. Die Masse so lange rühren, bis sie geschmeidig weich ist. Baguette in Scheiben schneiden, jedoch nicht ganz durchschneiden. Nun die Knoblauchbutter auf jede Scheibe beidseitig aufstreichen. Baguette in Silberfolie einwickeln und ca. 30 Min. an einem kühlen Ort ziehen lassen. Bei 180 °C 10–15 Min. im Ofen backen.

WICHTELSPIESSE

Marinade
- 2–3 Knoblauchzehen
- 5 EL Sojasoße
- 1 EL Honig
- 2 EL Öl
- 2 EL Zitronensaft
- Cayennepfeffer oder Paprika, Curry (nach Geschmack)

Spieße
- 1 mittlere Zucchini
- 1 rote Paprika
- 1 gelbe Paprika
- 400 g Tofu

Knoblauchzehen sehr fein hacken und mit den übrigen Zutaten verrühren. Gemüse und Tofu in etwa gleich große Stücke schneiden und abwechselnd auf Spieße stecken. Mit der Marinade bestreichen und kurz ziehen lassen.

WÜRSTCHEN AM SPIESS – KINDERSPASS

Mit den Kindern ein Lagerfeuer machen. Jedes Kind sucht sich einen Stock und schnitzt diesen zu einem Grillspieß (oder die Stöcke von den Erwachsenen vorbereiten lassen). Die Kinder die Würstchen aufspießen und über dem Feuer braten lassen.

GEGRILLTES AUS DER TROLLKÜCHE

- ⅛ l Erdnussöl oder ein anderes Öl, das sehr hoch erhitzt werden kann
- 2 cl guten Weinbrand oder Cognac
- Curry, Paprika, Senf
- Pfeffer, gemischt, grob gekörnt, evtl. Chili, gemahlen
- Kräuter nach Wahl wie Rosmarin, Oregano, Basilikum, Thymian, Minze u. a., fein gehackt
- Pro Person werden 1–2 Stück Fleisch gerechnet. Nach Geschmack Schweinebauch, Karree vom Schwein, Putenschnitzel, Hühnerbrüste, Rinderfilet ...

Zuerst alle trockenen Zutaten in einer Schüssel vermengen, die Kräuter dazugeben, mit Öl und Cognac auffüllen und zuletzt so viel Senf einrühren, dass eine Paste entsteht. Nun die Fleischstücke mit der Paste bestreichen und in eine Form schichten, gut abdecken und vor dem Grillen ca. 1 Std. im Kühlschrank ziehen lassen.

TIPP: Niemals Salz in die Marinade geben, da es dem Fleisch den Saft entzieht! Das Fleisch erst auf dem Grill und nur auf der bereits gebratenen Seite salzen.

ELEMENTE-SALATE

WASSER – GURKENSALAT

- 1–2 Salatgurken
- ½–1 Becher Sauerrahm
- 2–4 EL Essig
- 1–2 Knoblauchzehen
- etwas Dill
- Salz
- Cayennepfeffer

Gurken schälen und in grobe Stücke schneiden. Sauerrahm mit Dill, Cayennepfeffer und Essig glatt rühren. Knoblauch fein hacken und mit Salz unter die Sauerrahmmarinade heben. Kurz vor dem Anrichten die Marinade über die Gurken gießen und alles gut durchmischen.

ERDE – KAROTTEN-SELLERIE-SALAT

Sellerie, ein heimisches Gemüse, liefert uns Wasser. Der frische Saft wirkt harntreibend, tötet schädliche Pilze und Bakterien in Magen und Darm, außerdem hilft er bei Verdauungsstörungen. Er desinfiziert und entgiftet, wirkt antibakteriell, heilt Entzündungen und liefert uns wichtige Nährstoffe für gesunde Haut, Augen und Haare. Er ist ein traditionelles Volksheilmittel. Die Wesen des Selleries helfen uns, unsere Säfte zu reinigen, sie fließen und steigen zu lassen.

- 4 Karotten
- ½ Sellerieknolle
- eine Handvoll Walnüsse
- Salz, weißer Pfeffer
- 1–2 Orangen
- 1 Limette
- 1–2 EL gutes Öl (Leinöl, Distelöl o. a.)

Karotten und halben Sellerie fein reiben. Walnüsse hacken und zum Gemüse geben. Orangen und Limette ausdrücken, den Saft ohne Kerne, aber mit Fruchtfleisch auffangen. Salz, Pfeffer und Öl dazugeben und gut verrühren. Kurz vor dem Servieren über das Gemüse gießen und alles gut vermischen.

FEUER – TOMATENSALAT

Sommerzeit – Tomatenzeit. Ein Nachtschattengewächs aus dem Erd-, Wasser- und Feuerreich, das unser Herz kräftigt, zellverjüngend wirkt, entwässernde und belebende Eigenschaften besitzt, uns anregt und die Stimmungslage hebt. Tomaten schützen die Körperzellen. Doch ihre manchmal intensive Feuerkraft verträgt nicht jeder.

- ½ kg Cocktailtomaten
- Mozzarella in Kügelchen (oder im Stück)
- 1 Handvoll Basilikumblätter
- Balsamico-Essig
- Olivenöl
- Salz, Pfeffer

Tomaten waschen und halbieren. Mozzarellakügelchen ebenfalls halbieren (ganzen Mozzarella in entsprechend große Stücke schneiden). Basilikumblätter waschen und in schmale Streifen schneiden. Basilikum, 2 Teile Essig und 1 Teil Öl (z. B. 2 EL Essig, 1 EL Öl, oder entsprechend mehr) verrühren, über die Tomaten- und Mozzarellastücke gießen, alles gut untermischen. Kurz ziehen lassen, evtl. etwas Wasser beigeben und mit Salz und Pfeffer abschmecken.

LUFT – ZUCCHINISALAT

Zucchini ist die Wunderblüte des Feenreiches, sie hat vielfältige Heilwirkungen. Sie ist ideal zum Entschlacken, erhöht die Konzentrationsfähigkeit, kräftigt Muskeln und Herz, entgiftet, beseitigt Darmträgheit, stärkt das Immunsystem und die Schleimhäute. Ein wunderbares Sommergemüse – liebe Feengrüße!

- 2–3 große Zucchini
- 1–2 Knoblauchzehen
- Basilikum
- Weißweinessig
- Olivenöl
- Salz
- Pfeffer

Zucchini in etwas dickere Scheiben schneiden, auf eine Platte legen, einsalzen und austretendes Fruchtwasser mit einem Papiertuch abtupfen. Scheiben in wenig Olivenöl in einer heißen Pfanne auf beiden Seiten anbraten, dann aus der Pfanne nehmen und abkühlen lassen, in einer Schüssel anrichten. Weißweinessig mit dem fein gehackten Knoblauch und dem Basilikum verrühren, mit Pfeffer und Salz abschmecken und kurz vor dem Servieren über die Zucchini gießen.

MARINADEN FÜR BLATTSALATE

Salatmarinaden geben uns eine wunderbare Gelegenheit, den eigenen Geschmack und die Kreativität spielen zu lassen. Als Zutaten kann beinahe alles verwendet werden, was sich an Gewürzen und Kräutern findet. Wir richten uns dabei stets nach unserem Kräutergarten, im Winter verwenden wir getrocknete Kräuter. Jede Marinade lässt sich, in Flaschen abgefüllt, mehrere Wochen im Kühlschrank lagern; vor dem Gebrauch gut aufschütteln.

BEISPIEL FÜR EINE KLARE MARINADE

- 2 Teile Essig, z. B. Apfelessig, Rotweinessig, Weißweinessig, Himbeeressig ...
- 1 Teil Öl, z. B. Leinöl, Distelöl, Nussöl, Kürbiskernöl ...
- Salz, Pfeffer oder Cayennepfeffer
- 1 Msp. Curry
- 1 Msp. Mangopulver nach Geschmack
- 1 TL Honig
- Kräuter nach Geschmack, z. B. Schnittlauch, Minze, Petersilie, Basilikum, Oregano

Alle Zutaten gut vermischen, eventuell etwas Wasser dazugeben falls der Essig zu scharf ist. Die Kräuter fein hacken und untermischen, dann die Marinade ein wenig ziehen lassen. Direkt vor dem Servieren über die Blattsalate gießen und gut durchmischen.

TIPP: Bei einer Marinade auf Sauerrahm-, Joghurt- oder Mayonnaisebasis das Öl niemals in die Marinade selbst geben, diese flockt sonst aus.

BEISPIEL FÜR EIN WEISSES DRESSING

- Naturjoghurt, Mayonnaise, Sauerrahm, Crème fraîche zu gleichen Teilen (Es können alle vier miteinander vermischt werden, aber auch nur zwei oder drei davon.)
- 1 TL Meerrettich nach Geschmack
- 1 TL Senf nach Geschmack
- 1 Knoblauchzehe
- Salz, weißer Pfeffer
- Kräuter nach Geschmack, z. B. Schnittlauch, Minze, Petersilie, Basilikum, Oregano
- 3–4 EL Essig, z. B. Apfelessig, Rotweinessig, Weißweinessig, Himbeeressig ...
- etwas Öl, z. B. Leinöl, Distelöl, Nussöl, Kürbiskernöl ...

Naturjoghurt, Mayonnaise, Sauerrahm und Crème fraîche mit Gewürzen, Meerrettich, Senf und Kräutern mischen, mit Essig glatt abrühren, gut durchziehen lassen. Marinade kurz vor dem Servieren über die Blattsalate gießen, gut durchmischen und zum Schluss das Öl darübergeben und alles nochmals durchmischen.

GRILLSOSSEN

Knofi – alles Tolle aus der Knolle.

WICHTELKNOFI

- 250 g Mayonnaise
- 1 Becher Crème fraîche
- 4–5 Knoblauchzehen
- Salz, Cayennepfeffer
- 2 EL Sahne
- Kräuter nach Geschmack, wie Petersilie, Schnittlauch, Bärlauch, Kresse, Kapuzinerkresseblätter u. a.

Knoblauch und Kräuter fein hacken. Mayonnaise, Crème fraîche und Sahne dazugeben. Alles glatt rühren und im Kühlschrank mindestens 1 Stunde ziehen lassen.

FEENGOLD

- 1 kl. Zwiebel
- 1 kl. Banane (oder Apfel)
- 1 EL Öl
- 2 gehäufte TL Curry
- 1 glatter TL Salz
- 100 ml Schlagsahne
- 200 ml Sauerrahm
- 1 TL Marillenmarmelade (oder Aprikosen-, Orangen-, Ananasmarmelade)

Zwiebel und Banane (Apfel) ganz fein hacken. In einem Topf 1 EL Öl erhitzen, gehackte Zwiebel und Banane darin anrösten, Curry dazugeben und unter Rühren kurz mitrösten. Mit Sahne ablöschen und kurz aufkochen lassen. Ganz abkühlen lassen, mit Sauerrahm, Salz und Marmelade verrühren. Abschmecken, ca. 30 Min. im Kühlschrank ziehen lassen und servieren.

KOBOLDZWIEBELN

- 1 mittelgroße Zwiebel
- 2 mittelgroße Essiggurken
- 1 TL Meerrettich
- Petersilie, Schnittlauch
- Senf
- Ketchup

Zwiebeln, Essiggurken, Petersilie und Schnittlauch fein schneiden und in eine Schüssel geben. Senf und Ketchup zu etwa gleichen Teilen dazugeben, bis eine dicke Masse entsteht. Alles gut durchrühren und im Kühlschrank ca. 30 Min. ziehen lassen.

STOCKBROT, KNÜPPELBROT, SCHLANGENBROT
EIN FEUERWICHTELREZEPT FÜR DEN SOMMER
FÜR CA. 10 PERSONEN

Bäcker, backe braunes Brot, braunes, braunes Knusperbrot.
Braunes, braunes Knusperbrot macht der Kinder Wangen rot.
(Kinderlied)

Stockbrot wird über dem Lagerfeuer oder über dem Grill an Stöcken gebacken und warm gegessen. Dazu brauchen Sie ca. 1,5 m lange Stöcke und eine große Feuerglut. Stöcke vorher im Wald sammeln und säubern. Der Stockbrotteig ist ein salziger Hefeteig, der auf verschiedene Art und Weise hergestellt werden kann, nachfolgend eine davon:

- 1 Würfel Frischhefe oder Trockenhefe
- ¼ l Wasser (wenn möglich, Quellwasser aus dem Wald – falls eine Quelle in der Nähe ist)
- 1 kg Mehl (auch Vollkornmehl ist geeignet)
- 2 EL Öl
- Salz

Zuerst entzünden wir mit trockenem Holz in einer Feuerstelle das Feuer. Wenn das Feuer brennt, wird ein einfacher Hefeteig angefertigt: Hefe, Mehl, Wasser, Öl und Salz in eine Schüssel geben und alles gut durchkneten. Den Teig ca. eine halbe Stunde gehen lassen.

Wer mag, kann Gewürze wie Koriander, Kümmel, Sesam, Mohn oder Kräuter, wie Kräuter der Provence, Thymian oder Oliven, Schafskäse, Paprika, Zwiebeln oder Schinken und Speck mit in seinen Teig kneten. So kann jeder sein Stockbrot individuell gestalten. Dazu verschiedene Schüsseln mit gehackten Zwiebeln, klein geschnittenen Oliven, Paprika, Sesam, Mohn, Speck, Kräutern ... bereitstellen. Wir können den Teig aber auch mit Butter, Honig oder Eiern verfeinern; hier sind viele Variationen möglich.

Wenn das Feuer heruntergebrannt und der Hefeteig aufgegangen ist, bekommt jeder Mehl in die Hände und eine Handvoll Teig. Diesen können wir mit Zutaten unserer Wahl (siehe oben) durchkneten und fingerdick spiralförmig um unseren Stock wickeln. Gut festdrücken und nicht zu dick wickeln, weil das Brot sonst nicht richtig durchbacken kann.

Nun halten wir unseren Stock mit dem selbst gekneteten Schlangenbrot über die Feuerstelle. Wir drehen unser Brot immer wieder, sodass es nicht verbrennt, aber knusprig wird. Das kann bis zu 15 Min. dauern. In dieser Zeit können wir Geschichten erzählen, singen ... Wenn unser Stockbrot knusprig goldbraun ist, können wir es mit frischer Butter, Kräuterquark oder verschiedenen Dips direkt verspeisen. Mmm, lecker – guten Appetit und viel Spaß beim Ausprobieren!

mhhhhh!

PIZZAKARTOFFELN

- 5 festkochende große Kartoffeln
- 1 EL Kümmel
- 3 mittelgroße Tomaten
- 1 Zwiebel
- 2–3 Knoblauchzehen
- 1 EL Butter
- 10 ganze Oliven
- ½ grüne Paprika
- 150 g geriebener Käse
- Salz, Pfeffer
- Kräuter, z. B. Rosmarin, Oregano, Thymian

Kartoffeln gründlich waschen und mit Wasser bedeckt in einem Topf zum Kochen bringen. Kümmel und ½ EL Salz hinzufügen. Kartoffeln ca. 25 Min. kochen, dann Wasser abgießen. Kartoffeln mit kaltem Wasser abschrecken und etwas abkühlen lassen. Zwiebel und Knoblauch fein hacken, Tomaten und Paprika fein würfeln. Butter in einer Pfanne zerlassen, Zwiebeln und Knoblauch darin glasig dünsten. Tomaten und Paprika dazugeben und ca. 3 Min. mitdünsten, dabei den Deckel offen lassen, damit die Flüssigkeit einkocht. Kartoffeln der Länge nach halbieren und mit einem Löffel gut ½ cm aushöhlen. Die ausgehöhlten Kartoffelhälften mit Salz und Pfeffer würzen. Das ausgeschabte Kartoffelinnere mit einer Gabel zerdrücken und mit der Tomatenmasse verrühren. Kräuter hacken. Oliven in Scheiben schneiden und mit den gehackten Kräutern unter die Kartoffelmasse ziehen, alles kräftig abschmecken. Die Hälfte des geriebenen Käse untermischen und die Masse bergartig in die Kartoffelhälften füllen, mit dem restlichen Käse bestreuen und auf ein mit Backpapier ausgelegtes Backblech setzen. Im vorgeheizten Ofen bei 200 °C ca. 25 Min. überbacken.

ÜBERBACKENE GNOMZUCCHINI

- 2–3 große Zucchini
- 2–3 Stück Mozzarella
- Basilikum
- Salz, Pfeffer
- Olivenöl

Zucchini in etwas dickere Scheiben schneiden, einsalzen. Mozzarella mit dem Eierschneider in Scheiben schneiden. Basilikum in Streifen schneiden. Zucchinischeiben mit Küchenpapier abtupfen. In einer Pfanne etwas Olivenöl erhitzen und die Zucchinischeiben hineingeben, auf einer Seite goldgelb anbraten, umdrehen und auf die gebratene Seite Mozzarella auflegen. Salz und Pfeffer darüberstreuen, mit Basilikumstreifen garnieren. Einen Deckel auf die Pfanne geben und den Mozzarella schmelzen lassen. Kann heiß, lauwarm und kalt gegessen werden.

ELFENWÖLKCHEN IM BEERENTEICH

- 500 g Topfen (Quark)
- 2 Eier
- 70 g Grieß
- 35 g Mehl
- 35 g Semmelbrösel
- 70 g zerlassene Butter
- ½ TL Salz

Alle Zutaten gut verrühren, bis eine glatte Masse entsteht. Mit einem Esslöffel Nockerln abstechen und in leicht wallendem Wasser 15 Min. ziehen lassen.

Mandel-Zucker-Mischung
- 6 EL Mandelblättchen (Mohn oder Nüsse nach Geschmack)
- 2 EL Zucker
- 1 EL Butter

Butter in einem Topf zergehen lassen, Mandelblättchen und Zucker dazugeben und kurz durchrösten.

Beerenteich
- 250 g gemischte Beeren (frisch oder tiefgefroren)
- 2 EL Löwenzahnhonig (oder einen anderen Honig)
- 2 EL Wasser
- nach Geschmack 2 EL Rum

Beeren mit Wasser, Honig und Rum in einem kleinen Topf erhitzen, aber nicht kochen! Den Beerensee auf einen Teller gießen, die Nockerln vorsichtig aus dem Wasser heben, gut abtropfen lassen und auf dem Beerenteich platzieren. Mit der Mandel-Zucker-Mischung bestreuen, sofort servieren!

Hier feiern die Elfen, und die Zwerge lauern schon auf das Sommernachts-Buffet …

JOHANNISBEERKUCHEN

- 1 Becher (250 g) Schlagrahm
- 180 g Rohrzucker
- 4 Eier
- 80 g gemahlene Mandeln oder andere Nüsse
- 200 g Dinkelmehl
- ½ Pk. Backpulver
- 100 g feiner Zucker
- 500 g frische Johannisbeeren

3 der Eier trennen, Eiklar in einer Schüssel zur Seite stellen. Sahne steif schlagen, Zucker einrieseln lassen, Dotter und das letzte ganze Ei unterrühren. Mehl, Backpulver und Mandeln mischen, vorsichtig unter die Eimasse heben. Eine Springform (Durchmesser ca. 26 cm) mit Backpapier auslegen oder einfetten und mit Mehl (oder Bröseln) einstauben. Die Masse in die Form streichen. Gewaschene und entstielte Beeren auf dem Teig verteilen, das Ganze bei 180 °C ca. 30 Min. backen. In der Zeit das beiseitegestellte Eiklar steif schlagen, den feinen Zucker unterrühren und weiterschlagen, bis die Masse glänzt. Auf den gebackenen Kuchen streichen und bei 180 °C nochmals 15 Min. backen. Den Ofen abschalten, den Kuchen noch ca. 30 Min. im Ofen trocknen lassen.

AUGUST

Wachstum, Reife, Nähren – Zeit der Fülle und Ernte

AUGUST – ERNTEMOND, GERSTENMOND, ÄHRENMONAT, SICHELMONAT, ERNTIG

Bauernregeln:
Trockener August ist des Bauern Lust.
Was der August nicht kocht, kann der
September nicht braten.
Fängt der August mit Donner an,
er es bis zum Ende nicht lassen kann.
Lorenz (10.8.) muss heiß sein,
soll's ein guter Wein sein.
Wie das Wetter an Himmelfahrt (15.8.),
der ganze Herbst sein mag.

Der August mit seinen 31 Tagen ist der achte Monat im gregorianischen Kalender. Er wurde im Jahre 8 v. Chr. nach dem späteren römischen Kaiser Augustus benannt, welcher in diesem Monat sein erstes Konsulat antrat.

Wir befinden uns in der Zeit des Hochsommers mit all seinem Reichtum und seinen Gaben. Es ist heiß und schwül, in den Nächten kühlt es kaum ab. Bienen, Mücken, Libellen sausen herum, und hin und wieder werden wir gestochen. Mutter Natur wandelt hochschwanger. Sie ist üppig bestückt und überladen mit Früchten, Kräutern, Beeren, Trauben, Körnern, Ähren, Blumen – die Fülle pur. Im August beginnt die Getreideernte. Jetzt können wir anfangen zu ernten, was wir gesät, gehegt und gepflegt haben. Die Bauern holen das Korn ein, es wird gedroschen und weiterverarbeitet. Die ersten Weintrauben werden gepflückt. Die Ferienzeit neigt sich dem Ende entgegen, und die Zeit der Arbeit beginnt von Neuem. Der Sommer zeigt sein wärmstes und strahlendstes Lächeln. Die Pflanzen und Kräuter haben die Sonnenkraft tief in sich aufgenommen und entfalten nun ihr höchstes Aroma, bevor der Sommer seinem Ende entgegengeht. Naturgeister schwirren überall geschäftig durch die Welten, um die letzten Früchte, Kräuter und Pflanzen zur Reife zu bringen.

Die Natur leuchtet in ihrer sinnlichen Farbenpracht im Lichte der Sonne ein letztes Mal in ihrer ganzen Fülle auf. Es ist die Zeit des inneren Wissens, der Balance zwischen Handeln und Geschehenlassen, der inneren und der äußeren Welt ... Die Zwischenwelt hat ihre Tore weit geöffnet, und wir können im Weisheitsbuch der Natur lesen. Es sind keine leeren Worte, keine leeren Versprechungen, die wir hier finden, nein, wir erfahren die Schöpfung in ihrer ganzen Fülle. Wahrheiten offenbaren sich, und so ist es eine gute Zeit für schamanische Reisen, Astralreisen und das Wandern zwischen den Welten. Wir können in dieser Zeit höhere Weisheiten, Wahrheiten und Geheimnisse erfahren und mit offenem Herzen der Weisheit des ewigen Lichtes lauschen. Sonne und Merkur sind die Regenten dieser Zeit.

FESTE, FEIERTAGE DIESER ZEIT

1. bis 3. August: Lammas – das keltische Jahresfest der Kräuter und des Brotes (siehe unten)

13. August: Fest der Diana und Hekate (römisch)

15. August: Geburtstag der Isis (ägyptische Muttergöttin)

15. August: Mariä Himmelfahrt. Kräuterweihe. Nach altem Volksglauben spendet der Himmel zwischen dem 15. und 20. August einen besonderen Segen (20. August: Die Sonne tritt in das Zeichen der Jungfrau). Es ist die wichtigste Kräutersammelzeit des Jahres. So erzählt es die Legende: Als am dritten Tage nach dem Begräbnis Mariens die Apostel ihr Grab besuchten, schlug ihnen eine Woge köstlichen Wohlgeruchs entgegen. Das Grab war verlassen, dafür aber angefüllt mit Rosen und Lilien, rings um die Grabstätte aber sprossen und blühten all die bescheidenen Heilkräuter, die die Gottesmutter in ihrem Leben geliebt hatte. Seitdem werden am Tage des Heimgangs der Gottesmutter in der Kirche die Kräuter geweiht.

23. August: Fest der Nornen (die germanischen Schicksalsgöttinnen Urd, Werdandi und Skult)

NATURGEISTER DES MONATS

Feuergeister: Auch im August wandeln und wirken sie noch und schauen, dass Korn, Getreide, Früchte, Kräuter reif werden und ihr volles Aroma entfalten.

Grüne Damen: Moosgrün gewandete Baumnymphen und Waldfeen, die in Eichen, Apfelbäumen, Kirschbäumen, Birnbäumen, Weiden, Ulmen ... wohnen. Grün ist die Farbe der Natur und steht für alles, was wächst und gedeiht. So gehören diese Wesen zu den Vegetationswesen, die den Baum anleiten, zu grünen, zu blühen und Früchte hervorzubringen. Wir können diese Damen aufsuchen, um zu erfahren, wie wir uns entwickeln, wie wir Energie und Vitalität für unser Leben aufbauen und wie wir unsere Energie nutzen können für unsere eigenen Fortschritte im Leben.

Faune, Kobolde und Erdgeister: Sie singen, tanzen und spielen, wollen die Freude des Lebens zum Klingen bringen. So stellen sie auch allerlei unnütze Sachen an, um den Menschen wieder an seine kindlich-spielerische Seite zu erinnern und ihn aus den Gedanken an den »Ernst des Lebens« zu reißen. Wachen Sie auf – genießen Sie Ihr Leben, die Erde sorgt für Sie. Treffen Sie sich mit anderen, und haben Sie Spaß.

Waldmoosweiblein, Kräuterfrauen, Gnome, Elfenhelfer: Sie sind die alten Weisen der Erde, die uns in die Geheimnisse der Kräuter und Früchte einweihen und uns sagen, was wir pflücken können, wie viel und wo, wenn wir mit ihnen in Kontakt treten und sie um Erlaubnis bitten. Es sind die Pflanzen- und Erdkenner unter den Naturgeistern, die uns mit der Weisheit und dem Wissen der Erde verbinden – sie prüfen uns aber auch.

1. bis 3. August: Lammas, Lugnasadh – Das kleine Erntefest

Dieses Fest im Jahreskreis markiert den Beginn der Haupterntezeit. Heu und Korn werden eingefahren, Obst gesammelt, Beeren gelesen, Kräuter gepflückt, Kornmänner und Strohfiguren errichtet, Ähren für die Naturgeister und Götter als Dank auf den Feldern gelassen. Man traf sich am Feuer, aß das erste frische Brot zusammen, handelte mit Früchten, Korn, selbst gefertigten Kunstgegenständen, erzählte Geschichten und tauschte sich aus. Es ist die Zeit der Gemeinschaft und des harmonischen Zusammenlebens zwischen Menschen und Natur. Es geht um Arbeiten und Geschehenlassen, spielerische Auseinandersetzung, das Anerkennen von Leistungen, um Wertschätzung und Austausch. Das Kräftemessen war wichtig, man wollte schauen, wie und ob man in seinen Leistungen gewachsen war, wo man noch an sich arbeiten musste und was man loslassen konnte. Positionen und Ränge wurden neu ausgelotet. Es ist ein Fest des Wachstums und der Reife. Das irdische Erleben wandelt sich in geistige Essenz.

Lugnasadh: Lug ist der keltische Sonnengott, und Lugnasadh bedeutet »Festspiele des Lug«. Diese wurden einst bis zu zwei Wochen lang gefeiert. Menschen aus dem gesamten Landesgebiet trafen sich, um daran teilzunehmen. In Spielen und Wettkämpfen maß man seine Kräfte. Man freute sich und litt mit anderen. Es gab Jahrmärkte, Volksfeste, Wettkämpfe, Freilufttheater, politische und künstlerische Vorträge aller Art ... Mit der Sense wurde das Korn geschnitten, damit starb der Kornkönig und kehrte zur Erde zurück, deswegen heißt dieses Fest auch Schnitterfest. Aus jeder geschnittenen Ähre werden vielfach neue Zweige wachsen. Sterbende Energie wird gewandelt, damit vielfältiges neues Leben entstehen kann. So war es auch ein Fest, an dem ein Schnitt gemacht werden konnte, damit Altes gehen und gewandelt werden und Neues entstehen konnte. Die Schicksalsfäden wurden bei diesem Fest neu gewoben. Sonne und Quellenheiligtümer wurden geehrt und die Felder und Ernte gesegnet. In früheren Zeiten konnten Paare zu diesem Fest die Ehe auf Probe eingehen. Sie konnten ein Jahr zusammenleben und prüfen, ob sie den Rest ihres Lebens gemeinsam verbringen wollten. Ein Jahr später löste man das Band, trennte sich oder heiratete.

Anregung für die Gestaltung

Rituale und Zeremonien: Kräuterwanderung durch die Natur; Herstellen eines Kräuterelixiers, das einen durch das Jahr begleitet, (z. B. Johanniskrautöl); einen Sieben-Kräuter-Strauß pflücken; Segnen und Weihen der Kräuter, der Ernte und der Felder; Brot backen; orakeln; Dinge, die man gehen lassen will, ins Feuer geben

Dekoration: Tücher und Stoffe in den Farben der Sonne – Gold, Gelb, Orange, Rot; Sonnenblumen, Kornblumen, Margeriten, Sommersträuße, Ährenbündel, Kornähren in vielfältiger Form, Bienenwachskerzen, Kräuterbündel, Blumen, Kräuter aus dem Hausgarten, Heilkräuter, Sträuße oder Kränze aus Getreideähren und Früchten

Speisen: bunte Gemüsesuppe mit vielen frischen Kräutern, Brote aller Art, Kräuterbutter, Dipps, Beeren, Beerendesserts, Obstsalat, Kräuterküchlein, Honigwein/Met, bernsteinfarbene Weine und Getränke

Themen des Festes: das Vertrauen, versorgt, getragen und genährt zu werden; anderen etwas geben; miteinander teilen; sich an der Fülle des Lebens freuen

Fragen:

- Was habe ich gelernt?
- Was ernte ich in diesem Jahr?
- Was hat sich bewährt und was nicht?
- Was war gut?
- Was ist nicht gut gelaufen – warum nicht?
- Welche Lektion nehme ich mit? Was lerne ich daraus für mein Leben?
- Was möchte ich ändern?
- Wovon möchte ich mich trennen – wo will ich eine neue Richtung einschlagen?
- Für welchen Weg entscheide ich mich jetzt?

Übung:

Lassen Sie die letzten Monate Ihres Lebens Revue passieren. Wir ernten nun das, was wir gesät haben. Der Reichtum des Lebens in seinen vielfältigen Erfahrungen wird nun eingeholt und verarbeitet. So ist es auch für Sie Zeit, das Vergangene zu verarbeiten, das Gute mitzunehmen, aus den bitteren Erfahrungen zu lernen und die Lektionen mitzunehmen, sich und anderen zu verzeihen, nach vorn zu schauen und weiterzugehen. Bitten Sie nun Ihre geistige Führung, Ihnen eine Botschaft zu übermitteln und Zeichen zu senden. Sie können allein oder mit anderen eine schamanische Reise auf dem Herzschlag der Trommel unternehmen und dabei eine Antwort auf die Frage suchen, wie es jetzt für Sie weitergehen soll und worauf Sie achten sollen. Fragen Sie auch, was Sie jetzt auf Ihrem Weg unterstützt. Vielleicht sind es Blumen, Heilkräuter, bestimmte Verhaltensweisen, ein Krafttier, Menschen, eine neue Verhaltensweise ...

WISSENSWERTES ÜBER DIE NATUR

In diesem Monat liegt ein Teil der wichtigsten Kräutersammelzeit des Jahres. Die Sonne bringt die Inhaltsstoffe der Kräuter nun zu ihrer höchsten Entfaltung. Heilpflanzen, die während dieser Zeitspanne gesammelt werden, übertreffen alle anderen Kräuter an Kraft und Wirksamkeit.

Die beste Phase fürs Kräutersammeln dauert von Mittsommer bis zum 15. August, dem »Tag der Kreuzerhöhung« – dreißig Tage also, daher der Begriff »Frauendreißiger«. In dieser Zeit finden wir speziell Kräuter, die in der Frauenheilkunde verwendet werden. Besonders wirksam für das Kräuterpflücken soll Lammas bzw. Tag und Nacht des Augustvollmonds sein.

In dieser Zeit gibt es zahlreiche alte, traditionelle Rituale und Zeremonien, wie geweihte Kräuterbündel im Herrgottswinkel aufzuhängen, vor Heiligenbildern und an Wallfahrtsorten Kräuterblumensträuße niederzulegen. Ursprünglich waren die Kräutersträuße und -büschel heidnische Lebensruten, deren Berührung heilung-, leben- und fruchtbarkeitsspendende Kräfte der Natur auf den Menschen übertragen. Sie wurden zum Schutz vor Krankheit, Gewitter, Verzauberungen und zur Stärkung der Lebensgeister eingesetzt.

Keltisches Baumhoroskop:

26.07.–04.08.	Zypresse - Treue
05.08.–13.08.	Pappel - neue Horizonte
14.08.–23.08.	Zürgelbaum - Zuversicht
24.08.–02.09.	Kiefer – Widerstandsfähigkeit

Aussaat, Pflanzung: Spitzkraut, Wirsing, Feldsalat, Tomaten, 2-jährige Blumen; für das kommende Jahr: Kümmel, Salatrauke, Kresse, Löffelkraut, Winterportulak

Ernte: Beeren, Beifuß, Blumen, Dill, Getreide, Gurken, Kamille, Karotten, Koriander, Kümmel, Lavendel, Obst, Ölfrüchte, Pfefferminze, Pfifferlinge, Salbei, Sommerkraut, Steinpilze, Tomaten, Wiesenchampignons, Zitronenmelisse, Zucchini

---

Durch Früchte, Korn, Samen, Heilkräuter und Blumen schenkst du uns Gesundheit und Freude. Segne Früchte, Korn, Samen, Kräuter und Blumen.
Sie erinnern uns an die Herrlichkeit und an den Reichtum des Lebens.
Segne die Wesen dieser Kräfte – sodass sie wieder mit uns sprechen, uns an ihrer Weisheit teilhaben lassen und wir einen neuen Weg mit den Pflanzenwesen finden können.
Segne die heilige Verbindung zwischen Menschen, Pflanzen, Bäumen, Tieren, Steinen, Elementen und Wesen, sodass die heiligen Kreisläufe sich wieder schließen und sich die Kraft für alles Leben wieder aufbaut.
Wir danken aus der Tiefe unseres Herzens – für die neue Zeit, die neue Hoffnung auf Wiederkehr, Heilung und Verbindung mit allem keimen lässt.
Danke, Vater Himmel, danke, Mutter Erde, für all die Wesen, die ihr hervorbringt, versorgt, tragt und zu euch zurücknehmt, wenn die Zeit reif dafür ist.
Danke für die reiche Ernte auf jeder Ebene in diesem Jahr. Mögen wir bewusster den Reichtum, die Fülle, den Segen und die Güte des Lebens wahrnehmen und in uns aufnehmen.
Danke für diesen reichen Segen.

(Quelle unbekannt)

🌿 **sieben Kräuter:** Dies ist eine Zusammenstellung von sieben Kräutern, die miteinander harmonieren und eine besondere Heilwirkung entfalten. (Sieben müssen es mindestens sein, es gibt auch den 9er-, 12er-, 15er- und 19er-Busch – man achtet hier auf die »magischen« Zahlen.) Die Zusammenstellung der sieben Kräuter kann je nach Wirkungsbereich unterschiedlich sein. Hier eine Variante: Basilikum, Estragon, Koriander, Petersilie, Sauerampfer, Schnittlauch, Majoran.

🌿 **neun Kräuter:** Johanniskraut, Schafgarbe, Baldrian, Arnika, Königskerze, Pfefferminze, Kamille, Wermut, Tausendgüldenkraut. Diese gebundenen Kräutersträuße werden geweiht und nach unten hängend getrocknet. Wenn der Kräuterstrauß getrocknet ist, kann man einige Blüten zusammen mit Weihrauch verräuchern. Die geweihten Kräuter kann man z.B. gegen Krankheit, für Eheglück und Kindersegen und zum Vertreiben dunkler Kräfte verwenden.

🌿 **Marienkräuter:** Alant, Arnika, Baldrian, Beifuß, Frauenmantel, Kamille, Johanniskraut, Liebstöckel, Pfefferminze, Schafgarbe, Wermut, Margerite, Rainfarn, Raute, Thymian, Wegwarte, Königskerze sowie Lilie und Rose. In den Marienkräuterstrauß wird die Königskerze meist als Zepter in die Mitte des Straußes gesetzt (es gibt allerdings in den örtlichen Traditionen Unterschiede bei den Kräuterzusammenstellungen.

Speisen dieser Zeit: Brot und Teigwaren, Kräuterquark, Kräuterbutter und andere Kräutergerichte, Obstsalat, Honigwein, Pfefferminz-Zitronen-Tee, bunte Salate, Tomatensalat

SIEBEN-KRÄUTER-SUPPE

- Gemüsebrühe (siehe Seite 43)
- Zwiebeln
- Sellerie
- Kartoffeln
- Sahne
- Salz und Pfeffer
- Muskat und Cayennepfeffer
- Petersilie
- Schnittlauch
- Estragon
- Koriander
- Majoran
- Sauerampfer
- Basilikum

Zwiebeln in etwas Öl glasig anbraten. Sellerie würfeln, dazugeben und ca. 2 Min. anschwitzen lassen. Kartoffeln klein schneiden und mit Gemüsebrühe ablöschen. Salz, Pfeffer, Muskat und einen Schuss frische Sahne dazugeben, ca. 30 Min. köcheln lassen. Suppe pürieren. Alle Kräuter waschen, klein schneiden und einen Teil in die Suppe geben. Suppe mit restlichen Kräutern bestreuen und servieren.

BUNTES FRÜCHTEGLÜCK

»Nasche von den Früchten des Lebens.«

Obst nach Geschmack und nach Jahreszeit. Ein typischer Fruchtsalat besteht aus folgenden Zutaten: Äpfel, Birnen, Melonen, Pfirsiche, Marillen (Aprikosen), Trauben und Beeren, Ananas, Bananen, Nüsse, Honig und Orangensaft, dazu Minze- und Melissenblätter.

- 1 Apfel
- 1 Birne
- 1 Banane
- ½ Melone (Honigmelone, Zuckermelone)
- Minzeblätter
- 1 Handvoll Nüsse (Walnüsse, Haselnüsse)
- 1 TL Honig (z. B. Löwenzahnhonig)
- Saft einer Orange

Alle Früchte in gewünschte Größe schneiden und in eine Schüssel geben (Äpfel und Birnen müssen nicht geschält, nur gut gewaschen werden). Nüsse hacken, Minzeblätter in Streifen schneiden und unter das Obst mischen. Honig mit dem Saft der Orange verrühren und über den Fruchtsalat gießen. Alles gut durchrühren und sofort servieren. Nach Geschmack kann auch ein Becher Naturjoghurt untergemischt werden.

SONNENBROT

In der harten Schale steckt ein gesunder Kern.
Sonnengereifte Kerne, wir haben euch gerne.

Sonnenblumen – Blumenkinder, Wegweiser einer neuen Zeit voller Liebe, Frieden, Glücklichsein. Das Sonnenblumenwesen hat die Fähigkeit, dem Boden gefährliche Gifte zu entziehen. So wird die Sonnenblume zur Reinigung der Erde eingesetzt, außerdem ist sie ein Symbol des neuen Zeitalters. Als Blumenkinder – sanft, standhaft, friedlich, den Blick der Sonne und dem Höchsten zugewandt – können sie eine neue Zeit einleiten. Sonnenblumen stärken unsere Kraft und Überzeugung und helfen uns, den Weg unseres Herzens zu gehen. Sonnenblumenkerne stärken das Herz, den Kreislauf und die Knochen, außerdem entgiften und entschlacken sie den Organismus. Lernen wir vom Sonnenblumenkind.

- 350 g Dinkelvollkorn
- 400 g Dinkelmehl
- 1 Pk. Hefe
- 4 EL Öl
- 2 TL Salz
- 1–2 Handvoll Sonnenblumenkerne
- 2 EL Butter und 1 Ei zum Bestreichen

Mit diesen Zutaten einen Hefeteig zubereiten. Herstellung wie im Grundrezept in den Arbeitsschritten angegeben. (Achtung: Das Grundrezept enthält Zutaten für einen süßen Hefeteig. Bitte stattdessen mit den Zutaten aus diesem Rezept arbeiten.) Aus dem Teig eine Sonne formen, mit dem verquirlten Ei bestreichen, Sonnenblumenkerne darüberstreuen und Teig nochmals gehen lassen. Butter in einem Topf zergehen lassen, Brot damit bestreichen. Im vorgeheizten Ofen bei 180 °C ca. 30 Min. backen.

BUNTE DEVAPFANNE
MIT FEUERMARMELADE UND JOGHURTGURKE

August ist der Hauptreisemonat in unseren Regionen. Wir machen Urlaub in anderen Ländern, versuchen neue Gerichte und erleben neue Geschmacksrichtungen. Vielleicht entdecken wir auch andere Pflanzen, Gewürze, Kräuter, eine andere Einstellung zum Leben und vieles mehr. Jedes Land hat seine eigenen Geister. So erfahren wir eine Erweiterung unseres Selbst. Vielleicht nehmen wir neue Rezepte und Gerichte mit nach Hause und können so ein Stück Urlaub immer wieder erleben. Hier ein indisches Gericht.

BUNTE DEVAPFANNE

- 1 große Tasse Basmatireis
- 1 Karotte
- ½ kl. Kohlrabi
- 1 Zucchini
- 1 kl. Blumenkohl
- 1 Handvoll Erbsen
- je nach Vorliebe können auch alle anderen Gemüse verwendet werden.
- 1 Handvoll Datteln
- evtl. 1 Handvoll geröstete Erdnüsse
- Erdnussöl
- Gewürze: Salz, Curry, Ingwer (wenn mögl. frisch), Kardamom, Anis, Koriander, Bockshornklee, Chili, Gewürznelken, Kurkuma, Kreuzkümmel (wenig)

Reis in ein wenig Butter kurz anschwitzen, Salz dazugeben und mit 2 Tassen Wasser aufgießen; ca. 20 Min. köcheln lassen, bis die gesamte Flüssigkeit verkocht ist (Basmatireis muss beim Kochen nicht zugedeckt werden). Ingwer, wenn frisch vorhanden, fein schneiden; restliche Gewürze in einem Mörser zerstoßen, Ingwer untermischen. Gemüse putzen und zuschneiden. Karotten, Kohlrabi, Blumenkohl kurz in Salzwasser überkochen (bissfest). In einem Wok oder einer großen Pfanne das Öl sehr heiß werden lassen, zerstoßene Gewürzmischung dazugeben und kurz anrösten. Gemüse hinzufügen und alles zusammen ca. 10 Min. rösten, mit Salz abschmecken. Reis daruntermischen und unter häufigem Rühren mitbraten. Wenn der Reis heiß ist, ist das Essen fertig und wird sofort serviert.

FEUERMARMELADE

*Für Früchte-Chutney kann man eine »Kühlschranksafari« durchführen:
Alles Mögliche, was man darin findet, kann dazu verarbeitet werden.*

- 1–2 Äpfel
- 1 Banane
- 1 TL Honig oder 1–3 TL Marmelade
- 2–3 EL Ketchup oder Tomatenmark oder Tomatensoße (was vorhanden ist)
- nach Belieben Obst, z. B. Mangos, Birnen, Zwetschgen
- nach Geschmack einige Datteln, Feigen oder Rosinen
- Erdnussöl
- Gewürze: Ingwer, Kardamom, Anis, Koriander, Bockshornklee, Curry, Chili, Gewürznelken, Kurkuma, Kreuzkümmel (wenig)

Etwas Öl in einem Topf sehr hoch erhitzen, Gewürze in das heiße Öl geben und kurz anrösten. Das klein geschnittene Obst dazugeben, mit den Gewürzen vermischen, kurz weiterrösten. Alles mit wenig Wasser ablöschen, Honig oder Marmelade hinzufügen, gut durchrühren. Tomatensoße dazugeben und richtig unterrühren, für mehr Schärfe Chili beifügen. Unter ständigem Rühren aufkochen lassen, abschalten und nach ca. 10 Min. nochmals aufkochen. Diesen Vorgang wiederholen, bis das Obst weich ist.

JOGHURTGURKE

- 1 Salatgurke
- 1 Becher Naturjoghurt
- Ingwer nach Geschmack, frisch
- Salz, Cayennepfeffer; eine Prise Kreuzkümmel, gemahlen

Gurke fein reiben und einsalzen, ca. 10 Min. stehen lassen, dann Gurkenwasser ausdrücken und wegschütten. Ingwer fein schneiden, mit Cayennepfeffer und Kreuzkümmel unter die Gurken mischen, Naturjoghurt unterrühren und ca. 20 Min. ziehen lassen.

Früchte-Chutney und Gurken-Ratatouille kalt als Soße zur Reispfanne verzehren.

ÜBERBACKENE FENCHELKNOLLEN

Fenchel, ein unauffälliger und sanfter Volksheiler unter den Pflanzen, hilft uns, den Körper zu entwässern, den Darm zu entgiften, die Zelltätigkeit zu steigern, das Immunsystem anzuregen und den Magen zu beruhigen. Er bringt uns Frieden, entspannt und besänftigt uns und führt uns zu uns selbst. Er reinigt unsere Basis. Danke, Fenchelwesen.

- 4 Fenchelknollen
- 2–3 EL geriebener Ziegenhartkäse oder Parmesan
- 5 Tomaten
- 4–5 EL Semmelbrösel
- 1 Zwiebel
- 2–3 Knoblauchzehen
- 1 Bd. Petersilie
- Öl nach Wahl
- Salz, Pfeffer

Fenchelknollen halbieren, waschen und die äußeren harten Schalen und Stiele abschneiden – Fenchelgrün aufbewahren. 1 l Wasser mit 1 TL Salz aufkochen, die Fenchelhälften hineingeben und 15 Min. garen. Wasser abschütten – eine halbe kleine Tasse vom Sud zurückbehalten – und Fenchel gut abtropfen lassen. Tomaten hacken, mit dem Fenchelwasser in einem Topf ca. 5 Min. sämig einkochen lassen, mit Salz und Pfeffer abschmecken. Eine ofenfeste Form mit Öl ausstreichen, die Tomatensoße einfüllen und die Fenchelhälften daraufsetzten. Zwiebel und Knoblauch sehr fein hacken. In einer Pfanne 4 EL Öl erhitzen, Zwiebel und Knoblauch darin andünsten. Brösel einrühren und goldbraun rösten. Petersilie und Fenchelgrün fein hacken, mit dem fein geriebenen Käse unter die Brösel mischen, alles über die Fenchelhälften verteilen. Im vorgeheizten Ofen bei 180 °C 30 Min. backen.

Segen über dich, Brot!
Du baust den Leib, du stillst die Not.
Segen über alle, die dich genießen,
Segen über alles Wachsen und Sprießen,
über jeden Halm, der im Felde nickt,
über jedes Haupt, das zum Himmel blickt.
Segen über jede lichte Hand,
die da Liebe streut ins dunkle Land,
über jeden Arm, der schafft, dass Freiheit werde!
Segen über die ganze Erde!
Danke für die Ernte und für das,
was du uns gibst!

(Irischer Segensspruch)

SEPTEMBER

Sammeln, Aufräumen, Verarbeiten – Zeit, von außen nach innen zu gehen

SEPTEMBER – ENGELMONAT, HOLZMOND, HERBSTMOND, SCHEIDING

Bauernregeln:

Geht im September die Wärme nicht bald,
so wird es im Oktober kalt.
Auf Sankt Michael beende die Saat,
sonst wirst du's bereuen zu spat.
Septemberregen ist des Bauers Segen,
jedoch des Winzers Gift, wenn er ihn trifft.
Wenn es im September noch donnern kann,
setzen die Bäume viel Blüten an.
Auf nassen Michaelistag nasser Herbst folgen mag.
Um Marias Geburt fliegen die Schwalben fort,
bleiben sie noch da, ist der Winter nicht nah.

Der September mit seinen 30 Tagen ist der neunte Monat im gregorianischen Kalender. Er wurde früher auch Engelmonat, Holzmonat, Herbstmond, Herbsting und Scheiding genannt. Im römischen Kalendarium war der September ursprünglich der siebte Monat, daher hat er seinen Namen: lat. septem = sieben. In dieser Zeit beginnen wir, uns von außen nach innen zu bewegen. Noch werden Obst, Nüsse und Trauben geerntet; Apfelsaft und Apfelwein werden gekeltert. Man feiert Zwiebelkuchenfeste, Kelterfeste, Weinfeste, die Kartoffelernte mit einem großen Kartoffelfeuer ... Der griechische Gott Dionysos zieht mit seinem Gefolge durch die Lande, Kobolde treiben ihren Schabernack, und die Kräfte der Wandlung sind aktiv. Engel helfen bei den nun fälligen Übergängen. Es wird aufgeräumt, geordnet, reflektiert, eingekocht, gewandelt und gewirkt, gesammelt und verarbeitet. Langsam beginnt man, sich auf die dunkle und kalte Jahreszeit vorzubereiten und einzustellen.

Es ist eine Phase der Wandlung, des inneren Ausgleichs. Die Tage werden kürzer, die Nächte kühler. Nebel, Wind und Regen ziehen zeitweise schon durchs Land, und die Kraft der Sonne lässt deutlich nach. Allmählich verändert die Natur ihr Erscheinungsbild, langsam wird alles gelb, gold, rot, orange oder braun. Den September kann man mit dem Sonnenuntergang vergleichen: Wir befinden uns in dem Spannungsfeld zwischen dem untergehenden Licht und der heraufkommenden Nacht. Auch in dieser Zeit haben die Andersreiche ihre Tore offen und wirken über Träume, Visionen und Eingebungen auf uns ein.

FESTE UND FEIERTAGE DIESER ZEIT

1. September: Fest der ersten Früchte

8. September: Mariä Geburt

13. September: Fest der Venus

Zweites Wochenende im September: Zwiebelfest

21. bis 23. September: Herbsttagundnachtgleiche, Mabon, Alban Elued

29. September: Michaelistag – Michaelismesse. An diesem Tag endet das Kirchenjahr. Die Nächte werden wieder länger als die Tage, die Dunkelheit nimmt zu. Dunkelheit wurde in der christlichen Tradition gleichgesetzt mit dem Wirken böser Mächte, die die Gewalt über die Erde gewinnen wollen. Erzengel Michael erinnert uns an die Macht des Göttlichen über Kälte, Unbarmherzigkeit und Tod. »Michael steckt das Licht an, das Gesinde muss zum Spinnen ran«, so ein Sprichwort. Die Arbeiten werden jetzt von draußen in die Stube verlegt.

Erster Sonntag nach dem 29. September: Erntedank: In der Kirche wird auch in diesem Monat die Ernte gesegnet.

NATURGEISTER DES MONATS

Elfen: Es ist die Zeit der Wandlung, und so sind in diesem Monat die Elfen besonders aktiv und wirken ihren Zauber. Alles beginnt, sich zu verwandeln. Auch wir spüren diese Kraft. Das Reife wird abgeworfen, damit es die nächste Stufe im Zyklus vollenden kann. Die Vergeistigung der Dinge beginnt.

Wassernixen, Undinen, Wassermänner: Sie wirken nun noch verstärkt in der Natur und beeinflussen unser Sein. Sie bringen uns mit dem Element Wasser, unseren Emotionen und Gefühlen in Verbindung und wecken unsere kreativ-leidenschaftliche Seite, sodass wir wirken und wandeln können.

Wichtel: Alle möglichen Wichtel sind jetzt unterwegs, um neu zu ordnen, zu strukturieren, zu verwerten und aufzuräumen, Vorräte anzulegen, Früchte und Gemüse haltbar zu machen ..., sodass alles seinen Platz finden kann. Es wird ausgekehrt und leergefegt, Platz geschaffen und gewandelt.

21. BIS 23. SEPTEMBER: HERBSTTAGUNDNACHTGLEICHE
MABON, ALBAN ELUED, ERNTEDANK

Die Sonne steht wieder über dem Äquator und geht an diesem Tag genau im Osten auf und im Westen unter. Dies ist der Beginn des Herbstes, Tag und Nacht sind gleich lang. Es geht nun um die innere Balance, das Gleichgewicht der Kräfte in uns, und um den Übergang von der hellen in die dunkle Jahreszeit. Ab jetzt werden die Nächte wieder länger und die Tage wieder kürzer. Die Dunkelheit siegt über das Licht. Ohne Licht kein Schatten – Licht und Dunkelheit gehören zusammen.

Mabon: Im Keltischen wird die Herbsttagundnachtgleiche Mabon genannt, das bedeutet »großer Sohn«. Die Mutter von Mabon war Mordon, die Beschützerin der »Anderswelt« und der lebendigen Kräfte dieser Erde. Als Mabon drei Nächte alt war, verschwand er. Seine Mutter litt sehr darunter. Sie fand ihn in der Anderswelt wieder, unter den Tieren Eule, Hirsch und Amsel. Mabon ist das Fest des Übergangs, ein verzauberter Augenblick – ein Tor zwischen den Welten, ein Ort der Herausforderung, der Eingang in die inneren Welten. Nun können wir die Kraft finden, die uns in der dunklen Jahreszeit begleitet.

Alban Elued: So wird dieses Fest bei den Druiden genannt. Der Name bedeutet »Licht des Wassers«. Es ist das zweite Erntefest und markiert das Ende der Erntezeit. Es ist die Zeit, in der wir die Chance haben, unsere Emotionen und Gefühle ins Gleichgewicht zu bringen und in uns zu harmonisieren. Speisen und Getränke werden gesegnet. Man dankt Mutter Erde und Vater Himmel für die Ernte und gibt als Dank etwas zurück: Samen, Früchte, Räucherwerk ... Die Menschen teilen Speisen und Getränke miteinander und mit der Natur. Das erste Stück Brot und der erste Schluck gehen an Mutter Erde und Vater Himmel, man dankt den vier Himmelsrichtungen und den damit verbundenen Elementen (Osten: Luft; Süden: Feuer; Westen: Wasser; Norden: Erde; Mitte: Äther), man dankt den Vorfahren und teilt sich dann im Kreis der Menschen die Speisen. Es ist die Zeit der Alchemie, der Verwandlung: Korn wird zu Brot und Kuchen, Blütennektar zu Honig und Met, Früchte zu Marmelade und Kompott, Kräuter zu Tinkturen und Heilsalben, Pflanzen zu Farben, Trauben zu Wein ... Man handelt vorausschauend und beginnt, die Vorräte für den kommenden Winter anzulegen.

Erntedank wird dieses Fest in unseren Regionen seit der Christianisierung genannt. Es wird, je nach Landesregion und Erntebereich, mit vielen alten Bräuchen begangen.

ANREGUNGEN ZUR GESTALTUNG

Rituale und Zeremonien: gemeinsames Backen und Kochen; eine Erntekrone basteln; Danken für alles, was man erhalten hat; Stille finden, in sich hineinlauschen; Orakeln – eine Karte, eine Rune ziehen für die kommende Zeit; Lichtschiffe mit guten Segenswünschen und Gedanken auf das Wasser setzen und ihnen nachschauen, wie sie in der Dunkelheit verschwinden; Kehren

Dekoration: Ähren, Sonnenblumen, Feldfrüchte, Trauben, Getreidekörner, Pilze, Tomaten, selbst gebackenes Brot, Erntekrone, Eicheln, Nüsse, Kastanien; die Farben Orange, Blau und Braun

Speisen: Wein, selbst gebackene Brote, Kuchen, Suppen, Zwiebelkuchen und Federweißer (junger Wein), Gemüseauflauf, Marmelade, eingelegte Gemüse

Themen des Festes: danken, anerkennen, würdigen, segnen, sich geistig auf die dunkle und kalte Jahreszeit vorbereiten, Balance, Harmonie, Ausgleich

Fragen:

- Wofür möchte ich von Herzen danken?
- Was möchte ich segnen?
- Was möchte ich wandeln, verändern?
- Wie kann ich mich auf die dunkle Jahreszeit vorbereiten?
- Was kann ich loslassen, abgeben, entrümpeln?
- Was möchte ich nicht mehr mit mir herumschleppen?
- Wo kann ich Ordnung und Struktur schaffen?
- Wohin führen meine nächsten Schritte? Was soll ich jetzt lernen?

Übung: An den Toren der Anderswelt

Wir befinden uns jetzt im Übergang von der hellen in die dunkle Jahreszeit. Es ist gut, eine Meditation oder schamanische Reise zu der Frage zu machen: Welche Kraft begleitet mich jetzt in der dunklen Jahreszeit?

Machen Sie einen Spaziergang durch die Natur, und nehmen Sie die dort wirkenden Kräfte in sich auf. Können Sie Pforten in die »Anderswelt« entdecken? Höhlen, Löcher, Bauten, Brunnen, Quellen … Suchen Sie sich einen Eingang, und betrachten Sie ihn. Wenn Sie wieder zu Hause sind, entzünden Sie ein Licht. Richten Sie es so ein, dass Sie eine Zeit lang ungestört sind. Stellen Sie sich vor, Sie gehen durch den Eingang in die andere Welt. Sie können sich auch vorstellen, über eine Brücke zu gehen, mit einem Boot über einen Fluss zu fahren, durch einen Tunnel zu wandern …

Auf der anderen Seite steht ein Häuschen. Hier wartet Ihre innere Führung auf Sie. Betreten Sie das Haus. Vielleicht wartet hier ein Engel, Meister, ein Tier, Naturwesen … – was auch immer. Fragen Sie, was Ihnen jetzt helfen wird, gut, sicher und stabil durch die dunkle Jahreszeit zu kommen. Hören Sie auf den Rat Ihrer Führung. Vielleicht bekommen Sie einen Gegenstand geschenkt oder einen Umhang für die dunkle Jahreszeit, vielleicht wird Ihnen ein Pflanze, eine Medizin oder ein Kraftgegenstand übergeben. Lassen Sie sich überraschen. Nehmen Sie die erhaltene Botschaft an, und danken Sie Ihrer Führung. Befolgen Sie ihren Rat, es ist zu Ihrem Besten. Sie sind geborgen und werden beschützt in und durch die Geistige Welt.

WISSENSWERTES ÜBER DIE NATUR

Zwei Haseln warf ich in die Flammen, und jeder gab ich eines Liebchens Namen.
Mit lautem Knall zersprang die erste schnell, im Feuer leuchtete die zweite still und hell.
Ach, wenn doch deine Liebe so erblühte, wie deine Nuss im Feuer glühte.

(*Thomas Grey*)

In der Natur ist es jetzt Zeit, die letzte Ernte einzubringen und all das Geerntete zu verarbeiten und haltbar zu machen. Man kocht Marmelade ein, legt Gurken und Gemüse ein, wandelt Kräuter zu Medizin, stellt Wein und Saft aus den Früchten her usw. Das Obst- und Gemüselager wird vorbereitet, Obst eingekocht, getrocknet, Blumen und Kräuter werden zu Tees und Gewürzen verarbeitet. Das Gesammelte wird als Vorrat angelegt. Der September ist einer der Hauptmonate zum Sammeln von Pilzen und Nüssen.

Aussaat, Pflanzung: Wintersaat, Spinat, Salat, Raps, Beerensträucher, Haselnuss, Zwiebeln und Knollengewächse

Ernte: Äpfel, Birnen, Bohnen, Brombeeren, Bucheckern, Fruchtgemüse, Haselnüsse, Holunderbeeren, Knoblauch, Kraut, Lauch, Lavendel, Meerrettich, Pfifferlinge, Rosmarin, Salbei, späte Karotten, Nüsse, Steinpilze, Spätkartoffeln, Tomaten, Walnüsse, Wildfrüchte, Wurzeln von Löwenzahn, Angelika und Beinwell, Wiesenchampignons, Zwiebeln

Keltisches Baumhoroskop:

24.08.– 02.09.	Kiefer - Widerstandsfähigkeit
03.09.– 12.09.	Weide - tiefe Gefühle
13.09.– 22.09.	Linde - Heilkraft
23.09.	Ölbaum – Weisheit
24.09.–03.10.	Haselbaum - Urteilskraft

Speisen dieser Zeit: Zwiebelkuchen, Pizza, Pilzgerichte aller Art, z. B. Pilzragout, Brot, Knoblauchbutter, Käse, Kochkäse, Suppen, Marmelade, Gemüseaufläufe, Tees, Wein, Federweißer (junger Wein), Apfelsaft, Apfelmost, Kartoffeln, Nüsse und Nussspeisen aller Art

WISSENSWERTES ÜBER PILZE

Pilze sind die Aufräumer, Putzer und Medizinmänner des Waldes.
(Quelle unbekannt)

Von jeher besteht zwischen Pilzen und der Feen- und Elfenwelt eine enge Beziehung. Pilze werden als Wohnstätten der Gnome, Zwerge, Elfen und Feen bezeichnet, außerdem öffnen sie Tor und Tür in die Anderswelt und wandeln einen Zustand in den anderen.

Es ist nicht verwunderlich, dass Pilze und Naturwesen eine besondere Beziehung zueinander pflegen. Der eigentliche Pilz ist nicht die Frucht, die wir sammeln, sondern das fadenförmige Geflecht, das im Boden wächst – das Eigentliche ist nicht sichtbar für den Menschen. Viele Verbindungen verlaufen unterirdisch. Zahlreiche Pilze sind ungenießbar bzw. tragen Stoffe in sich, die den Menschen in andere Zustände versetzen können. Aus Pilzen werden allerlei Zauberpulver hergestellt, z. B. Flugpulver. Wie überall auf der Welt wurden sie früher auch bei uns in heiligen Zeremonien verwendet, um mit den Gottheiten in Kontakt zu treten.

Pilze brauchen weder Sonne noch Licht und wachsen bei Tag und bei Nacht. Man ist sich nicht darüber einig, ob sie zu den Pflanzen oder Tieren gehören. Sie haben eine wichtige Aufgabe in der Natur: Sie nehmen liegen gebliebenes Abfallmaterial auf, verarbeiten und verwandeln es in wieder-verwertbare Nährstoffe und Humus. Schwermetalle speichern sie und ver-werten sie nur langsam, daher sollten sie in Maßen genossen werden. Pilze können von Juli bis November gesammelt werden. Die gängigsten Pilzsorten, die wir in der Küche verwenden können, sind Champignons, Pfifferlinge, Steinpilze und die Krause Glucke. Zu September und Oktober gehören viele Pilzgerichte. Pilze können in Salaten, Gemüsepfannen, Aufläufen, zu Fleisch, in Soßen … verwendet werden.

PILZRAGOUT IM KARTOFFELNEST

KARTOFFELNEST
(siehe Grundrezept aus dem Kapitel »Element Erde«, Seite 51)

PILZRAGOUT

- 500 g Pilze nach Wahl
- 1 mittelgroße Zwiebel
- 2 Knoblauchzehen
- 1 EL Butter
- 1 EL Mehl
- 1 EL Paprika
- $\frac{1}{16}$ l trockener Weißwein
- 1 Becher Sahne
- 1 Becher Sauerrahm
- ¼ l Gemüsebrühe
- Petersilie, Thymian, Rosmarin, Liebstöckel, Salz, Pfeffer
- nach Wunsch: 100 g Speck, in Würfel geschnitten

Pilze trocken putzen, in Scheiben schneiden. Kräuter, Zwiebel und Knoblauch fein hacken. Butter in einem Topf erhitzen, gehackte Zwiebel kurz andünsten, Pilze, Knoblauch (und, falls gewünscht, Speck) dazugeben und gut durchrösten, bis die Pilze beginnen, Wasser zu lassen. Mit Mehl und Paprikapulver stäuben, kurz mitrösten und mit dem Weißwein ablöschen. Mit Gemüsebrühe aufgießen und ca. 10 Min. leicht köcheln lassen. Sahne mit Sauerrahm, gehackten Kräutern und restlichen Gewürzen verquirlen, in die Soße geben und unter ständigem Rühren erhitzen – nicht kochen lassen. Sofort servieren.

Der Feenring – auch Elfenring genannt – ist wohlbekannt im ganzen Land. Magische Kreise, Ringe auf Wiesen, Blumenringe, Pilzringe in der Natur verraten der Feen und Elfen nächtliche Mondscheinspur. Hier tanzen sie um das kosmische Feuer, zu wandeln des Lebens Abenteuer. Hier treffen die Welten aufeinander, du gerätst in den Bann der Feen, hier kannst du sie wirken sehen.

KÜRBISSUPPE

Kürbisgesicht, das Licht, das uns in der Dunkelheit leuchtet

- 1 kleiner Hokkaido-Kürbis oder ein anderer Speisekürbis Ihrer Wahl
- 1 Zwiebel
- 1 große Süßkartoffel oder 1 große normale Kartoffel
- ¼ l Gemüsebrühe
- ¼ l Milch
- 1 Becher Sauerrahm
- 1 Becher Sahne
- Salz, Pfeffer, Muskat, Petersilie, fein gehackt
- 1 EL Butter
- 1 gehäufter EL Mehl

TIPP: Ein paar Tropfen gutes Kürbiskernöl in die Suppe geben und mit Croûtons bestreuen – lecker!

Kürbis halbieren, die Kerne entfernen, mit einem Löffel das Fruchtfleisch herausnehmen und in Stücke schneiden. Süßkartoffel schälen und in kleine Stücke schneiden. Zwiebel fein hacken. Butter in einem Topf zergehen lassen und die Zwiebeln darin anschwitzen. Kürbisstücke und Süßkartoffel dazugeben und so lange anschwitzen, bis sie vollkommen mit Fett überzogen sind. Mit Mehl stäuben und kurz mitrösten. Alles mit der Gemüsebrühe aufgießen und kurz köcheln lassen. Milch hinzufügen und ca. 10 Min. leicht köcheln. Je nach Geschmack kann die Suppe nun passiert werden. Sahne mit dem Sauerrahm, Salz, Pfeffer, Muskat und Petersilie verquirlen und in die Suppe geben. Alles vermischen und sofort servieren.

ZWETSCHGENKNÖDEL

Zwetschgen hängen an den Bäumen, bringen Jung und Alt zum Träumen.
Bäumlein, rüttel dich, Bäumlein, schüttel dich,
wirf ab und gib uns deine Gaben, wollen uns an der Süße laben.

- 250 g Topfen (Quark)
- 2 Eier
- 150 g Mehl nach Wahl
- 100 g Semmelbrösel
- 60 g Butter
- 1 Prise Salz
- 12–15 Zwetschgen (oder Aprikosen)

Zum Wälzen:
- 2 EL Butter
- 4 Handvoll Semmelbrösel
- 2 EL Zucker
- ½ TL Zimt

Butter cremig rühren, Eier und Topfen untermischen, Mehl, Brösel und Salz dazugeben. Alles vermischen und kneten, bis ein glatter, geschmeidiger Teig entsteht. Diesen zu einer Rolle formen, daraus 12–15 Scheiben schneiden.

Die Scheiben flach drücken, mit den Zwetschgen belegen und alles zu Knödeln formen.

In einem großen Topf 2 l Wasser mit 1 TL Salz zum Kochen bringen. Die Knödel in das kochende Wasser legen, bei kleiner Flamme 10–15 Min. wallen lassen, bis sie von selbst hochsteigen.

Während die Knödel kochen, 2 EL Butter in einem Topf zergehen lassen, die Semmelbrösel, Zucker und Zimt darin goldbraun rösten. Die Knödel vorsichtig aus dem Wasser heben und in der Brösel-mischung wälzen.

OKTOBER

Loslassen, Abschiednehmen, Reinigen – Zeit der Vorbereitung auf den Winter

Wirf ab, was überflüssig geworden ist.
Konzentriere dich auf das Wesentliche.

OKTOBER – GOLDENER OKTOBER, WEINMOND, WINMONAT, GILBHART, DACHSMOND, BLUTMOND

Der Oktober mit seinen 31 Tagen ist der zehnte Monat im gregorianischen Kalender. Nach dem julianischen Kalender war er der achte Monat des Jahres, weswegen er Oktober genannt wurde (lat. octo = acht). Alte Namen für den Oktober sind Weinmonat bzw. -mond, was sich von der in dieser Zeit stattfindenden Weinlese und Weinverarbeitung herleitet, und Gilbhart, was auf das Laub verweist, das sich in diesem Herbstmonat braun und gelb färbt. Die Jäger nannten den Monat Dachsmond, da sie in dieser kurzen Jagdzeit Dachse schießen konnten.

Nebel ziehen auf, die Blätter färben sich bunt, mit Morgentau benetzte Spinnweben schimmern in der Oktobersonne. Die Natur bereitet sich auf den Winter vor. Die Säfte und die Naturkräfte ziehen sich zurück in die Wurzeln. Altes stirbt, Überflüssiges wird nun endgültig abgeworfen. Die Naturgeister wandeln und wirken, Feuer- und Wasserkräfte sind besonders aktiv. Doch auch die Geister beginnen, sich in ihre Höhlen und Bauten zurückzuziehen. Einige Vögel starten zu ihrer Reise in den Süden. Der Wind rüttelt an unseren Türen und Fensterläden, schließlich fegt er die Blätter von den Bäumen. Die Welt taucht ab ins Zwielicht: Oft ist es kühl, nass, grau, stürmisch. Doch wenn die Sonne mit ihrer letzten Strahlkraft hervorbricht, verzaubert sie die Welt und lässt die bunten Herbstfarben erstrahlen.

Die späte Weinlese beginnt, und die Trauben werden gleich weiterverarbeitet. Die letzten Dankes- und Erntezeremonien finden statt. Es ist eine Zeit der inneren Einkehr, der Säuberung und Reinigung. Auch wir können jetzt alles, was überflüssig geworden ist, loslassen und abgeben. Zugleich werden wir an unsere Wurzeln, unsere Ahnen, unsere Familien und unsere Familiengeschichten erinnert. Alte Themen steigen in unserem Inneren hoch wie die Herbstnebel, damit wir sie verarbeiten und sie in uns heilen können. Es ist ein Monat der Wandlung.

NATURGEISTER DES MONATS

Die ersten **Ahnengeister** steigen in Form von Nebeln auf. Die Aufgabe der Ahnengeister war es, die Lebenden zu begleiten, sie zu beraten, zu beschützen, zu warnen und für die Bedürfnisse der Familie und der Sippe zu sorgen. Der Kontakt zu ihnen bestand weit über den Tod hinaus. Das Wort Ahnen erinnert an Ahnung. Es ist Zeit, nach innen zu lauschen und sich zurückzuverbinden.

Nebel- und Spinnenfeen: Sie weben das Schicksal der Menschen, folgen ihnen über ihre Träume in ihre Innenwelt, um ihnen Eingebungen zu schenken und sie auf neue Wege und Bahnen zu führen.

Feuer- und Wandlungsgeister befreien die Natur von allem Überflüssigen und lassen sie langsam in den Winterschlaf versinken.

Dunkle Gesellen und Spukgestalten lassen unerlöste Schatten und Seiten in einem Menschen aufsteigen, und zwar gemäß dem Motto: »Dir selbst kannst du nicht entgehen.«

Schutzengel, Erzengel, Geburtsfeen und Schutzgeister treten jetzt besonders nah an die Erdenebene, um ihren Lieben zur Seite zu stehen. Es ist eine gute Zeit, mit ihnen in Kontakt zu treten, sie einzuladen und ihnen zu lauschen, zu beten und um ihren Segen zu bitten.

FESTE UND FEIERTAGE DIESER ZEIT

Lichtblauer Montag ist der erste Montag im Monat nach Michaelis. Ab diesem Tag mussten die Handwerker wieder bei Licht in der Stube arbeiten. Meistens gaben die Meister den Lehrlingen diesen Tag frei.

Erster Sonntag nach dem 29. September: Erntedank. In der Kirche wird auch in diesem Monat die Ernte gesegnet.

3. Oktober: Tag der Deutschen Einheit. Seit 1990 Feiertag der Wiedervereinigung der Bundesrepublik mit der DDR.

*Jeder Abschied, der tut weh –
auch wenn ich dich wiederseh'.
Kann nicht bleiben,
muss jetzt gehen –
Neues will in dir entstehen.
Der Sommer ist vorbei,
der Herbst führt uns zurück
in unser Wurzelheim,
ja, so soll es sein.*

5. Oktober: Tag des Heiligen Geistes (Griechenland)

7. Oktober: Rosenkranzfest. 1573 eingeführt als Erinnerung an die Seeschlacht von Lepanto.

11. Oktober: Fest der Göttin und Kornmutter Demeter (griechisch). Man dankt für die Ernte.

Dritter Sonntag im Oktober: Kirchweih

31. Oktober: Reformationstag. Erinnerung an den Tag, an dem Martin Luther seine 95 Thesen zur Kirchenreform an der Kirche zu Wittenberg anschlug. Beginn der Reformation.

31. Oktober bis 2. November: Halloween (siehe November)

WISSENSWERTES ÜBER DIE NATUR

Es ist jetzt die Zeit, die Gartengeräte zu säubern und in den Schuppen zu packen, die Balkonkästen zu leeren, den Kompost zu versorgen und Frostschutzmittel bereitzustellen. Einige Pflanzen werden jetzt zurückgeschnitten, Verblühtes entfernt und die Pflanzen für den Winter vorbereitet.

Aussaat, Pflanzung: Wintersaat, vereinzelt noch Feldsalat. Düngen.

Ernte: Chinakohl, Endivien, Fenchel, Kohl, Kraut, Kürbis, Lauch, Pfifferlinge, Rettich, Schwarzwurzeln, Sprossenkohl, Steinpilze, Trauben, Winterkarotten, Zucchini

Keltisches Baumhoroskop:

24.09.–03.10.	Haselbaum - Urteilskraft
04.10.–13.10.	Eberesche - Sensibilität
14.10.–23.10.	Ahorn - Eigenwilligkeit
24.10.–11.11.	Nussbaum - Leidenschaft

Speisen dieser Zeit: Suppen, Käse, Brot und Wein, Zwiebelgerichte (z. B. Zwiebelkuchen), Flammkuchen, Kartoffelgerichte (Kartoffelkuchen, Reibekuchen, Kartoffelsuppe etc.), Lauchgerichte (z. B. Lauchkuchen), Kürbisgerichte (z. B. Kürbissuppe, Kürbisgemüse), Kohl und Krautsalate, Fleisch, Wurzelgemüse (Karotten, Sellerie, Zwiebeln etc.)

In der Wurzel steckt viel drin – Feuer und Wasser: Brennende, tränende Augen beim Schneiden, das lässt sich bei der Zwiebel kaum vermeiden.

DIE ZWIEBEL

Wie der September ist auch der Oktober Zwiebel- und Kelterzeit. Vielerorts werden Zwiebelfeste traditionell mit Zwiebelkuchen, Federweißem (jungem Wein) und frisch gepresstem Apfelsaft gefeiert.

Im Osten ist die Zwiebel eines der ältesten Naturheilmittel. Der Zwiebelgeist führt uns nach Hause, er reinigt unser Seelenkleid, vertreibt die fremden Geister und reinigt die Energiekanäle. Die Zwiebel kann uns das Leben retten, wenn wir von Wespen oder Bienen in die Mundschleimhaut gestochen werden, da sie, sofort aufgelegt, eine große Schwellung verhindern kann. Sie desinfiziert Mund-, Nasen- und Rachenraum, kräftigt die Schleimhäute in Magen und Darm, senkt Blutdruck und Blutfettwerte, regt den Appetit an, stärkt das Immunsystem, kräftigt den Organismus, beugt Infektionen vor und reinigt das Blut. Zwiebelsaft hilft bei Erkältung. Zwiebelsäckchen – Säckchen mit gehackten Zwiebeln darin –, auf die Ohren gelegt, helfen bei Mittelohrentzündung, da Zwiebeldämpfe schmerzlindernd und entzündungshemmend sind.

Zwiebeln finden in der Küche in vielen Speisen Verwendung. Roh in Salaten, gedünstet und angebraten in Gemüsepfannen, Aufläufen, Suppen, zu Fleischspezialitäten usw.

ZWIEBELKUCHEN

Es gibt viele Zwiebelkuchenrezepte, so kann z. B. als Boden Mürbeteig oder Blätterteig verwendet werden. Wenn Sie Blätterteig nehmen wollen, empfehlen wir Ihnen, fertigen zu kaufen, da die Herstellung sehr aufwendig ist.

Mit den folgenden Zutaten nach dem Grundrezept Mürbeteig (siehe Seite 211) einen Teig herstellen.

- 200 g feines Dinkelmehl
- 90 g Butter
- 1 Ei
- 1 TL Backpulver
- ½ TL Salz

Eine Backform einfetten, Teig ausrollen und hineingeben, Teigränder hochziehen. Den Boden mehrfach mit der Gabel einstechen und ca. 10 Min. im Ofen bei 200 °C backen.

BELAG:

- 5–6 Zwiebeln
- 3 Eier
- 250 g Sahne oder Schmand
- Salz, Pfeffer, Thymian
- nach Wunsch und Bedarf: 100 g Speck, Kümmel
- geriebener Käse
- 1 EL Butter

TIPP: Wenn Sie Blätterteig verwenden: Den Fertigteig ausrollen, in die gefettete Backform geben und Teigränder hochstellen. Belagmasse einfüllen und ca. 30 Min. bei 200 °C backen. Abkühlen lassen und lauwarm evtl. mit Salat servieren.

Zwiebeln hacken und mit der Butter in einer Pfanne goldgelb rösten. (Falls der Zwiebelkuchen mit Speck sein soll – Speck würfeln und mitbraten) Sahne oder Schmand, Eier, Salz, Pfeffer und Thymian, evtl. Kümmel miteinander verquirlen. Zwiebeln (und Speck) dazugeben und die Masse auf den vorgebackenen Mürbeteigboden füllen. Geriebenen Käse darüberstreuen. Im Ofen 30 Min. bei 200 °C backen.

FEENGEMÜSE
EINGELEGTES GEMÜSE

Stricken, weben, spinnen – da sind große Kräfte drinnen.
Frage die Feen, kannst du sie kichern sehen.
Du kannst mit ihnen handeln und dein Leben neu verwandeln.

»Stroh wird zu Gold gesponnen«

Der Oktober ist traditionell der Monat, in dem wir die eingefahrene Ernte verarbeiten und haltbar machen, sodass wir im Winter gut über die Runden kommen. Jetzt werden aus Trauben Saft und Wein gemacht, Früchte in Marmelade, Kompott und getrocknetes Obst verwandelt, Korn in Brot usw. Hier nun Rezepte zum Einlegen von Gemüse. Viel Spaß!

TIPP: Das gemäß den nachfolgenden Rezepten eingelegte Gemüse ist, in Gläser abgefüllt, im Kühlschrank gelagert mehrere Wochen haltbar. Zu beachten ist, dass das Gemüse immer mit Flüssigkeit abgedeckt sein muss.

PAPRIKA

- 1 rote Paprika
- 1 gelbe Paprika
- 1 Orange
- 1 Zitrone
- etwas Olivenöl
- Petersilie, Liebstöckel …
- Salz

Paprika halbieren, putzen und bei 250 °C im Backofen nur mit Oberhitze so lange braten, bis sie Blasen werfen (ca. 10–15 Min.). Paprika aus dem Ofen holen, den Saft, der sich auf dem Blech gesammelt hat, in eine Schüssel gießen und ein kaltes, feuchtes Geschirrtuch kurz auf die heißen Paprika legen. Paprika schälen und in Stücke schneiden. Orange und Zitrone ausdrücken, Kräuter fein hacken, mit Salz, Paprikasaft und Olivenöl verquirlen. Nun die Paprikastücke auf einem großen Teller oder einer Platte auslegen und großzügig mit der Marinade überträufeln. Gekühlt und gut zugedeckt mehrere Stunden ziehen lassen.

ZUCCHINI

- 1–2 Zucchini
- 2–3 Knoblauchzehen
- 1 Bd. Basilikum
- 1/8 l Weißweinessig
- evtl. etwas Wasser zum Verdünnen
- Salz, Pfeffer
- Olivenöl

Zucchini in Scheiben schneiden, einsalzen und ca. 10 Min. ziehen lassen. Das Fruchtwasser mit einem Papiertuch abtupfen. In einer Pfanne etwas Olivenöl erhitzen und Zucchini darin auf beiden Seiten goldbraun anbraten, aus der Pfanne nehmen, mit Küchenpapier abtupfen und auf einem großen Teller auslegen. Basilikum und Knoblauchzehen fein hacken, mit Salz, Pfeffer und Weißweinessig vermischen. Marinade über die Zucchini gießen, alles gekühlt und zugedeckt mehrere Stunden ziehen lassen.

CHAMPIGNONS

- 500 g Champignons
- Salz, Pfeffer
- 1 Bd. Petersilie
- 1 kl. Fl. Weißwein
- 1 EL Weißweinessig
- 3-4 Knoblauchzehen
- 2 EL Olivenöl

Champignons halbieren, bei 200 °C im Ofen braten, bis sie bräunen. Den Saft der Champignons mit Weißwein, Weißweinessig, Salz, Pfeffer, fein gehacktem Knoblauch, gehackter Petersilie und Olivenöl verquirlen. Die noch heißen Champignons in eine Schüssel geben und mit der Marinade übergießen, zugedeckt mehrere Stunden ziehen lassen.

CousCous-Paprikaschiffchen mit Schafskäse

- ¼ l Gemüsebrühe
- 4 Paprika (oder mittelgroße Zucchini)
- 250 g Couscous
- 1 Zwiebel
- 2–3 Knoblauchzehen
- 4–5 EL Crème fraîche
- 150 g Schafskäse
- 3 Tomaten
- 1 EL Butter (Öl)

- Salz, Pfeffer
- 1 Handvoll grob gehackte Kerne (Sonnenblumenkerne, Kürbiskerne …)
- 1 Handvoll grob gehackte Nüsse (Haselnüsse, Cashewnüsse …)
- 1 Handvoll Rosinen
- gehackte Kräuter wie Petersilie, Liebstöckel, Basilikum, Oregano …
- nach Geschmack Curry, Kurkuma, Koriander …

Couscous mit der kochenden Gemüsebrühe übergießen und 4 Min. ziehen lassen. Zwiebel und Knoblauch fein hacken und in der Butter (dem Öl) goldgelb rösten, mit Crème fraîche und dem Couscous vermischen. Die grob gehackten Kerne und Nüsse mit den Rosinen untermengen. 1 EL der gehackten Kräuter beiseitestellen, den Rest in die Couscousmasse mischen. Tomaten hacken und mit den restlichen Kräutern, Salz, Pfeffer und einer ½ Tasse Wasser in einem Topf ca. 5 Min. köcheln lassen. Die Tomatensoße in eine feuerfeste Auflaufform gießen. Die Paprika halbieren, das Kerngehäuse herausschneiden. Die Couscousmasse in die Paprikahälften füllen und auf die Tomatensoße in der Auflaufform setzen. Den Schafskäse in Scheiben schneiden und die gefüllten Paprikaschoten damit bedecken. Im vorgeheizten Backofen bei 180 °C ca. 30 Min. backen.

Troll-Goldtaler mit Feuersugo

Es ist nicht alles Gold, was glänzt – manchmal hat Gold unbekannte Formen, Wege, Weisen und auch Normen. Das Gold aus den Naturreichen stellt für den Menschen die Weichen. Ein Stein, ein Blatt kann sich verwandeln, alte Geheimnisse zum Verhandeln. Drum achte die Natur, sie kann dir einen neuen Blick gewähren – wenn du beginnst, sie wieder zu ehren.

Feuersugo

Für das Feuersugo das Grundrezept im Kapitel »Element Feuer« verwenden (Seite 47).

Troll-Goldtaler
Ergibt ca. 20 Goldtaler

Da es verschiedene Arten von Polenta zu kaufen gibt, bitte jeweils die genaue Kochanleitung auf der Packung beachten, was das Verhältnis von Wasser (Gemüsebrühe) zu Polenta betrifft! Wir verwenden in diesem Rezept eine Schnellkochpolenta mit 2 Min. Kochzeit.

- 200 g Polenta
- 60 ml Gemüsebrühe
- 1 Ei
- 2 EL Sauerrahm
- Salbei, Rosmarin, Salz, Pfeffer
- 1 Handvoll Maisgrieß
- Öl zum Braten

Polenta mit der Gemüsebrühe zubereiten, abkühlen lassen. Ei, Sauerrahm, die gehackten Kräuter, Salz und Pfeffer vermischen und unter die Polentamasse rühren, glatt rühren. Nun mit den Händen Goldtaler formen, in Maisgrieß wenden und in wenig Öl ausbraten.

APFELKÜCHLE
AUS DER ZWERGENKÜCHE

Der rotbackige Apfel ist die Frucht dieser Zeit. Er ist die Frucht des Sonnenuntergangs,
der für die Anderswelt, das Feenreich, Avalon steht.
Äpfel und Haselnüsse sind Symbole für die Lebensernte und die Speisen für
das Reich der Lebenden und der Toten.
Der Apfel verbindet die Reiche. Die Zwerge kennen für Äpfel viele Verarbeitungsmöglichkeiten.

- 1 großer Apfel pro Person
- 200 g Mehl
- 3 Eier
- eine Prise Salz
- Bier (der Alkohol verflüchtigt sich während des Kochvorgangs)
- Zucker, Zimt
- Butterschmalz zum Ausbacken

Äpfel entkernen und in Scheiben schneiden. Mehl mit Eiern, Salz und Bier zu einem glatten, sämigen Teig rühren. Butterschmalz in einer hohen Pfanne erhitzen, die Apfelringe erst in den Teig tauchen, dann in das heiße Butterschmalz legen – unter häufigem Wenden schwimmend goldgelb ausbacken. Die Kringel auf einem Küchenpapier abtropfen lassen, in der Zucker-Zimt-Mischung wälzen und sofort servieren.

NOVEMBER

Blick in die Tiefe, Rückverbindung, nach vorn schauen –
Zeit des Phönix

Stirb und werde.

NOVEMBER – WINDMOND, NEBELMOND, SCHLACHTMOND, SCHNEEMOND

Bauernregeln:
November kalt und klar,
wird trüb und mild der Januar.
Novembermorgenrot – langer Regen droht.
Novemberschnee tut der Saat nicht weh.
Wenn im November die Mücken noch eigen,
wird sich ein milder Winter zeigen.
Wenn um St. Martin Nebel sind,
wird der Winter meistens lind,
ist er aber klar und hell,
macht er Eis gar schnell.

Der November mit seinen 30 Tagen ist der elfte Monat im gregorianischen Kalender. Im julianischen Kalender war er der neunte Monat, daher der Monatsname November (lat. novem = neun). Alte Namen für den November sind Wintermonat, Nebelung, Nebelmond, da die Nebel dicht über dem Land hängen, Schlachtmond oder Schlachtmonat, weil in ihm einst das Schlachten der Schweine für den Wintervorrat üblich war.

Diese Zeit wird Phönixzeit genannt, weil sie Tod und Wiedergeburt in einem enthält. Früher hieß es, dass Wotan in den Herbststürmen mit der Wilden Jagd und dem Heer der Verstorbenen durch den Himmel tobt. Sein kalter Atem brachte Kälte, Frost, Eis, Schnee und ließ die Erde erstarren. Hel, Percht und Holla ziehen mit ihren Horden über Feld und Haus. Schwarze Hunde, unheimliche Gestalten tauchen aus dem Nichts auf, Poltergeister machen sich bemerkbar, Plätze, an denen Unheil geschehen ist, erwachen zum Leben. Der Tod lädt uns ein, sich mit ihm und mit dem Mysterium des Lebens zu befassen. Es ist die Geisterstunde des Jahres. Kinder ziehen gespenstisch verkleidet durch die Straßen und fordern Süßes, sonst gibt's Saures. Wenn wir nicht wüssten, dass wir beschützt sind, fühlten wir uns mit Einbruch der Dunkelheit auf Wiesen, Feldern und im Wald unbehaglich.

Der November ist auch ein Monat der Einkehr, Besinnung, Innenschau und des Gedenkens an Verstorbene, Gefallene. Die Pforten zu den Wurzel- und Ahnenreichen stehen ganz weit offen. Das Feuer der Wandlung lodert hoch. Nun wird oft der endgültige Schnitt gemacht, es gilt, einige Herausforderungen zu bestehen. Wir werden in dieser Zeit mit Ahnenthemen, der Vergangenheit, Ängsten und Sorgen in unserem Inneren konfrontiert. Unerlöste Schatten klopfen an unsere Tür. Engel und Erzengel, die guten Geister, die Meister und Meisterinnen sind uns in dieser Zeit ebenfalls sehr nah, und so können wir viele geistige Lehren empfangen, uns jederzeit mit der Quelle in uns verbinden. Es ist eine Zeit der Selbstläuterung, des Loslassens, der Erkenntnis. Sie kann uns eine tiefgreifende Heilung bringen, wenn wir uns etwas Zeit nehmen und Ruhe gönnen. Doch im Trubel des Vorweihnachtsgeschäfts finden wir oft keine Ruhe, lassen uns ablenken von den alchemistischen Prozessen, die gerade im Verborgenen stattfinden.

Halloween, Halloween,
Halloween ist heute,
da schrecken wir die Leute!
Gebt uns was zum Naschen
für unsere großen Taschen,
sonst spielen wir 'nen Streich
und verschwinden gleich,
gebt uns was zum Schlecken,
sonst werden wir euch necken.
(Traditionelle Halloweensprüche)

FESTE UND FEIERTAGE DIESER ZEIT

1. November: Allerheiligen. Die römisch-katholische Kirche gedenkt aller ihrer Heiligen.

2. November: Allerseelen. Der Gedenktag für alle Verstorbenen.

3. November: Neujahrsfest (gälisch)

31. Oktober bis 2. November: Halloween, Samhain (siehe nachfolgende Seite)

11. November: St. Martin, Laternenfest. Der heilige Martin teilte mi dem Schwert seinen Mantel und gab die Hälfte einem Frierenden. Er soll uns daran erinnern, in dieser Zeit unser Brot und unsere Wärme mit anderen, denen es weniger gut geht als uns, zu teilen.

11. November: 11:11 Uhr: Karnevalsbeginn

16. November: Nacht der Hekate (griechisch)

Zweiter Sonntag vor dem 1. Advent: Volkstrauertag, an dem man der gefallenen Soldaten gedenkt.

Sonntag vor dem 1. Advent: evangelischer Totensonntag und katholischer Christkönigssonntag

Dritter Mittwoch im November: Buß- und Bettag

1. Advent: fällt in vier von sieben Fällen auf den letzten Sonntag im November

NATURGEISTER DES MONATS

Klopfgeister, Alben, Geister und Gespenster, Geisterhunde und -pferde treiben jetzt ihr Unwesen. Wer nicht mit sich selbst im Reinen ist, wird geplagt von den Gespenstern der Vergangenheit. Vampire, Werwölfe, alte Dinge, die einem die Kraft im Energiefeld rauben, rühren sich jetzt, weil sie Frieden finden wollen. Es ist Zeit, sich mit den Schatten zu beschäftigen, damit Erlösung geschehen kann.

Jack o' Lantern: Ursprünglich war Jack ein irischer Schmied voller Falschheit und Verschlagenheit, der viel Schlechtes getan hatte. Er war ein Betrüger und Trinker. Er ging einen Pakt mit dem Teufel ein, trickste diesen aber aus, sodass der Teufel versprechen musste, ihm die Freiheit zu lassen und seine Seele nicht zu holen. Doch als seine Zeit gekommen war, wurde er an der Himmelspforte nicht eingelassen und ebenso wenig in der Hölle. Wohin sollte er nun gehen? Er konnte weder zu den Lebenden noch in den Himmel oder in die Hölle. Für seinen langen, kalten Weg durch die Ewigkeit bekam er ein Stück glühende Kohle, das er in eine ausgehöhlte Rübe legte. So wandert er mit vielen anderen verdammten Seelen in der Finsternis, um sich an Allerseelen und Allerheiligen hier und dort zu zeigen, den einen oder anderen zu erschrecken oder zu verführen, dann muss er sich wieder auflösen.

Engel begleiten uns immer, aber in der dunklen Zeit sind sie uns besonders nah.

Kosmischer Rat – karmischer Rat: Es ist die Jahreszeit, in der das Schicksal neu verhandelt wird. Die Weichen werden neu gestellt, nicht nur für den Einzelnen, sondern für die Sippe, das Dorf, den Staat, den Kontinent und die Welt.

31. Oktober bis 3. November: Samhain, Halloween, Allerseelen
Ahnenfest und Hexenneujahr

In den ersten Novembertagen flitzen geisterhaft verkleidete Gestalten durch die Gassen, klingeln an der Haustür und verlangen Süßigkeiten. Vor den Bildern der Verstorbenen leuchten Kerzen, liegen Blumensträuße, Gestecke und Kränze. Man geht auf den Friedhof, um der Toten zu gedenken. Feen, Elfen, Ahnengeister, unerlöste Schatten aber auch Engel sind bei uns. Die Schleier zwischen den Welten sind dünn. Viele Bräuche haben daher das Ziel, die Geister in die Irre zu leiten, wie das Kürbis- und Rübengesicht, Jack o' Lantern oder Verkleidungen.

Halloween: Der Begriff Halloween ist eine Verballhornung, die aus einem zu schnell gesprochenen »All Hallows Eve« entstanden ist, dem englischen Begriff für den Abend vor dem christlichen Feiertag Allerheiligen. Außerdem stecken in dem Wort Halloween die keltische Unterweltgöttin Hel und die Hella cunnin, die Verwandten der Hel bzw. Ahnengeister. Ursprünglich war es ein Fest der großen Göttin, der Erde, bei dem der Schoß der Mutter geöffnet wird. Die Erde zeigt jetzt ihre verborgenen Seiten und lässt uns in ihr Inneres blicken. Es ist ein Fest von Sonne, Mond und Erde.

Samhain: Samonios ist der keltische Name von Samhain, was »Sommer-Ende« bedeutet. Samhain ist eines der ältesten, dokumentierten Feste der Menschheit. Einst begann damit das neue Jahr, es markierte den Winteranfang und war das Fest der Ahnen. Man würdigte jene, die vor uns gelebt haben, holte sich von ihnen Rat und bat um ihre Hilfe in den verschiedensten Angelegenheiten.

Der offizielle Beginn dieses Festes, das oft an Vollmond gefeiert wird, ist Mitternacht. Es wird auch Fest der Frau Holle genannt, die Hel ist, die Göttin der Unterwelt. Wir öffnen uns dem dunklen Aspekt des Lebens. Einmal im Jahr, an diesem Tag, wurde den Toten gestattet, zurückzukehren. Die Zeit stand eine Weile still, und man konnte die Andersreiche betreten. Die Toten besuchten die Lebenden und die Lebenden die Toten. Es war aber durchaus kein Fest der Trauer, sondern eines der Freude. Es wurde oft sehr ausgelassen mit Wein, Weib und Gesang gefeiert. Man fühlte sich verbunden und eingebunden in den großen Kreislauf des Lebens, beschützt und begleitet von allen Seiten. Denn oft sind es von uns geliebte Verstorbene, die uns an der Schwelle zum Totenreich abholen, wenn wir selbst hinüberwechseln. Vielleicht kündigen sie auch an, dass sie wiederkehren, weil sie uns beschützen und begleiten wollen, und übertragen uns viele gute Kräfte.

Zu Samhain wurde Haus- oder Wildschweinbraten verspeist. Die Kelten erhofften sich davon, dass ihnen das Glück bringe und Unsterblichkeit verleihe. Es war ein Fest des Todes und der Auferstehung – Phönixzeit eben. Man blickte zurück und warf durch die Schleier der Zeit einen Blick nach vorn: An diesem Tag war es möglich, eine Vorschau auf das kommende Jahr zu erhalten.

ANREGUNG FÜR DIE GESTALTUNG

Rituale und Zeremonien: Errichtung eines Ahnentempels, Ehrung der Verstorbenen, Geistertanz und Ahnenfeuer, schamanische Reise in den Ahnenwald; Orakeln, in die Sterne schauen; Channeln, automatisches Schreiben, Rückführungen und Heilarbeiten aller Art für die Seele, Erlösungsarbeiten aller Art, Begleichung der Schulden, Vergebung und Arbeiten mit dem Gnadenstrahl; Haus und Räume kehren, räuchern, reinigen und segnen; Reinigungsrituale, bei denen wir Dinge auf Papier malen und im Feuer verbrennen

Dekoration: Feuer und Licht – ausgehöhlte, fratzenhafte Rüben- oder Kürbisgesichter, mit Kerzen bestückt, rote Grableuchten; Knochen, Wurzeln, Steine, Nüsse, Kerzen; die Farben Schwarz, Rot, Orange; Efeu, Holunderzweige, Weihrauch, Myrrhe, Wacholderbeeren; Bilder von Ahnen, Meistern, Heiligen und Engeln

Speisen: Wildschweinbraten, Schweinebraten, Knödel, Kartoffeln, Erbsengerichte, Kürbisgerichte

Themen des Festes: Ahnen, Blut, Transformationsprozesse, Kampf zwischen hohem und niederem Selbst, Licht und Dunkel, intensive innere Entwicklungen, Abschied nehmen, Macht, Lust, Kraft, Befreiung von Überflüssigem, Opfern und Loslassen, Vergeben, Heilen

Fragen:

- Fühle ich mich eingebunden in den Kreis derer, die vor mir lebten, die jetzt mit mir leben und die nach mir leben werden? Sie werden auch irgendwann ein Ahne sein.
- Gibt es Verstorbene, derer ich gedenken will?
- Welche Qualitäten und Kräfte habe ich von meinen Eltern mitbekommen?
- Was will ich in das Feuer der Wandlung geben und nicht länger mit mir herumtragen?

- Was kann ich jetzt vergeben und wirklich gehen lassen?
- Was möchte ich schützen und mitnehmen?
- Was stärkt mich jetzt?
- Was betrachte ich im kommenden Jahr als wichtige Aufgabe?
- Was steht für mich an?

Übung: Arbeit mit dem Violetten Feuer der Wandlung

Schaffen Sie sich einen Raum, in dem Sie ungestört sein können. Suchen Sie sich ein schönes Tuch, und dekorieren Sie darauf alles, was Sie stärkt, Ihnen Kraft gibt und guttut.

Betrachten Sie alles, was Sie vor sich ausgebreitet haben. Entzünden Sie eine Kerze. Vielleicht haben Sie eine Feuerschale oder ein Gefäß, in dem Sie etwas verbrennen können? Stellen Sie es mit auf das Tuch. Legen Sie Zettel und Stift bereit.

Schließen Sie nun Ihre Augen. Stellen Sie sich die Farben des Regenbogens vor. Die Farben, die jetzt für Sie wichtig sind, lösen sich aus dem Regenbogen und hüllen Sie ganz und gar ein. Wenn Sie sich geschützt und geborgen fühlen, stellen Sie sich eine Nebelwand vor. Sie gehen durch diese Wand, und dann sind Sie auf der anderen Seite. Dort wartet Ihre Führung auf Sie. Das kann z. B. ein Engel, ein Krafttier, ein Führer, ein Naturwesen, ein Ahn … sein, jemand, bei dem Sie sich völlig sicher und geborgen fühlen. Zusammen entzünden Sie ein wärmendes Feuer der Liebe. Betrachten Sie sich auf energetischer Ebene. Wie sehen Sie aus? Wie sieht Ihr Seelenkleid aus – ist es kraftvoll, strahlend und leuchtend oder zerschlissen und kaputt? Betrachten Sie Ihren Körper: Sind dort irgendwelche dunklen Stellen, Dinge, die da nicht hingehören und Ihnen Schmerzen bereiten oder Sie einengen?

Mithilfe Ihrer Führung geben Sie alles in das Feuer hinein, was Sie jetzt wirklich loslassen wollen. Die Flamme wird violett und so groß, dass Sie sich ganz hineinstellen können. Sehen Sie, wie das Licht um Sie und durch Sie hindurchstrahlt und lodert und wie alles, was nicht zu Ihnen gehört, aufgelöst wird. Wenn Ihr Energiefeld ruhig, klar und frei leuchtet, ist die Reinigungsübung beendet. Was möchten Sie jetzt vergeben? Übergeben Sie es dem Feuer der Wandlung.

Ihre Führung gibt Ihnen ein Geschenk für die kommende Zeit. Bedanken Sie sich, und seien Sie gewiss, es ist getan. Gehen Sie durch die Nebelwand zurück. Betrachten Sie nun wieder Ihr Tuch mit all den Dingen darauf. Schauen Sie, was Sie bewahren wollen und was Ihnen nicht mehr dient. Ordnen Sie sich neu.

WISSENSWERTES ÜBER DIE NATUR

Die Natur wirft jetzt alles ab, was überflüssig geworden ist. Es gibt nicht mehr viel zu tun. Vorratskammer, Gemüse- und Obstlager sollten regelmäßig kontrolliert werden. Früher stellte man draußen Futter für die Tiere und Speisen für die Naturwesen bereit. Sie könnten jetzt z. B. ein Vogelhäuschen aufhängen.

Aussaat, Pflanzung: Ende der Feldarbeit und Beginn der Winterruhe um den 15. November
Ernte: Winterlauch, Endivien, Feldsalat

Keltisches Baumhoroskop:

24.10.–02.11.	Nussbaum - Leidenschaft
03.11.-11.11.	Eibe - Erkenntnis
12.11.–21.11.	Kastanie - Selbstbewusstsein
22.11.–01.12.	Esche - Ehrgeiz

Speisen dieser Zeit: Wurzelgemüse wie Rüben und Kartoffeln in allen Variationen, Kohlgerichte, Kompotte, Suppen, Soßen, Brot und Käse, Schweine- und Rinderbraten – warme Getränke und wärmende Speisen

WISSENSWERTES ÜBER DEN KÜRBIS

Der Kürbis gehört zu den ältesten Kulturpflanzen überhaupt, und so gibt es über 800 Speise- und Zierkürbissorten. Er stammt ursprünglich aus Mexiko und wurde von Kolumbus nach Europa gebracht. Für uns ist er ein typischer Herbstbote. Er steht symbolisch für das ewige Leben, die Wiederauferstehung der Toten und die Fruchtbarkeit.

Für den traditionellen »Halloween-Kürbis« höhlt man einen Kürbis aus, schnitzt ein Gesicht hinein und stellt dann brennende Kerzen in die Höhlung. Wenn er etwas zerknittert aussieht, kann er durch ein Wasserbad von ca. 2 Std. aufgefrischt werden.

Kürbiskerne sollen die Fruchtbarkeit fördern, und die Form des runden Kürbisses erinnert an die Schwangerschaft. Es gibt mittlerweile viele Speisekürbisarten im Angebot, wie Zucchini, Hokkaido, Big Blue, Atlantic, Pink Banana, Delicata, Dumplin, Acorns, Padana. Aus diesen kann man viele leckere Speisen zaubern, wie gesalzene Kürbiskerne zum Verfeinern von Salaten, Suppen oder als leckeren Snack zwischendurch, Suppen, Kürbisöl, Kürbisgemüse.

KÜRBISGRATIN

- 800 g Kürbis, geschält
- 400 g Kartoffeln
- 100 g geriebener Käse
- 1 mittelgroße Zwiebel
- 3–4 Knoblauchzehen
- 1 gehäufter TL Curry
- 2 EL Kürbiskerne
- 1/8 l Milch
- ¼ l Schlagsahne
- Salz, Pfeffer, Chilipulver,
- 2 EL gehackte Kräuter wie Liebstöckel, Petersilie …

Kartoffeln schälen und zusammen mit dem Kürbis in ca. 1 cm dicke Scheiben schneiden. Eine Auflaufform mit der Hälfte der Butter ausstreichen. Kürbis und Kartoffeln darin verteilen. Zwiebel und Knoblauch fein hacken und in der restlichen Butter kurz anbraten. Curry einrühren, Schlagsahne und Milch dazugeben. Einmal aufkochen lassen, mit den Gewürzen abschmecken. Die Kräuter hacken. Die Soße über das Gemüse gießen. Mit den Kürbiskernen, Käse und gehackten Kräutern bestreuen. Im vorgeheizten Ofen bei 180 °C ca. 45 Min. backen.

Geister wandeln durch die Nacht, wirken, handeln mit all ihrer Pracht.
Reih dich ein in den Geisterreigen, so können sie dir die Schatten zeigen.
Erlösung, Vergebung und Gnade bringen – ja ihr könnt im Kreise gemeinsam singen.
Der Schrecken verliert, die Liebe, die siegt – Geistergrusel nicht mehr so viel wiegt.

DRACHENKESSEL

Als Basis für den Drachenkessel verwenden wir das Grundrezept für Feuersugo
(»Element Feuer«, Seite 47).

- 150 g Mais
- 150 g rote Indianerbohnen
- feurige Gewürze und Kräuter nach Wahl

Das Sugo erwärmen, den Mais, die Bohnen und die Gewürze hinzufügen und kurz köcheln lassen.

ZAUBERKUCHEN
SAMHAINKUCHEN

- 5 Eier
- 1/8 l Öl (Rapsöl)
- 1/8 l Wasser
- 250 g Mehl
- 250 g Rohrzucker
- 1 Pk. Backpulver
- geriebene Schale einer Zitrone
- 2 EL Kakao
- 1 EL Vanillezucker
- Butter und Brösel oder Mehl für die Form

für die Schokoladenglasur:
- 4 ganze Rippen Kochschokolade
- 50 g Butter
- ca. 1/16 l Sahne

für die helle Glasur:
- 1 EL Zitronensaft
- Puderzucker
- 1 EL Wasser

Eier trennen und Eiklar steif schlagen. Dotter, Wasser und Zucker schaumig rühren. Öl langsam unterrühren. Mehl und Backpulver dazumischen, auf die Eimasse sieben und vorsichtig unterziehen. Den Eischnee unterheben. Den Teig teilen, in eine Hälfte den Kakao einrühren, in die andere Hälfte die geriebene Zitronenschale geben. Eine Form (26 cm Durchmesser) fetten und bröseln. Mit einem Schöpfer in die Mitte der Form immer auf die gleiche Stelle abwechselnd eine helle und eine dunkle Schöpfkelle Teig geben. Fortfahren, bis der Teig aufgebraucht ist. Im vorgeheizten Ofen bei 180 °C ca. 40–45 Min. backen.

Schokoladenglasur:
In einem Topf etwas Wasser zum Kochen bringen, in einer Rührschüssel die Zutaten über dem Wasserdampf zum Schmelzen bringen und glatt rühren. Den erkalteten Kuchen mit der Schokoladenglasur überziehen.

Helle Glasur:
Zitronensaft mit einem Esslöffel Wasser und so viel Puderzucker verrühren, dass eine dicke Glasur entsteht. Die Glasur spiralförmig auf den Kuchen auftragen und mit einem Holzstäbchen von innen nach außen Linien ziehen.

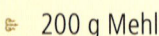

PALATSCHINKEN SÜSS ODER PIKANT

- 200 g Mehl
- 3 Eier
- Salz
- ca. ⅛ l Milch
- Butter

Mehl mit Eiern, Salz und Milch verrühren, bis ein flüssiger, sämiger Teig entsteht.

In einer Pfanne etwas Butter erhitzen und mit einem Schöpfer den Palatschinkenteig in der heißen Pfanne dünn auftragen, goldgelb backen, wenden und auf der zweiten Seite backen. Aus der Pfanne heben und nach Geschmack füllen.

Pikante Variante: mit dem Feuersugo aus dem Grundrezept (siehe »Element Feuer«, Seite 47) oder jeder anderen Soße, Gemüse ... nach Geschmack füllen. In diesem Beispiel wurden die Palatschinken in einer feuerfesten Form im Ofen mit Käse überbacken, ca. 10 Min. bei 180 °C.

TIPP: Eine weitere Möglichkeit ist es, die Palatschinken wie eine Pizza zu belegen und zu überbacken – oder, oder, oder ...

Süße Variante: Palatschinken mit verschiedenen Marmeladen, Honig, Nutella, Eis, Früchten usw. füllen.

DEZEMBER

Innenschau, Segen, Wiedergeburt – Zeit der Besinnlichkeit

Glück ins Haus – Unglück hinaus.

DEZEMBER – CHRISTMOND, HEILMOND, JULMOND

Bauernregeln:
So kalt wie im Dezember,
so heiß wird es im Juni.
Regnet es an St. Nikolaus,
wird der Winter streng und graus.
Weihnacht im Klee, Ostern im Schnee.

Der Dezember mit seinen 31 Tagen ist der zwölfte und letzte Monat des Jahres im gregorianischen Kalender. Im julianischen Kalender war er ursprünglich der zehnte Monat, daher sein Name (lat. decem = zehn). Alte Namen für den Dezember waren Julmond, abgeleitet vom germanischen Julfest, der Wintersonnenwende, Christmond und, da Christus das Heil bringt, auch »Heilmond«.

In diesem Monat beginnen die Vorbereitungen auf die Rückkehr des Lichtes zur Wintersonnenwende. In unserer christlichen Gesellschaft herrscht Vorfreude auf den Geburtstag des Gottessohnes, der uns das Heil bringt. Es ist eine dunkle, kalte, jedoch schöne Zeit, in der besonders die Kinderherzen höherschlagen.

Wir erleben eine Zeit der Vorfreude auf die Geburt des Lichtes. Engel, Wichtel, Elfen, Naturgeister aller Art, der Nikolaus, Knecht Ruprecht, die Feen und das Christkind sausen aufgeregt durch die Lüfte, um das große Ereignis vorzubereiten. Mit Honig und Milch können wir Elfen und Feen anlocken, mit Nüssen, Äpfeln und Brot Wichtel, Zwerge und Waldwesen, mit Körnern und Vogelfutter die Wesen der Lüfte. So sind wir in dieser Zeit von vielen guten Kräften wunderbar beschützt und können so manch zauberhafte Überraschung, Geborgenheit und Inspiration erwarten.

Überall wird geschmückt, verpackt, gesungen, geübt, geprobt, Lichter und Kerzen leuchten, und das Haus duftet nach selbst gebackenen Weihnachtsplätzchen, Kuchen, Braten ... für das bevorstehende Ereignis. Es liegt etwas Geheimnisvolles in der Luft. Weihnachtsmärkte mit Weihnachtschören, heißen Getränken, duftenden Ständen zieren die Dörfer und Städte. Die Vorfreude ist überall spürbar – aber in unserer heutigen Zeit auch der Weihnachtsstress.

FESTE UND FEIERTAGE DIESER ZEIT

Vier Adventssonntage: Sie markieren die Phase bis zum Weihnachtsfest. Dabei gibt es den Brauch, einen Adventskranz zu binden und vier Lichter daraufzustecken. Jeden Sonntag wird ein Licht mehr angezündet, als Symbol dafür, dass das Licht und damit die Hoffnung zurückkehren. Die Vier steht für die vier Himmelsrichtungen und die vier Elemente, außerdem ist sie die Zahl der Manifestation und Stabilität. Auch der Adventskalender mit einer kleinen Überraschung für jeden Tag soll die Vorfreude auf das bevorstehende Ereignis schüren.

4. Dezember: Fest der Pallas Athene (griechisch)

6. Dezember: Nikolaus/Knecht Ruprecht. Die Taten der Menschen werden gewogen, was war gut und was war weniger gut, und entsprechende Belohnungen oder Strafen verteilt.

21. Dezember: Julfest/24. Dezember: Weihnachten (siehe unten)

25. Dezember bis 6. Januar: Rauhnächte. Die Rauhnächte sind die Nächte zwischen den Jahren – also die Zeit, in der uns die Geister zuraunen, was uns im kommenden Jahr erwartet. Es gibt 12 Rauhnächte, jede der Nächte steht für einen Monat im neuen Jahr. In ihnen ist der Schleier zwischen den Welten sehr durchlässig, und so können wir in ihnen Zeichen für das bevorstehende Jahr empfangen: Sie eignen sich deshalb besonders zum Orakeln, dafür, zu schauen, was das neue Jahr bringen wird. Früher wurden Opfergaben wie Milch, Äpfel, Körner, Honig, Nüsse im Garten oder vor der Tür aufgestellt, als Dank und damit die Andersweltlichen besänftigt weiterziehen. Es empfiehlt sich, in dieser Zeit ein Tagebuch zu führen und besonders auf seine Träume, Gedanken, Eingebungen und Visionen zu achten.

31. Dezember: Silvester. Jahreswechsel

Denkt euch,
ich habe das Christkind gesehen!
Es kam aus dem Walde,
das Mützchen voll Schnee,
mit rotgefrorenem Näschen.
Die kleinen Hände taten ihm weh,
denn es trug einen Sack,
der war gar schwer,
schleppte und polterte hinter ihm her.
Was drin war, möchtet ihr wissen?
Ihr Naseweise, ihr Schelmenpack –
denkt ihr, er wäre offen, der Sack?
Zugebunden bis oben hin!
Doch war gewiss etwas Schönes drin,
es roch so nach Äpfeln und Nüssen!

(Anna Ritter)

NATURGEISTER DES MONATS

Weihnachtselfenhelfer arbeiten in den Weihnachtswerkstätten, um die Wünsche der Kinder Wirklichkeit werden zu lassen.

Sternenengel und Elfenbengel lassen uns glauben, hoffen und zweifeln. Sie hören unsere Wünsche und tragen sie gen Himmel.

Nikolaus, Knecht Ruprecht und Zwerge helfen uns, uns neu zu ordnen und auszurichten.

Wichtel sausen durch die Lande und inspirieren die Menschen dazu, anderen Menschen etwas zu schenken, füreinander kleine Überraschungen vorzubereiten und Freude zu machen.

Feen, Engel und gute Geister bringen Sternenglanz und zaubern die Vorfreude in unsere Stuben. Sie bereiten alles vor, damit das neue Licht geboren werden kann.

Christkind steht still und leise an unserer Seite.

21. BIS 24. DEZEMBER: WINTERSONNENWENDE
JUL, ALBAN ARTHUAN, WEIHNACHTEN

Wintersonnenwende: Am 21./22. Dezember ist der Tag der winterlichen Sonnenwende, an dem der Sonnenstand den Wendekreis des Steinbocks auf der Südhalbkugel markiert. Auf der Nordhalbkugel ist dies der kürzeste Tag und die längste Nacht (Auf der Südhalbkugel ist es exakt umgekehrt). Zum Zeitpunkt der tiefsten Dunkelheit und der längsten Nacht wird das Licht wiedergeboren. Ab dem 21. Dezember bringt die neugeborene Sonne wieder Licht ins Dunkel, so wie alle großen Meister und Heiligen das geistige immerwährende Licht der göttlichen Quelle auf die Erde gebracht haben. Die Wintersonnenwende zeigt uns, dass in der größten Dunkelheit im tiefsten Inneren immer noch ein Licht leuchtet, das wir wahrnehmen können und das sich wieder von Neuem entzünden kann. Die Wintersonnenwende ist die Zeit des ewigen Lichtes, der Wiederkehr und Neugeburt, der Heilung und Hoffnung. Man feiert das ewige Leben und den Sieg des Lichtes über die Dunkelheit.

In der germanischen Überlieferung finden wir für diese Nacht den Ausdruck »Mutternacht«. Das Licht wird durch die Bewegung im Mutterschoß wiedergeboren. In der Edda finden wir zur heutigen Weihnachtszeit folgendes geschrieben: »Eine Tochter gebiert die strahlende Göttin, ehe der Wolf sie würgt.« Die Vorweihnachtszeit wird auch als Wolfsmond bezeichnet, weil man früher dachte, der dunkle Wolf versuche, die Sonne zu verschlingen. So muss die Sonne gehütet werden, damit sie, wenn sie stark genug ist, wieder aufsteigen kann. Nach der Geburt des Lichtes tobt für zwölf Tage und Nächte Odins Wilde Jagd übers Land.

Alban Arthuan ist die keltische Bezeichnung für dieses Fest, es bedeutet »Licht des Arthurs«. Die Söhne des Lichtes (der Sonne) kehren auf die Erde zurück. Alban Arthuan ist ein großes Fest bei den Kelten, das mit viel Freude gefeiert wird – meist drei Tage lang, da die Drei die Zahl der Manifestation ist. Am vierten Tag ist das Licht stabil auf der Erde verankert. Es wurde bei den Druiden in kleinen Kreisen gefeiert.

Jul ist die alte nordgermanische Bezeichnung für die Wintersonnenwende. Dieses Fest ist sehr alt und wird durch den Stand der Sterne bestimmt. Der Name Jul bedeutet allgemein »Fest«. Weitere Bezeichnungen für dieses Fest sind »Trinkgelage des Raben«, Mittwinternacht, Odins Feier, »Nacht der Mütter«. Es wird in vielen Ländern auf unterschiedliche Weise gefeiert. Bestimmte Riten wie den Lichterbaum, Kerzen, Rute und Besen, Bestrafung oder Belohnung, Stroh, das in den Häusern auf dem Boden ausgebreitet wurde für andersweltliche Gäste, Orakel mit Strohhalmen, Geschenke des Lichtes, die andere auf ihrer Reise in das neue Jahr stärken sollen, Brot, das gebacken und an fremde Leute verteilt wurde … findet man bis heute in Abwandlungen in unserem Weihnachtsfest wieder. Es war ein Fest, das den Zusammenhalt der Sippe und die Verbindungen der Angehörigen untereinander stärkte.

Weihnacht/Christfest ist die christliche Bezeichnung für die Wintersonnenwende. Aufgrund der alten Bedeutung des Festes legte die Kirche die Geburt Christi auf den 24. Dezember. In der Nacht des 24. auf den 25. Dezember passiert die Sonne den tiefsten Punkt in ihrem Jahreslauf. Im Osten steigt das Sternbild Jungfrau empor. In dem Augenblick, da die Jungfrau ihre Füße auf den Horizont setzt, weiß man, dass die Sonne wieder aufwärtssteigt und damit der Welt ein neues Leben beschert. Symbolisch für die neugeborene Sonne, die wieder Licht in die Dunkelheit bringt, wurde die Geburt Jesu auf diesen Zeitpunkt gelegt. Die Rolle des lichtverschlingenden Wolfes übernahm im Christentum König Herodes, der versuchte, das heilige Kind zu töten. So können wir auch hier die ursprüngliche Form des höheren Naturgeschehens erkennen.

Ritual und Zeremonien: Säubern, Schmücken, Räuchern und Segnen des Hauses mit Myrrhe und Weihrauch, um die neuen goldenen Lebenskräfte des Lichtes einzuladen; Lichtrituale in vielfältigen Formen, z. B. Entzünden des Lichtes um Mitternacht; anderen eine Freude machen; orakeln – Rune für das Jahr ziehen; sein Energiefeld reinigen mit Bädern, Räucherungen und sich bereit machen, das Licht im Inneren zu empfangen; Segen in die Welt schicken; Altes abgeben – Neues empfangen; das aussprechen, was einem auf dem Herzen liegt, damit es gehen kann; gemeinsam singen, feiern und miteinander teilen; sich Zeit nehmen, all denen zu danken, die einen durch dieses Jahr begleitet haben

Dekoration: Tannenzweige und immergrüne Zweige als Symbol für das ewige Leben; Kerzen als Symbol des Lichtes; die Farben Grün, Rot, Gold; Sterne, Kugeln, Glitzer als Symbol für die Engel, Feen und Sternenwesen; Mistelzweige, die Glück und Segen bringen; Geschenke für alle, die man liebt und bedenken will aus diesen und jenseitigen Reichen

Speisen: Weihnachtsplätzchen, Lebkuchen, Hexenhäuschen, Festschmaus, Wein, Met, Brot, Milch und Honig für die Feen, Nüsse, Brot und Äpfel für die Zwerge und Wichtel, Körner und Hafer für die Vögel, Heu für die Tiere im Wald

Themen des Festes: Zeit, Liebesverbindungen und Familienbindungen stärken; andere erfreuen, überraschen, beglücken; Mitgefühl, Struktur, Klärung, Reinigung; Empfangen des Lichtes, sich bereit machen für die neue Zeit

Fragen:

- Wer und was hat mich durch das Jahr begleitet?
- Was hat mich unterstützt und gefördert?
- Welche Verbindungen möchte ich stärken?
- Welchem Menschen möchte ich eine Freude bereiten?
- Welche Erkenntnisse habe ich in der letzten Zeit gewonnen?
- Welche Qualität kündigt sich an?
- Welche Zeichen und Überraschungen kommen jetzt in mein Leben?
- Worauf richte ich mich aus?

Übung: Innenschau und Meditation

Heute ist ein guter Zeitpunkt, etwas für andere und die Welt zu tun. Entzünden Sie für jeden Menschen, den Sie lieben, je eine Kerze. Dann entzünden Sie für alles, was Sie sonst noch lieben, eine Kerze – für geistige Wesenheiten, Ihren Schutzengel, Pflanzen, die Sie begleitet haben, Tiere, die Sie mögen ... Nehmen Sie sich Zeit, und betrachten Sie das strahlende Lichtermeer. Sie sind mit vielen Kräften und Energien verbunden, erkennbar oder verborgen. Würdigen Sie diese Verbindungen.

Schließen Sie nun die Augen. Stellen Sie sich einen goldenen Segensstrom vor, der aus dem Kosmos über Ihr Scheitel-Chakra oben am Kopf in Ihr Herz und in Ihre Hände fließt. Segnen Sie nun alles, was Sie segnen wollen, mit diesem Segensstrom – sei es erkennbar oder verborgen. Senden Sie das ewige Licht in alles hinein, was Ihnen am Herzen liegt. Segnen Sie das Leben in allem, und fühlen Sie die Freude in diesen Verbindungen.

WISSENSWERTES ÜBER DIE NATUR

Dezember ist die Zeit der immergrünen Pflanzen wie Buchsbaum, Eibe, Fichte, Tanne, Kiefer, Stechpalme, Wacholder, Efeu, Mistel ... Man schrieb ihnen viele schützende und heilende Kräfte zu. Aus ihnen fertigte man Räucherwerk, Tees, Extrakte, Amulette und Glücksbringer für seine Lieben, die diese heilen, beschützen und ihnen helfen sollten. Es ist gut, sich mit den immergrünen Pflanzen und ihren Heilwirkungen zu beschäftigen.

Aussaat, Pflanzung: Winterpause
Ernte: Winterlauch, Feldsalat, Grünkohl, Sprossenkohl (Rosenkohl)

Keltisches Baumhoroskop:

22.11.–01.12.	Esche – Ehrgeiz
02.12.–11.12.	Hainbuche – Disziplin
12.12.–21.12.	Feigenbaum – Empfindsamkeit
22.12.	Buche – göttliche Führung
23.12.–01.01.	Apfelbaum – Liebe

Speisen dieser Zeit: Plätzchen aller Art, Lebkuchen, Lebkuchenhäuschen, Sauerkraut mit Würstchen, Braten, Suppen, Kohlgemüse, Kartoffeln, Reibekuchen mit Apfelmus, Zimtspeisen, Bratäpfel, Nüsse, Mandeln, Orangen, Glühwein, heißer Apfelsaft, Apfelwein, heißer Met, Tees; Weihnachtsgewürze: Zimt, Anis, Nelkenpulver

WISSENSWERTES ÜBER DIE VANILLE

Die Vanille wird auch »Gewürz der Göttin«, »Schwarzes Gold« oder »schwarze Blume« genannt und gilt als Königin der Gewürze und ist nach Safran das zweitteuerste Gewürz. Ihr Geschmack und ihr Duft sind sinnlich, verführerisch, herzerwärmend und unwiderstehlich. Der Duftstoff der Vanille ist verwandt mit dem Sexuallockstoff des Menschen. Vanille ist die Fruchtschote einer Orchidee, die sich an Stützbäumen nach oben rankt. Es gibt über 110 verschiedene Vanillearten. Dies sind die einzigen Orchideenarten, die zur Ernährung der Menschen beitragen.

Ihr Ursprungsgebiet ist Mittelamerika, dort wurde sie schon lange vor der Ankunft der Europäer von den Azteken geschätzt.

Vanille ist mittlerweile in vielen tropischen Ländern wie Tahiti, Indonesien, Seychellen ... kultiviert. Um das typische Aroma zu gewinnen, werden die Kapselfrüchte in einem zeitaufwendigen Verfahren heißwasser- oder wasserdampfbehandelt. Anschließend folgt eine Fermentation in luftdichten Behältern. Dieser Vorgang kann bis zu vier Wochen dauern. Durch den Trocknungs- und Fermentierungsprozess entsteht Vanillin. Die Fruchtkapseln schrumpfen zu den schwarz-braun glänzenden Vanillestangen, die dann als Gewürz verwendet werden. Vanille wird in vielen Speisen verwendet. So zum Beispiel für die Aromatisierung von Schokolade, Kakao, in Nachspeisen wie Pudding und Creme, in Eis und Keksen.

Heilwirkungen: Sie soll das Herz öffnen und aphrodisisch wirken. Sie ist allgemein kräftigend und stärkt das Gehirn. Vanille beruhigt die Nerven und bekämpft Abgeschlagenheit. Im Volksmund heißt es, sie erinnert uns an das Paradies, an unseren Ursprung und unsere geistige Heimat.

VANILLEZUCKER, SELBST GEMACHT

- feiner Zucker (ganz feiner Rohrzucker)
- Vanilleschoten/Vanillestangen

In ein Schraubglas 2 längs aufgeschnittene Vanillestangen stellen. Feinen Zucker dazugeben, bis die Stangen verschwunden sind. Nach einer Woche kann der Zucker verwendet werden. Der Zucker kann immer wieder aufgefüllt werden, die Vanilleschoten geben lange Aroma ab.

LACHS-SPINAT-PFANNE

- 250 g Lachsfilet
- 250 g Blattspinat
- 1 kl. Zwiebel
- 1 Knoblauchzehe
- 1 Becher Sauerrahm
- 1 Becher Sahne
- 1/8 l Gemüsebrühe
- 1 Schuss Weißwein
- 1 EL Mehl
- Salz, Pfeffer, Salbei, Thymian, Petersilie, Rosmarin ...
- 2 EL Olivenöl

Lachsfilet in Würfel schneiden, Zwiebel, Knoblauch und Kräuter fein hacken. Olivenöl in einer hohen Pfanne erhitzen, Lachswürfel unter Rühren rösten. Zwiebel, Knoblauch und gehackte Kräuter dazugeben und kurz mitrösten. Blattspinat (frisch oder gefroren) hinzufügen. Alles nochmals kurz durchrösten, mit Mehl bestäuben, durchrühren, mit Weißwein ablöschen und mit Gemüsebrühe aufgießen. Mischung 10 Min. auf kleiner Flamme köcheln lassen, ab und zu durchrühren. Sauerrahm und Sahne glatt rühren, über den Fisch-Spinat gießen mit Salz und Pfeffer abschmecken. Unter ständigem Rühren bis kurz vors Aufkochen bringen, dann sofort servieren!

TROLLKNÖDEL MIT BUNTEM WILDGEMÜSE

- 250 g Knödelbrot (oder hartes Weißbrot, in Würfel geschnitten)
- 30 g Butter
- 2–3 Eier (je nach Größe)
- 200 g geriebener, würziger Käse
- 1 kl. Zwiebel
- 2 Knoblauchzehen
- Salz, Pfeffer, eine Prise Muskat und Kräuter nach Geschmack
- etwas glattes Mehl
- ein wenig Gemüsebrühe

TIPP: Immer zuerst einen Probeknödel kochen! Wenn der Probeknödel im Wasser zerfällt, ist zu viel Flüssigkeit in der Masse oder zu wenig Mehl. In diesem Fall einfach etwas Mehl dazugeben und nochmals durchmischen.

Knödelbrot mit geriebenem Käse, Eiern, Gewürzen und gehackten Kräutern vermischen. Ein wenig Butter in einem Topf zergehen lassen, Zwiebel und Knoblauch fein gehackt anschwitzen und mit ein wenig Gemüsebrühe aufgießen, über das Knödelbrot gießen und gut durchkneten. Masse 10 Min. ruhen lassen, nochmals gut durchkneten und die Festigkeit der Masse prüfen! Zu nass – etwas Mehl dazugeben; zu trocken – etwas Gemüsebrühe hinzufügen. Mit nassen Händen Knödel formen, in kochendes Salzwasser legen, ca. 3 Min. kochen und anschließend ca. 5 Min. zugedeckt ziehen lassen.

Die fertigen Knödel aus dem Wasser heben und gut abtropfen lassen, die restliche Butter in einem Topf zergehen lassen, etwas geriebenen Käse über die Knödel streuen und mit der heißen Butter übergießen. Dazu passt eine Gemüsebeilage oder ein bunter Blattsalat.

Eine weitere Variante ist, die Knödel in fingerdicke Scheiben zu schneiden, in Butter zu braten und auf Blattsalaten angerichtet zu servieren.

WEIHNACHTSLECKEREIEN

O gibt es Geister in der Luft,
die zwischen Erd' und Himmel herrschend weben,
so steiget nieder aus dem goldnen Duft
und führt mich weg, zu neuem, buntem Leben.

(Johann Wolfgang von Goethe)

DINKELHERZEN
CA. 80 STÜCK

- 200 g Butter
- 150 g feiner Zucker
- 1 Eigelb
- 100 g gemahlene Haselnüsse
- 100 g gemahlene Mandeln
- 200 g Dinkelmehl
- 1 TL gemahlener Zimt
- 1 Msp. Nelkenpulver
- 1 Msp. Muskat
- Mehl zum Ausrollen
- ca. 100 g rote Marmelade, z. B. Himbeer, Johannisbeer

Weiche Butter mit Zucker und Dotter schaumig rühren. Mehl auf eine Arbeitsfläche sieben. Nüsse, Mandeln und Gewürze dazugeben und mit der Buttermasse zu einem glatten Teig verkneten. Teig in Frischhaltefolie gewickelt ca. 1 Std. kalt stellen, dann auf einer bemehlten Arbeitsfläche dünn ausrollen und Herzen ausstechen. Aus der Hälfte der Herzen in der Mitte ein kleines Loch ausstechen. Auf ein mit Backpapier ausgelegtes Backblech legen. Im vorgeheizten Ofen bei 170 °C ca. 12 Min. backen. Die Marmelade durch ein Sieb streichen (oder Gelee verwenden). Die Kekse kurz auskühlen lassen. Herzen ohne Loch mit Marmelade bestreichen und mit einem gelochten Herzen belegen, vorsichtig andrücken.

VANILLEKIPFERL
CA. 80-90 STÜCK

- Grundrezept Mürbeteig (siehe Seite 211)
  zum Wälzen:
- 150 g Staubzucker
- 2 EL Vanillezucker

Aus dem Mürbeteig Kipferl formen und auf ein mit Backpapier ausgelegtes Backblech legen.
Im vorgeheizten Backofen bei 160 °C ca. 20 Min. backen.
Staubzucker und Vanillezucker auf einem Teller mischen und die noch warmen Kipferl darin wälzen.

ZIMTSTERNE
CA. 80–90 STÜCK

- 3 Eiweiß
- 250 g Zucker
- 2 TL Zimt
- 2 EL Vanillezucker
- 350 g gemahlene Haselnüsse (Mandeln)
- Staubzucker zum Ausrollen

Eiweiß zu steifem Schnee schlagen und unter ständigem Rühren Zucker und Vanillezucker einrieseln lassen. Die Masse weiter schlagen, bis sie glänzt. Von der Schneemasse ca. 6 EL beiseitestellen. Die restliche Schneemasse mit den restlichen Zutaten zu einem weichen Teig verkneten. Den Teig auf einer mit dem Staubzucker bestreuten Arbeitsfläche ca. 3 mm dick ausrollen. Sterne ausstechen und mit dem restlichen Eischnee bestreichen. Im vorgeheizten Backofen bei 150 °C ca. 25 Min. backen.

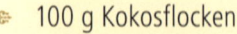

KOKOSKUGELN
CA. 25 STÜCK

- 100 g Kokosflocken
- 100 g weiße Schokolade
- 90 g Staubzucker
- 1 EL Vanillezucker
- 1 EL Zitronensaft
- 1 EL Kokosfett
- 5 EL Wasser
- Kokosflocken zum Wälzen
- kl. Papiermanschetten

Schokolade und Kokosfett über Dampf schmelzen lassen. Alle übrigen Zutaten unterrühren. Die Masse ca. 2 Std. kalt stellen. Dann kleine Kugeln formen, in Kokosflocken wälzen und in kleine Papiermanschetten setzen.

BAUMKNOLLENKNÖDLI (BRATÄPFEL)
FÜR DREI TROLLKINDER

- 3 kleine saftige Äpfel
- 3 TL Butter
- 30 g Mandelsplitter
- 100 g getrocknete Weinbeeren (Rosinen)
- ½ l Milch
- 3 TL Zucker
- ½ TL Zimt
- 2 TL Speisestärke

Das, was wir in der Trollküche nicht finden können, stibitzen wir aus der Behausung der Menschen. Den Backofen heizen wir mit trockenem Reisig gut an. Die Äpfel waschen wir, dann stechen wir das Gehäuse mit den Kernen aus und bringen es an einen guten Platz in der Erde, damit aus den Kernen neue Apfelbäume wachsen können. Dann fetten wir die Pfanne gut aus und setzen die Äpfel so in die Auflaufform, dass sie nicht umfallen können. Weinbeeren und Mandelsplitter mischen wir und füllen sie in die ausgehöhlten Äpfel, den Rest verteilen wir um die Äpfel. Nun schieben wir die Auflaufform in den Ofen und lassen die Äpfel 5 Minuten backen. Dann ist's Zeit, Speisestärke, Zucker, Zimt in einem Krug mit der kalten Milch zu verrühren. Nach 5 Minuten ziehen wir die Äpfel aus dem Backofen und heben sie vorsichtig aus der Form. Die Auflaufform setzen wir auf die Feuerstelle, gießen den Inhalt des Kruges zu der flüssigen Butter und lassen alles aufkochen. Danach setzen wir die Äpfel vorsichtig in die Soße und backen sie noch einmal 5–9 Min. im Backofen. Die Bratäpfel den hungrigen Trollkindern heiß servieren.

SILVESTER-FEEN-ORAKELKEKSE
CA. 20 STÜCK

Der Blick ins neue Jahr – plötzlich ist er da.
Frage die Feen um Rat – für deine neue Tat.
Auf deinen weiteren Wegen – ganz viel Segen.

- ein ausgerollter Blätterteig

Zitronenglasur:
- 2 EL Zitronensaft
- Staubzucker
- 1 EL Wasser

Aus dem Blätterteig immer zwei gleiche Glückssymbole ausstechen (z. B. Kleeblatt, Schweinchen, Fliegenpilz ...). Aus Butterbrotpapier kleine Zettelchen schneiden, Sprüche mit einem lebensmittelechten Farbstift auf die Zettel schreiben, Zettel in die Mitte der Kekse legen, mit der zweiten formgleichen Hälfte abdecken und am Rand gut andrücken. Auf einem mit Backpapier ausgelegten Backblech bei 180 °C ca. 10 Min. goldgelb backen.

Zitronenglasur:
Zitronensaft mit einem Esslöffel Wasser und so viel Puderzucker verrühren, dass eine dicke Glasur entsteht. Die ausgekühlten Kekse mit der Glasur bestreichen und je nach Geschmack verzieren

BEISPIELE FÜR ORAKELSPRÜCHE DER FEEN:

- Alles ist mit Magie erfüllt, ein neuer Weg wird sich für dich auftun.
- Dein Herzenswunsch wird in Erfüllung gehen.
- Warte noch ein Weilchen – alles wird zu deinen Gunsten gelenkt.
- Glaube, und vertraue – es hilft dir die göttliche Kraft.
- Glaube an ein Wunder.
- Öffne dein Herz immer und immer wieder – hier können wir uns treffen.
- Die Zeit ist kostbar – genieße dein Leben.
- Das Glück ist bei dir – wende dich ihm zu.
- Alles, worauf du deine Aufmerksamkeit lenkst, wird Energie gewinnen.
- Gib die Hoffnung niemals auf.
- Achte auf deine Träume.
- Segne dein Leben.
- Sprich deinen Wunsch laut unter einem Haselbaum aus.
- Reiche jemandem die Hand.
- Sei fröhlich in der Hoffnung, alles wird gut.

ANHANG

GRUNDREZEPT BISKUIT

- 6 mittelgroße Eier
- 180 g Dinkelmehl
- 180 g Rohrzucker
- 2 TL Backpulver
- etwas Butter
- 1 Handvoll Semmelbrösel

Eier trennen und das Eiklar zu Schnee schlagen.

Zucker unter ständigem Rühren dem Eischnee langsam einstreuen.

Die Dotter hinzugeben und ca. 1 Min. weiterrühren.

Die Eimasse sollte richtig schaumig geschlagen sein.

Mehl mit Backpulver mischen und auf die Eimasse sieben, anschließend vorsichtig mit einem Gummimax unter die Eimasse heben.

Eine Kuchenform (ca. 26 cm Durchmesser) mit Butter einfetten und mit Bröseln ausstreuen (oder Backfolie/ Backpapier verwenden). Die Masse in die Form streichen und bei 180 °C ca. 20–25 Min. backen.

TIPP: Diese Masse kann für Torten, Blechkuchen und Rouladen verwendet werden. Für die Roulade den Biskuit nach dem Backen auf ein sauberes mit Zucker bestreutes Geschirrtuch stürzen. Ein zweites feuchtes Geschirrtuch auf das Papier legen und das Papier abziehen – sofort einrollen. Kann nach dem Auskühlen mit Marmelade, Sahne, Nutella usw. gefüllt werden.

GRUNDREZEPT MÜRBETEIG

- 300 g Mehl
- 100 g geriebene Mandeln
- 70 g feiner Zucker
- 1 Prise Salz
- 250 g Butter
- 1–2 EL Vanillezucker

Mehl, Mandeln, Zucker, Vanillezucker und Salz auf eine Arbeitsfläche geben. Die in kleine Stücke geschnittene Butter darauf verteilen.

Alle Zutaten mit einem Messer gut durchhacken.

Mit den so entstandenen Bröseln rasch einen glatten Teig kneten.
Den Teig in eine Klarsichtfolie hüllen und mindestens ½ Std. kühl stellen. Weitere Verarbeitung laut Rezept.

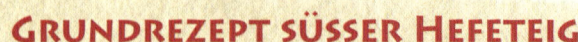

GRUNDREZEPT SÜSSER HEFETEIG

- 600 g Mehl
- 1 Pk. Trockenhefe
- ¼ l Milch
- 2 Eigelb
- 125 g Butter
- 60 g Zucker
- 1 Prise Salz

Wir empfehlen für den Hefeteig die Verwendung von Trockenhefe, weil deren Verarbeitung wesentlich einfacher ist als die von Frischhefe.

Die Butter in einem Topf zergehen lassen, mit Milch aufgießen und erwärmen.

Alle übrigen Zutaten in einer Schüssel mit einem Kochlöffel gut verrühren und die Milch-Butter-Mischung unterziehen.

TIPP: Die Milch darf wirklich nur lauwarm sein, da ansonsten die Hefekulturen zerstört werden und der Teig nicht aufgeht.

Erst mit dem Kochlöffel, dann mit den Händen den Teig so lange bearbeiten, bis er geschmeidig glatt ist.

An einem warmen Ort zugedeckt auf die doppelte Menge aufgehen lassen (ca. 1 Std.). Kurz durchkneten und nochmals aufgehen lassen. Je nach Rezept weiterverarbeiten.

WELCHES OBST GIBT ES WANN?

	Jan.	Feb.	März	April	Mai	Juni	Juli	Aug.	Sept.	Okt.	Nov.	Dez.
Äpfel	x	x	x	x					x	x	x	x
Aprikosen						x	x	x				
Avocados	x	x	x	x						x	x	x
Apfelsinen	x	x	x	x						x	x	x
Bananen	x	x	x	x	x	x	x	x	x	x	x	x
Birnen								x	x	x	x	
Brombeeren								x	x			
Erdbeeren					x	x	x					
Heidelbeeren							x	x				
Himbeeren							x	x				
Holunderbeeren									x			
Johannisbeeren							x	x				
Kirschen, süß						x	x					
Kirschen, sauer							x	x				
Kiwi	x	x	x	x	x	x	x	x	x	x	x	x
Mirabellen							x	x				
Pfirsiche/Nektarinen						x	x	x	x			
Pflaumen/Zwetschgen							x	x	x			
Stachelbeeren						x	x	x				
Weintrauben							x	x	x	x		
Zitronen	x	x	x	x	x	x	x	x	x	x	x	x

In dieser Tabelle und jener auf der gegenüberliegenden Seite finden Sie eine Auswahl der bekannteren Obst- und Gemüsesorten: Die jeweils angegebene Saison bezieht sich auf günstiges und aus heimischem Anbau stammendes Obst und Gemüse. Es sind aber auch Sorten aufgeführt, die wir ganzjährig und immer aus dem Ausland beziehen, z. B. die Banane.

Welches Gemüse gibt es wann?

	Jan.	Feb.	März	April	Mai	Juni	Juli	Aug.	Sept.	Okt.	Nov.	Dez.
Auberginen					x	x	x	x	x			
Bleich-/Staudensellerie	x	x	x				x	x	x	x		
Blumenkohl						x	x	x	x	x	x	
Bohnen, grün					x	x	x	x	x			
Brokkoli							x	x	x	x		
Champignons	x	x	x	x	x	x	x	x	x	x	x	x
Chinakohl	x	x							x	x	x	x
Eisbergsalat					x	x	x	x	x			
Erbsen, grün					x	x	x	x				
Feldsalat	x	x								x	x	x
Fenchel							x	x	x	x	x	x
Grünkohl	x	x									x	x
Kartoffeln	x	x	x	x	x	x	x	x	x	x	x	x
Kohlrabi						x	x	x	x	x		
Kopfsalat					x	x	x	x	x			
Kürbis								x	x	x	x	
Wasser-/Zuckermelonen						x	x	x	x			
Möhren	x	x	x	x	x	x	x	x	x	x	x	x
Paprika						x	x	x	x	x		
Pastinaken										x	x	x
Porree/Lauch							x	x	x	x	x	
Radieschen					x	x	x	x	x	x		
Rhabarber				x	x	x						
Rosenkohl	x	x								x	x	x
Rote Bete	x	x	x						x	x	x	x
Rotkohl	x	x	x						x	x	x	x
Salatgurken						x	x	x	x			
Sellerie, Knolle	x	x	x						x	x	x	x
Spargel				x	x	x						
Spinat			x	x	x				x	x		
Tomaten							x	x	x	x		
Weißkohl					x	x			x	x	x	x
Wirsing					x	x			x	x	x	
Zucchini						x	x	x	x	x		
Zwiebeln	x	x	x	x	x	x	x	x	x	x	x	x

QUELLENNACHWEIS

- Aschenbrenner, Eva: Die Kräuterapotheke Gottes, Band 1 & 2. Garmisch-Partenkirchen 2006
- Bandini, Ditte und Giovanni: Das Zwergenbuch. München 2004
- Biesalski, Hans-Konrad/Grimm, Peter: Taschenatlas der Ernährung. Stuttgart 2002
- Hammelmann, Iris: Ayurveda-Heilmittel. München 2000
- Hauber-Schwenk, Gabi: dtv-Atlas der Ernährung. München 2000
- Helliwell, Tanis: Elfensommer. Saarbrücken 1997
- Hofmann, Maria: Bayerisches Kochbuch. München 1963
- Hohn-Morisch, Ludger: Irische Segenswünsche. Freiburg 2006
- Janko, Andrea Doris: Der Sonnen-, Mond- und Sternenkalender. Seewalchen 2006
- Leggett, Daverick: Selbstheilung durch Ernährung. München 2004
- Walter de Gruyter Verlag: Lexikon des deutschen Aberglaubens. Berlin 1942
- Meyer, Axel: Das Lexikon der gesunden Ernährung. München 2002
- Oberbeil, Klaus/ Lentz, Dr. med. Christiane: Obst & Gemüse als Medizin. München 2006
- Pirc, Karin: Ayurveda-Kursbuch für Mutter und Kind. München 1998
- Puhle, Annekatrin: Mit Goethe durch die Welt der Geister. St. Goar 2006
- Robbin, John: Ernährung für ein neues Jahrtausend. Freiburg 1995
- Ruland, Jeanne: Im Reich der Naturgeister. Darmstadt 2000
- Ruland, Jeanne: Feen, Elfen, Gnome. Darmstadt 2001
- Ruland, Jeanne & Schaffert, Judith: Engel-Kraftsüppchen. Darmstadt 2006
- Seehusen, Henning: Kräuterkompass. München 2001
- Storl, Wolf-Dieter: Heilkräuter und Zauberpflanzen. Baden 2000
- Storl, Wolf-Dieter: Naturrituale. Aarau 2000
- Storl, Wolf-Dieter: Pflanzen der Kelten. Aarau 2000
- Strehlow, Wighard: Die große Heilkunde der Hildegard von Bingen. Augsburg 2004
- Wikipedia, freie Enzyklopädie: www.wikipedia.de
- Yeager, Selene: Das Ärztebuch der Heilkraft unserer Lebensmittel. Freiburg 1998

BILDNACHWEIS